BREVE HISTORIA DE INGLATERRA

Breve historia de Inglaterra

Simon Jenkins

Traducción del inglés:
José C. Vales

la esfera de los libros

Primera edición: enero de 2021

Cualquier forma de reproducción, distribución, comunicación pública o transformación de esta obra solo puede ser realizada con la autorización de sus titulares, salvo excepción prevista por la ley. Diríjase a CEDRO (Centro Español de Derechos Reprográficos) si necesita fotocopiar o escanear algún fragmento de esta obra (*www.conlicencia.com*; 91 702 19 70 /93 272 04 47).

Título original: *A short history of England,* editado con licencia de Profile Books
© Simon Jenkins, 2011, 2012
© De la traducción: José C. Vales, 2021
© La Esfera de los Libros, S. L., 2021
Avenida de San Luis, 25
28033 Madrid
Tel. 91 296 02 00
www.esferalibros.com

ISBN: 978-84-9164-969-4
Depósito legal: M. 26.881-2020
Fotocomposición: Creative XML, S.L.
Impresión: Cofás
Encuadernación: Tomás de Diego
Impreso en España-*Printed in Spain*

ÍNDICE

Introducción 9

Amanecer sajón. 410 - 600 13
El nacimiento de Inglaterra. 600 - 800 21
Los daneses. 800 - 1066 28
Guillermo el Conquistador. 1066-1087 38
Los hijos del Conquistador. 1087 - 1154 46
Enrique II y Becket. 1154 - 1189 53
La Carta Magna. 1189 - 1216 60
Enrique III y Simón de Montfort. 1216 - 1272 66
La derrota de los celtas. 1272 - 1330 73
La Guerra de los Cien Años. 1330 - 1377 82
De la Revuelta de los Campesinos a la pérdida de Francia.
1377 - 1453 91
La Guerra de las Dos Rosas. 1453 - 1483 102
Bosworth y Enrique Tudor. 1483 - 1509 109
Enrique VIII. 1509 - 1547 116
Reforma y Contrarreforma. 1547 - 1558) 130
La reina Isabel de Inglaterra: *Good Queen Bess*. 1558 - 1603 136
Los primeros Estuardo. 1603 - 1642 148
La Guerra Civil. 1642 - 1660 159

La Restauración. 1660 - 1688	171
La Revolución Gloriosa. 1688 - 1714	181
Walpole y Pitt el Viejo. 1714 - 1774	192
De Boston a Waterloo. 1774 - 1815	204
El camino de la Reforma. 1815 - 1832	215
El amanecer victoriano. 1832 - 1868	223
Gladstone y Disraeli. 1868 - 1901	232
Los eduardianos. 1901 - 1914	245
La Primera Guerra Mundial. 1914 - 1918	253
Los años de la plaga de langostas: *The Locust Years*. 1918 - 1939	261
La Segunda Guerra Mundial. 1939 - 1945	276
El estado del bienestar. 1945 - 1979	286
El thatcherismo. 1979 - 1990	302
Los herederos de Thatcher. 1990 - 2011	314
Epílogo	329
Cien fechas clave en la historia de Inglaterra	339
Reyes y reinas de Inglaterra desde 1066	343
Primeros ministros del Reino Unido	345
Nota del autor	349
Notas	351

INTRODUCCIÓN

He estado recorriendo Inglaterra toda mi vida. He escalado los acantilados de Cornualles, he caminado por las marismas de Norfolk y he hecho el Pennine Way.[1] Conozco las ciudades y pueblos de Inglaterra, sus iglesias y sus casas. Sin embargo, hasta hace muy poco tiempo no supe realmente qué era Inglaterra, porque no era consciente de cómo llegó a convertirse en lo que es. Mi Inglaterra era un escenario geográfico, un telón de fondo que servía de decorado para acontecimientos y personajes que conocía desde que era un niño: Alfredo el Grande, la conquista de los normandos, la Carta Magna, la batalla de Agincourt, las mujeres de Enrique VIII, la reina Isabel (Good Queen Bess), Cromwell, Gladstone, Disraeli, la Gran Guerra, Winston Churchill... Todos y cada uno de ellos aparecían como hitos de momentos estelares en la historia, pero no se relacionaban de ningún modo. Carecían de un *relato*.

Me dispongo a contar ese relato aquí del modo más sencillo posible. Me resultó fácil porque me pareció emocionante. Puede que la historia de Inglaterra, con sus triunfos y fracasos, sea la más azarosa de todas las naciones del mundo. Sus orígenes se remontan a la Edad Oscura, y tal vez antes, cuando las tribus germánicas procedentes del Continente ocuparon las costas orientales de las Islas Británicas. Fueron ellos los que fijaron el nombre de *Anglii*, probablemente derivado de la península de

Anglia, en las costas de Alemania y Dinamarca. Sus asentamientos en la costa nororiental se denominaron Angleland y, después, England.[2] Aquellos recién llegados desplazaron rápidamente a los antiguos pobladores, denominados «antiguos britanos» (o «britones»), hacia el oeste y hacia el norte, y más allá del Muro de Adriano, hacia los páramos de Gales y hacia el Mar de Irlanda, formando así las fronteras de Inglaterra que han permanecido prácticamente inalteradas desde entonces.

Los ingleses fueron a su vez invadidos por los vikingos y los normandos. Pero a diferencia de lo que ellos hicieron, borrando del mapa a sus predecesores británicos, los ingleses consiguieron conservar la cultura y la lengua anglosajonas a pesar de las sucesivas incursiones. Fueron un pueblo asombrosamente resistente: contaba con la ventaja de la seguridad que le proporconaba la geografía insular y el vigor marinero que con frecuencia ostentan los pueblos isleños. Rápidamente desarrollaron una lengua común, leyes colectivas y un sistema de gobierno único, basado en una tensa armonía entre el histórico nepotismo sajón del *kith and kin* (amigos y familia) y la tradición normanda de una autoridad única. Esa tensión es un punto central de mi historia. Inglaterra fue una nación forjada entre el martillo de la monarquía y el yunque del voto popular, un voto que se le ha negado de tanto en tanto al pueblo, sobre todo a la mitad celta de las Islas Británicas que con la que se formó el primer «Imperio Inglés». La consecuencia fue una serie de conflictos que acabaron dando lugar a la Carta Magna, a las guerras intestinas de Enrique III y la Revuelta de los Campesinos, y que culminaron en las revoluciones religiosas y políticas de los Tudor y los Estuardo. Estas revoluciones se resolvieron en una monarquía constitucional sujeta a una democracia parlamentaria que iba a convertirse en la más estable de Europa.

La historia no siempre fue amable con Inglaterra. Las relaciones con Francia, la tierra de los conquistadores normandos, fueron generalmente muy malas, con constantes conflictos durante toda la Edad Media y posteriormente, hasta el siglo XVIII. La mayoría de los gobernantes británicos se decantaron por la necesidad de establecer una postura defensiva más que agresiva frente al mundo exterior. Sin embargo, desde los Plantagenet hasta los Pitt (el joven y el viejo), el deseo de dominar los mares nunca decayó. Esta voluntad fue la que llevó a Gran Bretaña a levantar el imperio más grande que el mundo había visto en toda su historia. Aquello forjó su esplendor y contribuyó a estrechar los lazos de los pueblos de las Islas Británicas en un «reino unido» de esfuerzos compartidos, cuya herencia ha llegado hasta nuestros días. Pero el Imperio Británico se cobró su precio y apenas duró doscientos años. En el siglo XX, la supremacía global pasó a su vástago, Estados Unidos, al que legó como marca indeleble la importancia del inglés hablado. Gran Bretaña comenzó así su declive, para convertirse en una reliquia de su antigua grandeza y ostentar una especie de afectación de potencia mundial, con su soberanía comprometida por el gobierno europeo y por los rigores de la economía global. Volveré sobre estos asuntos en el epílogo.

Este es un libro que trata específicamente de Inglaterra. Gales, Escocia e Irlanda se considerarán países con sus propias historias particulares. Han pasado menos de la mitad de su existencia como integrantes de la unión de «Gran Bretaña e Irlanda», una relación que tiende a subordinarlos en la historiografía tradicional del estado. Pero Inglaterra es un país por derecho propio, distinto de sus vecinos y con un pueblo que puede denominarse a sí mismo inglés, para diferenciarse de escoceses, galeses e irlandeses. Solo cuando me refiera a todos ellos colectivamente emplearé el término Gran Bretaña o británicos. En realidad, Inglaterra forma parte en la actualidad de dos confederaciones: del Reino Unido y de la Unión Europea, con parlamentos distintos y diversos niveles de soberanía. Ser británico y ser europeo es ser miembro legal de ambas confederaciones, y para ser británico basta con firmar un trozo de papel. Ser inglés es más una cuestión de autodefinición, un identificarse con una cultura y una visión distintivas, así como con una geografía diferente. Convertirse en inglés es una cuestión de asimilación, y esto puede llevar unos pocos años o varias generaciones. La genialidad de lo ánglico o lo inglés es que puede abarcar todas las etnias y razas, pero en una cultura específica y en un territorio definido por la ocupación anglosajona original.

Los ingleses nunca han sido especialmente diestros a la hora de definirse a sí mismos. En la época del orgullo imperial no tuvieron esa necesidad. En la actualidad, a la mayoría de ellos les disgusta considerarse europeos, pero no son capaces de distinguirse con precisión de sus vecinos celtas. Libraron guerras de exterminio contra Gales, contra Escocia y, con especial brutalidad, contra Irlanda. A principios del siglo XX se encontraron con una Irlanda mayoritariamente hostil, mientras que Escocia y Gales se mostraban también distantes, tanto política como culturalmente. El componente inglés del Reino Unido se quedó, por tanto, en un limbo de incómoda debilidad. Inglaterra no tiene un Parlamento propio[3] ni instituciones políticas distintivas propias. Y referirse a Inglaterra y lo inglés como asuntos distintos a lo británico y los británicos a menudo se considera como un acto hostil al cosmopolitismo que implica la unión de los pueblos británicos, incluso como racista. La bandera inglesa de San Jorge ha adquirido tintes chovinistas y xenófobos, y ha sido adoptada por la extrema derecha. Esto me parece absurdo. Inglaterra es un país capacitado para definirse como entidad distintiva y para sentirse orgulloso de ello. Creo que la definición podría comenzar por un relato de su propia historia.

Para algunas personas la historia es un asunto azaroso, para otros es un relato de héroes y villanos, y para otros, en fin, está sepultada en la geografía, la economía e incluso la antropología. Hay muchas maneras de contar la historia de una nación, a las que hay que añadir las modas actuales de lo personal y lo polémico. Hay historias de carácter social, cultural, «popular» y, en el caso de Inglaterra, incluso de carácter imperial. Pero una historia breve solo puede ser selectiva y la selección tendrá que centrarse sobre todo en los acontecimientos políticos. Una nación es una entidad política y su nacimiento y desarrollo conforman el relato de aquellos que ostentaron el poder en su seno, sean reyes, soldados, políticos, las muchedumbres en las luchas callejeras o, más recientemente, el conjunto de votantes. Yo considero la historia como algo más que una pura cronología: la observo como los eslabones de una cadena de causa y efecto. Es esta cadena la que alberga el secreto que explica por qué Inglaterra ha llegado a ser lo que es hoy en día.

AMANECER SAJÓN
~
410 – 600

En el año 410, el emperador romano Honorio, asediado y hostigado en Roma, envió una carta a los colonos de la provincia de Britania. Estos ya habían perdido la protección de las legiones, que se habían retirado de la región durante la segunda mitad del siglo anterior con la intención de defender otras regiones del imperio, y habían suplicado ayuda para luchar contra las incursiones sajonas procedentes del Mar del Norte. El emperador se estaba viendo acosado por los visigodos y una colonia lejana situada en el extremo occidental del mundo conocido carecía de importancia estratégica. Las civilizaciones del Mediterráneo, dominantes durante un milenio, estaban en declive. Honorio contestó a los colonos precipitadamente aconsejándoles que tomaran medidas «para defenderos vosotros mismos».

Los siglos V y VI fueron ciertamente sombríos en las Islas Británicas. Los celtas de las Edad de Hierro, también llamados «antiguos britones», habían emigrado del continente entre el año 1000 y el 600 a.C., y se habían mezclado con los invasores romanos durante los tres siglos que duró la ocupación (del siglo I al IV d.C.) Pero la retirada de las legiones los debilitó demasiado como para que pudieran defenderse a sí mismos o su herencia de villas romanas, templos y anfiteatros. Así pues, quedaron a merced de los saqueadores contra los que habían implorado auxilio.

¿De dónde procedían estos nuevos invasores? Los historiadores que investigan «el nacimiento de Inglaterra» no han tardado en entrar en polémicas. Se aventuran dos teorías para explicar lo que aconteció en ese momento en la mitad oriental de las Islas Británicas. Una sugiere que las tribus germánicas se desplazaron hacia el sur, por Francia, y fueron repelidos por los francos del emperador Clodoveo I (Clovis, en francés) y expulsados hacia el Mar del Norte. La invasión, tal vez secundada por mercenarios romanos que ya vivían en la isla, fue esencialmente genocida. Masacraron o sometieron por completo a las tribus indígenas bretonas del oriente insular, como los icenos y los trinovantes, y arrasaron totalmente su cultura.

Esta tesis se ve respaldada por los testimonios de unos cuantos testigos que sobrevivieron a dicho periodo. La única fuente contemporánea, un monje galés del siglo VI llamado Gildas, lamenta muy gráficamente la feroz invasión de esos «hombres impíos [...] que no se conformaron con haberlo incendiado todo, hasta que ardió prácticamente toda la tierra de la isla, y pudieron lamer el océano occidental con sus lenguas rojas y salvajes». Citaba un documento del siglo V, el «Lamento de los britanos», y hablaba de un país privado de la protección romana: «Los bárbaros nos empujaron hasta el mar y el mar nos devolvió a los bárbaros». A finales del siglo VII, el llamado «padre de la Historia de Inglaterra», Beda el Venerable, asumió la tesis del genocidio en su *Historia eclesiástica del pueblo inglés*. Escribió sobre aquellos anglos que invadieron el territorio con tal ferocidad que abandonaron sus propios asentamientos germánicos y los dejaron desiertos. Pocos restos, casi ninguno, quedaron de la cultura británica precedente. Los británicos, o los britones, con su lengua y su religión cristiana y romana desaparecieron. Las llamadas villas y ciudades romano-británicas cayeron en el olvido o fueron arrasadas.

Otra teoría es que no se produjo una invasión externa, sino más bien una expansión interna, desde las zonas más orientales de la isla donde se encontraban desde mucho tiempo atrás algunos asentamientos de pueblos germánicos y belgas, que comerciaban y saqueaban las costas del

Mar del Norte. La reciente arqueología basada en datos del ADN refuerza la idea de que el mar que rodeaba las Islas Británicas se consideraba un «territorio» navegable, mientras que las tierras interiores formaban una barrera menos permeable. De modo que la cultura de las Islas Británicas en la época de la retirada romana se dividía entre la costa del Mar del Norte, ocupada desde siglos atrás por tribus germánicas, y el Mar de Irlanda y las costas atlánticas, que eran celtas tanto en su lengua como en su cultura. Esta teoría sugiere que hubo en realidad muy pocos «antiguos britones», o celtas, en las áreas orientales y, por lo tanto, nunca pudieron erradicarse. Esto explica la escasez de restos de la lengua britona y de toponimia, aunque no explica las referencias a una invasión por pueblos de ultramar y la abrumadora creencia celta en la misma. La posible solución a estas teorías divergentes pasa por considerar que ambas son ciertas en parte, y que hubo nuevas oleadas de colonos germánicos que llegaron después de que se fueran los romanos, incorporándose a los enclaves germánicos antiguos.

En cualquier caso, parece evidente que, en el transcurso de los siglos V y VI, un pueblo cuyas lengua y sociedad procedían del continente europeo se fortaleció y se desplazó con agresividad hacia el oeste a través de la Britania romana, eliminando casi por completo a los britones indígenas. Según Beda, en estas invasiones participaron los jutos, los frisios, los anglos y los sajones. *«Saeson»*, *«Sassenach»* y *«Sawsnek»* son las palabras del antiguo galés, del gaélico y del córnico para referirse a esos nuevos pobladores. Hacia el año 450, los jutos —bajo el mando de los hermanos Hengist y Horsa, que seguramente fueron en su momento contratados como mercenarios por un gobernante romano-britón, Vortigern— desembarcaron en Kent y se dispersaron hasta llegar incluso a la Isla de Wight. Al mismo tiempo, los anglos llegaron desde la Anglia de Alemania, en Schleswig-Holstein, dando su nombre a la Anglia oriental (East Anglia) y, finalmente, a toda Inglaterra. Los sajones del norte de Alemania se asentaron en la costa meridional y se adentraron en la cuenca del Támesis, ocupando territorios cuyos nombres han llegado hasta la actualidad: Essex (East Saxon), Middlesex, Wessex y Sussex. Estos pueblos suelen denominarse «sajones» y su lengua se conoce como «anglosajón». Los teóricos de la invasión plantean además una cuestión importante: al parecer, los sajones paganos erradicaron en la zona ocupada cualquier rastro de la cristiandad romana. Por el contrario, en ese momento, Gales estaba viviendo una fervorosa «Era de los Santos» cristianos. Decenas de iglesias galesas datan del siglo VI, e incluso del V, y la catedral más antigua del territorio británico se comenzó a construir por orden de Deiniol[1] en la ciudad de Bangor, en el 525. Prácticamente por la misma época San Petroc andaba predicando en Cornualles y Santa Columba viajaba de Irlanda a la isla escocesa de Iona para fundar allí un monasterio en torno al 563.

Gildas no habla solo de las desgracias infligidas por los sajones a los britones, sino de la resistencia. En torno al año 540 comentó la vida cotidiana en un territorio que parece coincidir con el valle de Severn durante un periodo de paz, tras haberse estancado el avance sajón hacia el oeste del país. Atribuyó ese estancamiento a un jefe británico que derrotó a los sajones a principios del siglo VI en un lugar llamado Mount Badon, posiblemente cerca de la fortaleza de South Cadbury, en Somerset. Al único jefe guerrero que menciona por su nombre es a Ambrosius Aurelianus, un romano-britón nacido a finales del siglo V, «que ganó algunas batallas y perdió otras». Su apodo pudo haber sido «el Oso», el animal cuya piel ostentaba como adorno militar. «Oso» se dice *artos* en lengua céltica.

Este destello de luz en medio de la oscuridad es lo más cerca que podemos estar del Arturo histórico. Sobre este detalle se ha levantado el gigantesco edificio de la leyenda. De ese detalle de Gildas deriva el Arturo del propagandista del siglo IX Nennius o Nenio, y el personaje del fabulista del siglo XII Geoffrey de Monmouth, responsable en buena medida de la imaginería de la cultura caballeresca del norte de Europa. Todas estas tradiciones confluyeron en el famoso libro de Thomas Malory titulado *Morte d'Artur (La muerte de Arturo),* del siglo XV. Tras Malory llegó Tennyson, y luego los prerrafaelitas, Hollywood y el Santo Grial, que fantasearon con un paraíso previo al mundo sajón llamado Camelot, con un mago llamado Merlín e innumerables hazañas caballerescas, amoríos y tragedias. Britones, sajones, normandos y tudores reclaman para sí la herencia de Arturo, como si se vieran impulsados por algún magnetismo desesperado a buscar un pasado noble y puro.

Si existió ese periodo de paz del que habla Gildas, no duró mucho. A finales del siglo VI los sajones ya se habían asentado a lo largo de la cuenca del río Severn, donde un santo galés llamado Beuno habló de unos «hombres de lenguas extrañas cuyas voces se oyen al otro lado del río».[2] Temía que algún día quisieran «apoderarse del lugar y hacerlo suyo». Si bien los sajones ocuparon los grandes valles que desembocan en el Mar del Norte, los britones pudieron conservar los territorios de Escocia, Irlanda, Gales, Cornualles, Cumbria y el Hen Ogledd (el Viejo Norte, en galés), junto a las fronteras escocesas. La lengua celta ya se había dividido para aquel entonces en dos grupos, el gaélico (*goedelic*: el gaélico de los irlandeses y los escoceses, y de la Isla de Manx) y el britón o britónico (*brythonic*: el cúmbrico, el galés y el córnico). En esa época, o quizá antes, tuvo lugar una migración desde Cornualles, atravesando el Canal, hacia las costas de Armórica, en Francia. Allí se reprodujo la Britania romana con el nombre de Bretaña y la lengua fue el bretón, emparentado lejanamente con el moderno galés.

A finales del siglo VII, los sajones ya se estaban agrupando en clanes más grandes gobernados por los primeros reyes. El primero en aparecer con cierta notoriedad fue Ethelbert de Kent (también llamado en castellano Adalberto o Etelberto), que reinó desde el 580 aproximadamente hasta su muerte, en el 616: fue un pagano que consolidó una alianza con los francos del otro lado del Canal al casarse con Bertha, nieta del rey Clodoveo de Francia,[3] con la condición de que la esposa pudiera conservar su fe cristiana. La mujer se trajo a su propio capellán y se dice que fue venerada como santa en la antigua iglesia romana de San Martín, en Canterbury. Fue probablemente por esta razón por la que el papa Gregorio envió más adelante a sus primeros misioneros cristianos a Kent junto al benedictino San Agustín, que acabó siendo primer arzobispo de Canterbury.

Al mismo tiempo, en el norte, Northumbria se cohesionaba bajo el poder de un gran guerrero, Ethelfrith, rey de Bernicia (entre 597 y 616), que iba a afianzar las fronteras de los asentamientos sajones frente a la resistencia britona. La tribu norbritana de los *gododdin*, que probablemente se asentaba en los alrededores de Edimburgo, conservó memoria de sus hazañas gracias a un bardo llamado Aneurin, que las relató en *The Gododdin*, la primera gran obra de la literatura británica (no inglesa). Esta saga narra cómo un ejército de trescientos guerreros avanzó hacia el sur a las órdenes de su líder, Mynyddog, en algún momento en torno al año 600, y se encontró con los anglos de Ethelfrith (a veces Etelfrido, en español) cerca de Catterick, en Yorkshire. De un soldado britano escribió Aneurin:

> En fortaleza un hombre, joven en años,
> de tempestuoso valor [...]
> más dispuesto a acudir al sangriento campo
> que a una boda,
> más dispuesto al festín de los cuervos
> que a un funeral.

Los *gododdin* fueron derrotados, y solo Aneurin pudo escapar para contar lo sucedido. Su poema se conoce gracias a una transcripción en galés medieval, pero los eruditos creen que la versión original pudo escribirse en el cámbrico de las tribus britonas del norte, que tenía cierta similitud con el galés (en cuyo caso, los carteles del aeropuerto de Edimburgo que están en gaélico deberían estar en galés).

Para los britanos o anglos lo peor estaba por llegar. En el 603, un ejército de irlandeses y escoceses de Dalriada, un reino que se extendía por el mar de Irlanda, desde Argyll hasta Antrim, se enfrentó a ese mismo Ethelfrith en batalla, en un lugar llamado Degsastan, que al parecer se encontraba cerca de Roxburgh. Los norumbrianos salieron victoriosos una vez más. Luego ampliaron su supremacía hacia el sur, a lo largo de la costa occidental hasta enfrentarse a los galeses. Hacia el 615, Ethelfrith se topó con 1.200 monjes cristianos galeses cerca de la antigua ciudad romana de Chester y los masacró «por enfrentarse a él con sus oraciones». Siguió su camino para derrotar al gran ejército galés y ampliar su poder hasta las riberas del Dee. Para el anglosajón Beda, que escribió un siglo después, Ethelfrith fue el verdadero fundador de Northumbria, y «azotó a los britones más que cualquier gran hombre de los anglos, hasta el punto que podría compararse con Saúl, el rey de los judíos, salvo por el hecho de que Ethelfrith desconocía la verdadera religión».

El territorio de la Anglia sajona estaba empezando a adquirir su forma definitiva, situándose al sur del Muro de Adriano y al este de las fronteras del Severn y Devon. Al parecer, algunos núcleos de antiguos britones sobrevivieron en las tierras altas de los Peninos y en algunos lugares como Elmet, en el Yorkshire occidental (que fue invadido en el 627). Pero el territorio inglés en ningún caso podía denominarse una nación. No había ni autoridad, ni rey ni iglesia que hubiera sustituido a los romanos. Los pueblos eran gobernados, si es que lo eran, por señores de la guerra sajones, a los que los celtas cristianos del oeste consideraban unos bandoleros paganos y analfabetos. Los sajones eran gentes del llano, no de las montañas, acostumbrados a la lucha y a trabajar la tierra en las grandes llanuras de la Europa septentrional. Estaban acostumbrados a talar los bosques y a utilizar arados para roturar la tierra en suelos aluviales, pero se paralizaban cuando se topaban con las montañas. En las tierras altas los suelos son menos fértiles y los britones tal vez menos proclives a la rendición. El entusiasmo de la conquista parecía evaporarse cuando se desplazaban hacia el oeste.

Los sajones estaban aferrados a una lealtad familiar, al asentamiento y al clan, una lealtad representada en la expresión anglosajona *«kith and kin»* (los amigos y la familia), derivada de *«couth* [arc., "conocido", "amigo", "familiar"] *and known* ["conocido", "pariente"]». Su centro de poder no radicaba en un rey lejano y en una corte remota, sino en un salón comunitario situado en medio de cada asentamiento, donde las comunidades de granjeros libres *(ceorls)* juraban fidelidad a sus jefes. A estos ancianos —o magistrados— y a la nobleza menor se les debía hospitalidad y servicios militares y, a cambio, ellos se ocupaban de la defensa de los súbditos, de sus vidas y sus tierras. Por juramento, los sajones se comprometían a mantener los lazos con aquellos cuyo linaje compartían y con aquellos con quienes cultivaban la tierra. Esta «aceptación del poder» contractual, bien distinta del antiguo tribalismo britano y de la autoridad ducal normanda, se describió en los textos legales posteriores con la fórmula «desde tiempos inmemoriales». Esta vinculación encuentra su apogeo en la representación de ciudadanos notables como consejeros del rey (*witenagemot* o *witan*, los sabios), un precedente primitivo del Parlamento. Para los victorianos románticos todo esto era un lejano y débil eco sajón de lo que los griegos llamaron democracia.

EL NACIMIENTO DE INGLATERRA
~
600 – 800

En el año 596, el papa Gregorio vio a dos esclavos rubios en un mercado de Roma y preguntó de dónde procedían. Cuando le dijeron que eran «angli», Beda asegura que contestó: «Non angli sed angeli», esto es: «No son anglos sino ángeles». Britania era una colonia olvidada en la frontera más exterior del imperio franco, que por aquel entonces ocupaba la mayor parte de la Francia y la Alemania actuales. El papa Gregorio era un ferviente defensor de la acción misionera y envió a un obispo, Agustín, a la corte de Ethelbert de Kent y su esposa, la reina Bertha, merovingia y cristiana. Al llegar a las costas de Thanet, en el año 597, al grupo de cuarenta benedictinos que iban con el obispo Agustín se le ordenó que permanecieran fuera de la aldea, pues los paganos temían lo que consideraban brujerías cristianas.

El éxito de la misión de Agustín se confirmó de inmediato con el bautizo cristiano de Ethelbert y la donación, en el año 602, de un emplazamiento en Canterbury para la construcción de una nueva catedral. Agustín se convirtió en el primer arzobispo de Canterbury mientras que Ethelbert fue el responsable de elaborar el primer código legal de Inglaterra, con noventa artículos, donde se garantizaban los privilegios para la nueva iglesia. Es también el primer documento en «inglés» o lenguaje anglosajón. Al año siguiente, Ethelbert y Agustín se atrevieron a intentar buscar una reconciliación con los prebostes de la iglesia galesa, de Bangor y otros lugares, durante un encuentro en el valle del Severn. La iglesia galesa practicaba una especie de liturgia celta heredada de Roma, pero eran monásticos más que evangélicos, se ceñían a un calendario propio, mantenían costumbres penitenciales y formas de tonsura particulares, como afeitarse la frente más que la coronilla. Las dos facciones no llegaron a un acuerdo, y, desde luego, no sobre la autoridad de Roma. Se dice que Agustín, furioso, amenazó a los britones diciendo que: «Si no mantienes la paz con vuestros amigos, tendréis guerra con vuestos enemigos». Pero regresó a Kent con las manos vacías.

Entretanto, el rey Redwald de East Anglia[1] (que reinó entre el año 600 y el 624) seguía expandiendo su dominio hacia el corazón de Inglaterra para conformar lo que acabaría siendo el reino central de Mercia. Este monarca es poco conocido, salvo como probable ocupante del barco fúnebre de Sutton Hoo, en Suffolk, que se encontró en 1939 y que en la actualidad se encuentra en el British Museum. Contenía vajilla de metales preciosos y gemas procedentes del Mediterráneo y Bizancio, espadas y un fabuloso casco del Rin. Sutton Hoo ofrece una ventana a una civilización cosmopolita que para nosotros aún sigue siendo maravillosamente enigmática.

En Northumbria, a Ethelfrith, azote de los *gododdin*, le había sucedido Edwin[2] (reinó aproximadamente desde el 616 al 633), un rey con un ejército lo suficientemente potente como para avanzar hacia el sur, arrasando Mercia y llegando hasta Kent. Tras derrotar a los sajones occidentales, había regresado a York con la hija cristiana de Ethelbert, llamada Ethelburga, y no solo con ella, sino también con un monje romano, Paulino, que en el año 627 lo bautizó a él y a sus nobles, y fundó la catedral de York (York Minster). Uno de los nobles conversos le contó a Edwin la parábola de un gorrión en una fría sala durante una cena, que «entra volando por una puerta y revolotea un momento en la brillante y ardiente chimenea, y luego sale por otra puerta, y desaparece [...]. Así nos parece la vida del hombre, como un breve aleteo en la chimenea, pero lo que hay antes y lo que hay después, eso no lo sabemos. Si esa nueva doctrina cristiana es capaz de decirnos alguna cosa segura sobre esos asuntos, sigámosla». El gran sacerdote pagano de Edwin era menos reflexivo: arrojó una lanza contra su propio templo y ordenó que lo quemaran hasta los cimientos.

La supremacía de Edwin no duró mucho. Tuvo que enfrentarse al desafiante y poderoso Penda de Mercia, un pagano que estaba aliado con el cabecilla galés Cadwallon de Gwynedd. En el año 633, estos jefes tribales se enfrentaron a Edwin en la batalla de Hatfield Chase, en Yorkshire, y lo mataron, pasando a hierro y fuego a la mayor parte de Northumbria. La causa cristiana en el norte sufrió una breve parálisis, pero un año después otro sajón cristiano, Oswald, ocupó toda Northumbría partiendo desde su refugio de la isla de Iona. Iba con él un monje llamado Aidan, con quien fundó un monasterio en 635 en Lindisfarne, una isla en la costa de Northumbria. Da la impresión de que Inglaterra fue cristianizada muy rápidamente. Incluso Penda permitió que sus hijos fueran bautizados y aseguró que «eran despreciables y miserables quienes no obedecían a su Dios, en quien creían». Cuando finalmente cayó derrotado en el año 655 a manos del hermano de Oswald, Oswy, el último mandatario pagano de Inglaterra murió. Los dioses animistas y guerreros de los sajones, Tiw, Woden, Thunor y Freya sobrevivieron únicamente en los días de la semana.

Ahora bien, el tipo de cristianismo que iba a abrazar Inglaterra aún estaba por decidir. Lindisfarne practicaba el rito de Iona, reforzado en 657 cuando Oswy, el hermano y sucesor de Oswaldo fundó un nuevo monasterio en Whitby. Pero en la corte de Northumbria muchos prefirieron seguir el rito romano que introdujo Paulino en York. Lo que comenzó como una disputa familiar sobre cuándo ayunar o celebrar la Semana Santa no tardó en extenderse a trifulcas en el seno de la iglesia de Northumbria, donde los tradicionalistas de Iona se enfrentaron a los reformistas de Canterbury. En el año 664, Oswy convocó a todos los prebostes desde Canterbury para que se reunieran en un sínodo en Whitby, donde se entabló una batalla entre Colman de Northumbria y Wilfrid de

Ripon. Wilfrid, que había visitado Roma y apoyaba firmemente la causa papal, representaba a Canterbury porque hablaba anglosajón. Para él, la autoridad del papa y la liturgia romana, cada vez más extendida, eclipsaba la obsoleta tradición celta. Convenció al sínodo y, aún más importante, al propio Oswy, diciendo que San Pedro era «la piedra sobre la que se edificó la Iglesia» y que tenía en su poder las llaves de la vida en el más allá. Los partidarios del rito de Iona, seguidores de Colman, se retiraron furiosos y se refugiaron en Irlanda, un lugar que a su vez sería el escenario de otras escisiones litúrgicas. Wilfrid se convirtió en obispo de York.

Roma se apresuró a aprovechar aquel triunfo. Un nuevo emisario papal llegó a la isla en el año 669: Teodoro de Tarso, nacido en Asia Menor y versado en la erudición griega, romana y bizantina. Para cuando murió, en el 690, ya había fundado catorce obispados dependientes de Canterbury. A los reyes de Kent y Wessex se les sugirió que escribieran nuevos códigos legales basados en los que regían en los dominios papales, eximiendo a la Iglesia de sus obligaciones civiles y disponiendo normas relativas a la conducta social y marital. Los castigos por robo, violencia y otras infracciones establecían una jerarquía por debajo del rey, donde los obispos se equiparaban a los nobles y los clérigos a los villanos.

Inglaterra podría haber seguido disgregada políticamente a finales del siglo VII, pero el sínodo de Whitby sirvió para unirla a la corriente eclesiástica común de Europa. La iglesia inició un periodo de prosperidad e influencia que iba a durar hasta la época de la Reforma. En un país a menudo enfrentado en guerras intestinas, la iglesia de Teodoro regía espiritualmente a todo el pueblo inglés, lo educaba, le proporcionaba bienestar y cuidaba de su administración pública. Esta situación fomentó, en la desolada costa de Northumbria, en Lindisfarne, una floreciente escolanía que iba a ser tan rica como las mejores de Europa. Confeccionar fabulosos códices y evangelios iluminados exigía mantener un trabajo exhaustivo de amanuenses y especialistas en materiales. El Evangelio de Lindisfarne, del año 698, que actualmente se custodia en la British Library muestra una amalgama de motivos célticos y continentales tan rica como cualquiera que se hubiera podido dar en el culto del norte de Europa. Seguramente costó muchos años de trabajo concluirlo y se estima que se emplearon en su confección los pergaminos procedentes de 1.500 terneros.

En el año 674 se fundó un nuevo monasterio en la aldea de Jarrow, junto al río Tyne, a cargo del obispo Biscop, un clérigo de nuevo cuño que había peregrinado cinco veces a Roma, y que a su vez había regresado siempre con artesanos, músicos, manuscritos y donativos para sus parroquias. En el monasterio de Jarrow vivió Beda el Venerable, cuya *Historia eclesiástica de los pueblos de Inglaterra* [*Historia ecclesiastica gentis Anglorum*] vio la luz en el año 731. Beda concebía la Britania de los dos siglos anteriores como una tierra pagana que se había redimido gracias a la cristiandad sajona, una tesis bastante adornada, porque en la mayor parte de las Islas Británicas lo que ocurría era exactamente lo contrario. En todo caso, Beda fue un testigo único de los primeros años de la existencia de Inglaterra y el primero que dejó traslucir un sentimiento de identidad nacional inglesa. Fue el primero en utilizar la palabra «Angleland» (país de los anglos) y el primero en cifrar una cierta cronología para el nacimiento y la expansión del país.

En el siglo VIII, lo que antaño se denominaba «supremacía» empezó a trasladarse desde Northumbria a Mercia. Aquí, en el año 757, se hizo fuerte Offa, el primer rey inglés cuyo dominio fue reconocido en toda Europa. Offa (cuyo mandato se extendió desde el 757 al 796) fue un monarca en perpetuo movimiento, administrando justicia y exigiendo tributos por todo su territorio. Acuñó sus propias monedas —entre ellas, curiosamente, una con el busto de su reina consorte, Cynethryth— y en el año 785 marcó las fronteras de Inglaterra y Gales con un muro (Offa's Dyke) que se extendía desde Dee hasta el Severn. El *dyke* era realmente más una demarcación fronteriza que una muralla defensiva, y hay pruebas de que el emplazamiento de la misma concedía algunas tierras fértiles a los galeses, como si hubiera sido fruto de un acuerdo. En el 786 el pontífice envió embajadores a la corte de Offa, con exigencias papales relativas a aspectos de la ley canónica y seglar. El hecho de que los mercianos tuvieran que considerar tales demandas da buena medida del alcance de la fortaleza de la jurisdicción romana. Offa consiguió un nuevo arzobispado, en Lichfield, a cambio de una donación anual de oro, y acordó «consagrar» a su hijo Egfrith como heredero al trono. Estos contratos civiles entre el estado inglés y la Iglesia romana resultaron decisivos y fueron la razón por la que nunca hubo paz entre los monarcas sajones y normandos.

A punto de concluir el reinado de Offa, un monje de Northumbria, Alcuin de York,[3] el erudito más importante de la corte de Carlomagno, iba a referirse al inglés como «gloria de Britania, espada contra los enemigos y escudo frente a los adversarios». Pero la ambición personal de Offa excedía los límites de su poder. Cuando Carlomagno le propuso que su hijo se casara con la hija del rey merciano, Offa aceptó con la condición de que la hija de Carlomagno se casara con su hijo. Se dice que el emperador se encendió de rabia porque aquella propuesta daba por hecho que se trataba de una relación entre iguales, así que rompió relaciones con la isla, e incluso prohibió cualquier comercio con Mercia durante un tiempo.

Tras la muerte de Offa, la línea de sucesores se debilitó hasta el punto de provocar otro giro en la preeminencia política: en esta ocasión, hacia el sur, hacia Wessex. Lichfield quedó relegado en favor de Canterbury y en 814 Egbert de Wessex (802-839) invadió Cornualles, poniéndolo bajo soberanía sajona. Esta invasión no fue una ocupación ni una asimilación, como había ocurrido con las regiones orientales. Los sajones denominaron a aquella región Gales Occidental (West Wales), pero conservaron su lengua y mantuvieron a sus gobernantes locales. Hasta el día de hoy, los habitantes de Cornualles consideran a quienes viven al este del río Tamar como «ingleses» y forasteros. Egbert se dirigió luego contra Mercia y preguntó a sus nobles si debía combatir a los mercianos o intentar firmar un tratado de paz. Las crónicas anglosajonas dicen que los mercios «consideraban más honroso que les cortaran la cabeza a permitir que les pusieran un yugo en el cuello». Al final, no tuvieron que hacer ni una cosa ni otra. La victoria de Wessex en la batalla de Ellandum, cerca de Swindon, en el 825, trasladó el centro de poder inglés claramente hacia el sur, donde ha permanecido desde entonces. Egbert siguió atacando otras tierras, como East Anglia y Northumbria, asimilándolas al territorio que acabó siendo Inglaterra.

Después de dos siglos de lo que Milton denominó «guerras de halcones y cuervos, arremolinándose en bandadas y luchando en el cielo», el pueblo inglés bajo Egbert y sus sucesores pudieron contemplar una paz sajona. La supremacía temporal de Wessex fue reconocida y su capital, Winchester, se convirtió en la sede de los reyes de Inglaterra. Pero una gran amenaza se cernía sobre el país. Del mismo modo que los sajones habían acabado con los antiguos britones desde el este, así ahora, escribió un cronista anglosajón, «tormentas huracanadas de rayos y feroces dragones se vieron surcando los cielos». Alcuin informó a Carlomagno: «Jamás se vio tal terror […] como el que hemos sufrido a manos de esta raza pagana». Habían llegado los vikingos.

LOS DANESES
~
800 – 1066

Los sajones eran gentes de tierra adentro. Sus vecinos escandinavos, los vikingos, eran gentes del mar. Los de Noruega hacía mucho que habían saqueado Escocia y los asentamientos costeros en torno al Mar de Irlanda, mientras que los daneses, por su parte, habían hecho incursiones en el Mar del Norte y se habían adentrado en Francia. Su arma más poderosa era el *drakkar*,[1] una máquina de guerra que podía alcanzar velocidades de quince nudos (unos 25 kilómetros por hora) y con un calado de no más de tres pies (menos de un metro) con sesenta hombres a bordo. Los guerreros rubios «enloquecidos y desalmados» se apiñaban en la cubierta y los dioses paganos adornaban sus mascarones de proa. En la época se utilizaba la expresión «hacer el vikingo» como sinónimo de saquear o robar. Hubo flotas de barcos vikingos que cruzaron el Atlántico y alcanzaron las costas de Islandia y Groenlandia. También rodearon la costa de Francia, y subieron corriente arriba para saquear París, e incluso llegaron hasta el sur para hacer incursiones en el Mediterráneo. Alcanzaron Constantinopla, donde la guardia personal del patriarca llegó a estar compuesta por vikingos. Con sus barcos alargados, los vikingos remontaron los ríos de Rusia, hasta llegar a Kiev. Como los conquistadores españoles, en principio solo buscaban hacerse con un botín, pero poco a poco fueron estableciendo colonias y creando una cultura escandinava o normanda por todas las costas de Europa.

En el año 790 tres barcos vikingos arribaron a las costas de Wessex. Un funcionario sajón de Dorchester se desplazó a caballo hasta allí para recibirlos y preguntarles qué querían. Lo mataron en el acto, allí mismo. Tres años después Northumbria contempló con horror el saqueo de Lindisfarne y la pérdida de centenares de manuscritos y libros miniados e ilustrados. Los cronicones aseguraban que «los paganos derramaron la sangre de los santos sobre el altar, y pisotearon los cuerpos de los santos en el templo de Dios como estiércol en las calles». Los monjes que escaparon al filo de la espada fueron capturados en calidad de esclavos. En el año 806 volvió a repetirse la tragedia: la destrucción del monasterio de Iona, St. Columba, de doscientos años de antigüedad, sede primada de la cristiandad celta y lugar de enterramiento de los reyes de Escocia.

A principios del siglo IX, las incursiones vikingas se habían convertido en algo habitual. El ataque más importante contra Inglaterra, al parecer bien planificado, tuvo lugar con el desembarco de Sheppey, en Kent, en el año 835. Diez años después, el saqueador barbarroja Ragnar Lodbrok naufragó en la costa de Northumbria, cuyo rey lo encerró en una mazmorra llena de víboras. Se dice que murió clamando venganza a sus hijos, Halfdan e Ivar *El Deshuesado*. Estos no necesitaban mucha motivación. Ivar gobernaba ya en Dublín.

En 865 llegó a Anglia Oriental lo que los cronistas denominaron «un gran ejército pagano» y se lo llevó todo por delante. Un rey de Northumbria fue ejecutado mediante el procedimiento de extraerle los pulmones por la espalda, una tortura llamada «águila de sangre». York cayó y se convirtió en un centro comercial vikingo: Yorvik. Los daneses posteriormente avanzaron contra Mercia y Wessex. Aquellos que se enfrentaban a los vikingos eran asesinados, como le ocurrió a Edmund de Anglia Oriental, cuyo cuerpo fue utilizado para prácticas de tiro con arco; su memoria se venera en la catedral de Bury St. Edmunds. Los invasores se adueñaron de Reading en 871 y de Wareham en 876.

Para entonces, las incursiones ocasionales se estaban convirtiendo ya en una ocupación. Los recién llegados comenzaron a establecer asentamientos, dividiendo el territorio conquistado al norte y al sur del estuario del Humber. Concertaron matrimonios entre ellos y su lengua se mezcló con la de la población local. Impusieron las leyes danesas, igual que añadieron los sufijos *-thorpe, -by* y *-gill* a ciertas poblaciones. El territorio se dividió en tercios *(ridings)* o tomas de armas *(weapontakes o wapentakes)* en vez de las antiguas «centenas» o «centenares» *(hundreds)* sajones.[2] Se establecieron cinco distritos nuevos: Lincoln, Stamford, Nottingham, Derby y Leicester, y la zona inglesa desde el río Tees hasta el Támesis se conoció como el Danelaw (la tierra bajo la ley danesa). Solo cuando los daneses llegaron a Wessex se toparon con una oposición importante de dos reyes: Ethelred y su hermano Alfred (871-899). Los combates prosiguieron durante toda la década del 870, hasta el «año de las batallas», el 877, después del cual Alfred huyó a Athelney, en los humedales de Somerset Levels. Allí, en la legendaria patria del rey Arturo, planificó su guerra de guerrillas contra el invasor, granjeándose una fama legendaria al dejar quemar las tortas de una pobre mujer en el fuego por estar pensando en sus preocupaciones.[3]

Alfred regresó un año después para llevar a Wessex a la victoria frente al jefe danés Guthrum, en la batalla de Edington, cerca de Chippenham. Aquella victoria fue crucial para la historia de Inglaterra. Si los daneses hubieran vencido, Guthrum habría ampliado el Danelaw y el paganismo por el reino de Wessex, en aquel entonces muy poderoso. Inglaterra habría quedado ocupada en su totalidad por una potencia nueva y se habría convertido en parte de una confederación escandinava, que a su vez podría haber resistido sin dificultad la conquista normanda. En cualquier caso, al final, el derrotado Guthrum se bautizó y el propio Alfred fue su padrino. Los daneses abandonaron Wessex, pero siguieron ocupando el Danelaw, que abarcaba probablemente un tercio de toda la población de Inglaterra. A pesar de la derrota de Guthrum, los daneses siguieron haciendo incursiones en Kent, en Devon y casi en cualquier lugar del reino de Alfred. Londres siguió siendo una ciudad vikinga hasta el año 886.

Alfred es el primer monarca inglés de quien tenemos una imagen más o menos completa. Fue el responsable de la reorganización del ejército de Wessex como fuerza permanente, financiada con un impuesto territorial de cada *hide* (servidumbre)[4] o granja de hombres libres, consistente en la aportación de un soldado. Por todo el territorio de Wessex construyó fortalezas, o burgos con fueros *(burghs),* con murallas que pudieran protegerlos frente a futuros ataques daneses. También organizó una flota, diseñando sus barcos como los alargados navíos vikingos y contrató mercenarios daneses para pilotarlos. Así consiguió una extraordinaria serie de victorias navales frente a los saqueadores vikingos, entre las que cabe contar la derrota de una flota de 250 barcos escandinavos frente a las costas de Kent en el año 892. Sin embargo, aquella flota no procedía de Dinamarca, sino que partió amenazadoramente de la desembocadura del Sena, en Francia, donde los vikingos de Rollo habían recibido una generosa donación del monarca francés, que les entregó sin rechistar las tierras de Normandía. Así pues, los futuros normandos no eran franceses, sino vikingos hasta la médula.

Alfred fijó la capitalidad en Winchester y la rediseñó con el modelo de cuadrícula romana que ha llegado hasta nuestros días. Tras décadas de desacralización de monasterios a manos vikingas, lamentó amargamente el hecho de que en todo Wessex no hubiera ni un solo escribano que supiera hablar latín. Se invitó a un buen número de eruditos del continente al nuevo reino y la mitad de los ingresos reales fueron a parar a los colegios eclesiásticos, con la intención de que los ingleses se instruyeran y que Winchester pudiera rivalizar con las grandes cortes europeas. Los textos latinos se tradujeron al anglosajón, incluido uno del mismísimo Alfred sobre Boecio, el humanista del siglo VI. En torno al año 890 Alfred encargó unas crónicas anglosajonas que son el fundamento de casi todo lo que sabemos del periodo posterior a Beda el Venerable. «No sé de nada peor en un hombre», dijo el rey, «que su ignorancia».

Se compiló un nuevo código legal, basado en los de Ethelbert de Kent y Offa de Mercia, de donde salió una legislación inglesa que se asentaba sobre los fundamentos de la legislación sajona precedente. Alfred aprobó «aquellas leyes de nuestros antepasados y que me complacieron [...] y muchas que no me complacían las rechacé con el aviso de mis consejeros». Un precepto bastante juicioso establecía que si un hombre moría al caerle un árbol encima, el árbol debía quedar en propiedad de su familia. Los reyes iban a protegerse contra los traidores, pero a cambio tenían que asegurarse de que las leyes iban a aplicarse y la seguridad iba a mantenerse. Igual que Offa forzó que los reyes se sometieran a la legislación eclesiástica, Alfred se aseguró de que se sometieran a la legislación civil. Fueron los primeros vagidos del concepto relativo al consentimiento de la gobernación, al cual se referirían frecuentemente muchas generaciones de legisladores más adelante.

El rey Alfred[5] murió en el año 899 y le sucedieron su hijo Edward (el Viejo) y su nieto Athelstan (que reinó entre el 924 y el 939). Culto y piadoso, «de cabellos dorados», Athelstan «el Glorioso» fue el primer rey inglés que no se casó. Se aseguró el trono casando a sus hermanas con los reyes sajones, francos y borgoñones. A cambio, recibió la espada de Constantino y la lanza de Carlomagno como presentes. Sin embargo, Athelstan no pudo reinar sin afrontar otros desafíos. En 937 tuvo que hacer frente a un imponente ataque de una confederación de reinos del Mar de Irlanda, una alianza de galeses, escoceses y vikingos de Dublín. Tras la batalla de Brunanburh (posiblemente en Cheshire), «cinco reyes cayeron muertos en el campo», en lo que las crónicas denominaron «la batalla más grande ganada con el filo de la espada» en suelo inglés.

Athelstan no estaba entre ellos, aunque murió muy poco tiempo después y la supremacía de Wessex comenzó a debilitarse por culpa de las querellas familiares, hasta que el trono pasó a Edgar (que reinó entre el 959 y el 975). Este consiguió mantener Inglaterra unida y en paz, y en un gran consejo celebrado en Cheshire, en el 973, se dijo que los reyes de Gales, Cumbria, Strathclyde, Escocia y la Irlanda Noruega lo homenajearon paseándolo en barco por el río Dee. Pero aquellos primeros reyes en ningún caso podían asegurar su herencia y la muerte de Athelstan devolvió al país a las pendencias dinásticas. Estas disputas culminaron con el desastroso reinado de Ethelred el Indeciso, que duró treinta y ocho años; llegó al trono por mandato de su madre a la edad de diez años. Su apodo no hacía referencia a su juventud, sino a su incompetencia. El primer ministro de Edgar, el anciano arzobispo Dunstan, predijo en su coronación que «tales males se derramarán sobre la nación inglesa como nunca se han sufrido desde la época en que se convirtió en Inglaterra». La referencia a los ingleses aún como un pueblo recién constituido resulta sorprendente.

Ethelred gobernó durante una época excepcionalmente complicada y su fama se vio dañada por las crónicas que se escribieron durante la anarquía que se apoderó del territorio tras su muerte. En el año 991 los daneses organizaron un ataque contra Essex con una flota de ochenta barcos, a lo cual el joven Ethelred solo pudo responder pagando un costoso tributo para evitar el saqueo: el *danegeld* (el oro danés). Esta conducta era un mensaje que todos los vikingos entendieron: se podía conseguir un buen botín en Inglaterra solo con amenazar con una incursión violenta. Durante una década, los vikingos esquilmaron en Inglaterra cantidades ingentes de oro y plata, mediante saqueos en las iglesias y monasterios, y la imposición de impuestos punitivos. En 1002, Ethelred reaccionó a un ataque de Svein *Barbapartida* de Dinamarca[6] y ordenó la matanza de todos los daneses que se encontraran en la parte oriental de Inglaterra: es la llamada Matanza del Día de St. Brice. La mismísima hermana de Svein, que se encontraba en el enclave danés de Londres, suplicó por su vida ante Ethelred, pero también fue asesinada.

Las consecuencias eran previsibles: Svein regresó furioso y Ethelred tuvo que recorrer Inglaterra buscando oro para pagar el *danegeld*, y en una cantidad que se estima en cuatro veces lo que se consideraban los ingresos habituales del reino. Los ataques anuales dieron como resultado que, en torno al 1013, los daneses ya tuvieron suficiente control sobre Inglaterra para forzar a Ethelred a huir a Normandía. Allí se casó con

Emma, hermana del duque de Normandía, de la cual tuvo un hijo que se convertiría a su vez en rey de Inglaterra: el futuro Eduardo el Confesor. Con la muerte de Svein, en 1014, el *witan* (el parlamento anglosajón) solicitó el regreso de Ethelred con una condición: la estricta promesa de comprometerse a un «buen gobierno»; este fue el primer contrato registrado entre un rey inglés y sus súbditos.

El resultado fue la reanudación de la invasión danesa en 1015 a cargo del hijo de Svein, Cnut (Canute o Canuto), que se presentó en la isla con un ejército de 20.000 hombres procedentes de todo el norte de Europa en doscientos barcos vikingos. En una crónica se decía que «había tantas clases de escudos que uno podría haber pensado que estaban presentes tropas de todas las naciones del mundo. [...] ¿Cómo levantar la mirada hacia aquellos toros que en los barcos amenazaban con la muerte, a aquellos cuernos refulgentes de oro, sin sentir temor ante el rey que gobernara semejante fuerza? Y más aún, que en aquella gran expedición no había ningún esclavo, ningún liberto, ningún villano de baja cuna, ningún anciano débil. ¡Todos eran nobles!». Siguió un año de guerra continuada del ejército de Cnut contra el resuelto hijo de Ethelred, Edmund Ironside.[7] La ciudad amurallada de Londres cayó, al igual que todas las del territorio de Wessex, Mercia y Northumbria. Aunque Cnut no fue capaz de conquistar toda Inglaterra, las muertes de Ethelred y Edmund propiciaron que él se convirtiera en rey. Cnut (rey entre 1016 y 1035) fue coronado en Londres en la Navidad del 1016. El gran reino de Alfred había quedado reducido a un páramo lleno de cuadrillas de bandoleros. Seis meses después Cnut se casó con la viuda de Ethelred, llamada Emma de Normandía, legitimando al menos en parte su sucesión e incluyendo de esta manera a Inglaterra en un imperio vikingo que prácticamente se extendía desde Wessex hasta Dinamarca y el norte de Noruega. Fue esto, y no lo acontecido en el año 1066,[8] medio siglo después, lo que marcó la verdadera desaparición de la Inglaterra sajona.

En las sagas nórdicas se dice que Cnut era excepcionalmente alto y fuerte, y «el más apuesto de los hombres, por todo salvo por su nariz, que era delgada, enorme, y bastante aguileña». Siempre andaba de un lado para otro, entre sus reinos de Inglaterra, Dinamarca y Noruega. Recibió el beneplácito del rey de Escocia, Malcolm (el archienemigo de Macbeth) y fue de peregrinaje a Roma, después de lo cual expandió el cristianismo por Escandinavia. Fue el soberano con más territorio inglés en sus manos (antes de la ascensión de Enrique II). De su carácter apenas conocemos nada, salvo una leyenda extrañamente corrupta. Según un cronicón del siglo XII, una vez se sentó en su trono junto al mar y ordenó que se retirara la marea; no fue una muestra de arrogancia, suele decírsele a los niños, sino todo lo contrario. Cuando se levantó y dio media vuelta, exclamó: «Haced saber a todos los hombres cuán vano e inútil es el poder de los reyes».

Tras la muerte de Cnut, en 1035, sus hijos se disputaron la sucesión, permitiendo de este modo que un cortesano anglodanés, Godwin de Wessex, se hiciera con el poder necesario para designar a un monarca. Manipulador e implacable, consiguió asegurarle el trono al hijo de Ethelred, Eduardo el Confesor, de cuarenta y un años, y que gobernó entre 1042 y 1066; así pues, Eduardo comenzó su reinado como marioneta de Godwin, casándose con su hija a pesar de haber hecho supuestamente voto de castidad para mantenerse célibe. Eduardo se rodeó de cortesanos francoparlantes y fue, en la práctica, el primer rey normando de Inglaterra. Fue a partir de la época de Eduardo, y no de la conquista normanda, cuando se empezaron a redactar en francés los documentos oficiales ingleses. Fue él quien emprendió la construcción de la gran abadía normanda de Westminster y generalizó las judicaturas de los condados, o los corregidores del rey,[9] para establecer una estructura de autoridad real paralela a la de los condados sajones. Esta dualidad en el poder, entre el monarca y los gobernantes locales, iba a ser en ocasiones muy conflictiva, y a veces una característica original de la estructura política de la Inglaterra medieval.

En aquella corte surgió además otra dualidad, entre los anglodaneses de Godwin y los normandos francoparlantes de Eduardo. En medio de la creciente tensión en la corte, Eduardo recibió el apoyo de algunos sajones destacados (para ir contra Godwin), como el conde Leofric de Wessex, marido de Godgifu *(God's gift,* el regalo de Dios: Godiva). De ella se asegura que cabalgó desnuda por Coventry en protesta por los elevados impuestos de su marido,[10] una leyenda de la que no hay ni rastro en los documentos de la época y que, sin embargo, ya había adquirido un arraigo irrefutable en la Edad Media. En 1051, la guerra civil entre los seguidores de Leofric y Godwin pudo evitarse en último extremo gracias a la orden del consejo real que expulsó a Godwin y su familia a Francia, una temprana muestra de la fuerza de aquel grupo de consejeros del trono. En algún momento impreciso de ese periodo, Eduardo recibió una visita muy significativa del sobrino nieto de su madre, el duque Guillermo de Normandía, que contaba veintitres años, que casi inmediatamente después comunicó al mundo que Eduardo había aceptado su endeble postulación a la corona de Inglaterra. En ese momento germinal de la historia de Inglaterra, nadie se dedicaba a levantar actas de las reuniones.

Al año siguiente los Godwin regresaron a Londres aprovechando una fuerte corriente de sentimiento antinormando, expulsó al arzobispo normando de Eduardo, Robert de Canterbury, y puso en su lugar a un anglodanés: Stigand. El hijo de Godwin, Harold, se convirtió en el conde de Wessex y virtual soberano de Inglaterra durante la mayor parte de la última década de vida de Eduardo. Ahora le tocaba a Harold complicar la sucesión al trono. Durante un extraño viaje por el Canal, naufragó en la costa francesa y pidió refugio en la corte de Guillermo, incluso llegó a participar con él en una campaña bélica. Durante esta visita, dijeron los normandos, el Confesor había confirmado el reconocimiento de Guillermo como heredero al trono de Inglaterra y le había hecho los honores. Por supuesto, Guillermo se tomó aquello como una prueba decisiva de su derecho a la corona.

Sin embargo, a principios del fatídico año de 1066, estando ya moribundo, Eduardo se dirigió a Harold y le encomendó «todo el reino bajo tu protección». El conde ya era *de facto* el soberano de Inglaterra y el consejo real evidentemente lo consideraba ya como el rey más probable.

Aunque por sus venas no corría sangre real por la que pudiera reclamar el trono, era lo mejor que tenían a mano, un guerrero curtido y ya estaba en realidad al frente del país. Harold fue elevado al trono con todos los honores. Cuando Guillermo lo supo, se puso furioso y envió un mensaje desde la capital de Normandía, Ruan (Rouen), recordándole a Harold las bendiciones de Eduardo y el juramento de lealtad del propio Harold. El consejo *(witan)*, un órgano que en ese momento claramente ostentaba una autoridad casi constitucional, rechazó el mensaje. Ya tenían un rey.

GUILLERMO EL CONQUISTADOR
~
1066 – 1087

El año 1066 es el más famoso de la historia de Inglaterra. Para todos los escolares ingleses esa fecha evoca la figura de un héroe sajón, Harold, y un villano francés, William,[1] que se enfrentaron y lucharon en la batalla de Hastings. El desenlace se resolvió con una flecha clavada en un ojo de Harold. Pero la historia rara vez es tan sencilla. Harold, hijo de Godwin, era en el mejor de los casos *medio* sajón y no tenía ningún argumento para reclamar el trono de Inglaterra más allá de la bendición de Eduardo en su lecho de muerte. Guillermo no era francés, sino descendiente del guerrero nórdico Rollo, que se hizo con Normandía gracias a la donación del rey francés Carlos el Simple[2] en el año 911. Él tampoco tenía ninguna razón para reclamar el trono más allá de la supuesta (aunque anterior) concesión de Eduardo. Ambos eran descendientes directos de los vikingos.

Guillermo era un hombre astuto y ambicioso, capaz de emplearse con extrema violencia. Gobernaba un gran ducado en tierras normandas por el que pagaba un tributo al rey de Francia. Su régimen feudal estaba basado en la propiedad de la tierra, unas tierras que cedía a sus barones a cambio de que estos lucharan con él en las guerras. En la primavera de 1066, Guillermo reunió a dichos barones para decirles que tenía pensado reclamar la corona de Inglaterra y que esperaba su respaldo. La mayoría se negó, diciendo que su juramento de lealtad no incluía guerras en el extranjero ni venganzas personales. Guillermo no controlaba Calais y tendría que navegar desde Normandía por la parte más ancha del Canal. Necesitaría grandes barcos para transportar los caballos y un viento favorable de popa. Cuando arribara a las costas, tendría que hacer frente a un guerrero curtido y en tierras desconocidas. Toda la aventura era un despropósito temerario. Guillermo se mantuvo en sus trece, impasible, pero la oposición de sus nobles significaba que lo que comenzó como una puja por la corona inglesa se transformara en algo más ambicioso. Guillermo tuvo que sobornar a sus barones con la promesa de concesiones de tierras en Inglaterra y reclutó a mercenarios de todas partes que, por supuesto, exigirían su recompensa. Su única ventaja táctica era la bendición del papa Alejandro II, que estaba enfadado con Godwin por haber nombrado a Stigand arzobispo de Canterbury. Desde Roma se envió una reliquia de San Pedro para que Guillermo la llevara durante la batalla.

Harold respondió reuniendo una flota junto a la Isla de Wight y convocando un *fyrd*, una milicia sajona, que desplegó a lo largo de toda la costa meridional. Estas tropas complementaban las tropas de los propios «caballeros del rey», unos dos mil soldados que estaban en exclusiva al servicio de su guardia personal. Semejante defensa debería haber sido suficiente. El primer requisito para la invasión de Guillermo, un viento del suroeste, no se cumplió. Y esto no hizo sino aumentar las complicaciones para los dos enemigos. Guillermo se vio obligado a resguardar su precaria flota y sus barcos de transporte en la costa de Normandía; por su parte, los ejércitos de Harold empezaban a desesperarse ante una invasión que no se producía y anhelaban volver a sus tierras. Harold también recibía noticias pésimas: su hermano rebelde, Tostig de Northumbria, había viajado a Noruega para respaldar a un señor de la guerra nórdico, llamado Harald Hardrada, en su dudosa y remota pretensión a la corona de Inglaterra. Hardrada era un gigante rubio que ya había cumplido los cincuenta y que se había pasado la vida luchando y saqueando todo lo que encontraba en sus incursiones por el continente, recorriendo Rusia y llegando hasta Constantinopla y Sicilia. Inmediatamente aceptó la sugerencia de Tostig y en agosto de aquel año atracó en Scarborough con una flota de doscientos *drakkar*. Desde allí lanzó un ataque para abatir a un ejército de Northumbria en Fulford y aceptó la rendición de York.

En el Canal, sucesivas tormentas inmovilizaron a la impaciente flota de Guillermo en Normandía, al tiempo que convencieron a los caballeros de Harold de que aquel año ya no tendría lugar la temida invasión. En consecuencia, Harold abandonó su residencia en Bosham, cerca de Chichester, y se dirigió a Londres, donde supo de la llegada de Hardrada a Northumbria. En veinticuatro horas reunió a su ejército y se encaminó hacia el norte: llegó a York en solo cuatro días: una de las grandes marchas forzadas de la historia de Inglaterra. Al llegar se encontró con que Hardrada se había retirado de York a Stamford Bridge, a unas siete millas al este (algo menos de diez kilómetros), dejando a un tercio de su ejército al cuidado de los barcos. Hardrada se vio sorprendido por la repentina llegada del ejército inglés. Comprendiendo que el noruego no estaba preparado, las fuerzas de Harold cargaron contra ellos de inmediato y, en un feroz combate, mataron tanto a Hardrada como a Tostig. Los noruegos supervivientes fueron enviados humillados a su hogar. La muerte de Hardrada, «el último vikingo», disminuyó en gran medida la amenaza escandinava al trono de Inglaterra.

Harold no tardó más de una semana en asegurarse York, pero entonces llegaron noticias alarmantes: Guillermo, finalmente, había partido con sus barcos desde las costas francesas y había arribado el 28 de septiembre a Pevensey.[3] Entonces, Harold tuvo que regresar con su exhausto ejército de nuevo al sur, a Londres, donde recibió un mensaje de Guillermo, acampado ya en las afueras de Hastings, en el que renovaba sus pretensiones al trono. Harold contestó que su pretensión quedaba anulada por el legado final de Eduardo, por la decisión del consejo y por su posterior consagración como rey. Evidentemente, la cuestión se iba a decidir por las armas. Harold salió de Londres y llegó a Hastings el 13 de octubre.

El campo de batalla, que puede estudiarse en la actualidad, se caracterizaba por una orografía peculiar, con un cerro y una hondonada, y estaba tan constreñido en sus laterales que seguramente no pudieron luchar más de ocho mil hombres por cada bando. Se dice que Guillermo contaba con tres mil hombres a caballo, agrupados en distintas secciones, apoyados por arqueros e infantería, que podía dirigir y maniobrar por todo el campo. Las tropas de Harold iban a pie. Se formaron en apretado pelotón en lo alto del otero, que defensivamente era un punto fuerte, pero difícil de reorganizar o desplegar una vez que se hubiera descompuesto con el fin de atacar. Se trataba de un ejército con graves carencias estructurales y organizativas, que luchaba como siempre lo habían hecho los sajones (y los vikingos), con cada hombre peleando por su vida y con el rey rodeado únicamente de su guardia personal.

La mañana del 14 de octubre, la caballería normanda atacó los pelotones acorazados sajones, pero los caballos sufrieron graves daños infligidos por las hachas y las lanzas sajonas. Los normandos se retiraron momentáneamente y se reagruparon, mientras los sajones recuperaban sus armas y retiraban a sus muertos. El ataque normando se reinició y de nuevo fueron rechazados, pero el número de soldados sajones cada vez se reducía más, sobre todo por culpa de los arqueros, que lanzaban sus flechas desde una distancia de casi cien metros.

Al parecer, una retirada fingida de los normandos impulsó a los sajones a romper su formación de caparazón blindado y cargar colina abajo, precisamente allí donde sus hombres se encontrarían en una posición vulnerable frente a la caballería normanda. Se produjo un punto de inflexión, de acuerdo con la mayoría de los relatos, cuando una flecha hirió a Harold en un ojo. Viendo ahí su oportunidad, cuatro caballeros normandos se abrieron camino a espadazos hasta él y lo destrozaron. Ante la muerte de su jefe, los sajones huyeron a los bosques circundantes. El cuerpo de Harold quedó tan mutilado en medio de la carnicería que tuvieron que llamar a su amante, a quien apodaban con un encantador

Edith «Cuello de Cisne»,[4] para que identificara sus restos. Harold fue enterrado en la abadía de Waltham, al norte de Londres.

El relato de la batalla de Hastings quedó fijado en un tapiz, encargado probablemente a bordadores ingleses por el obispo Odo, medio hermano de Guillermo. Aún cuelga en Bayeux (Normandía) y es una de las descripciones de guerra más brillantes de la historia medieval. Aunque salió victorioso del lance, Guillermo había perdido un tercio de su ejército y muchos de sus caballos de guerra. No tenía ni reservas ni refuerzos y se encontraba solo en un país hostil, cuyos condes seguramente presentarían resistencia cuando supieran que sus tierras se les habían prometido a los caballeros de Guillermo. El vencedor ordenó levantar y fundar una abadía en el lugar de la batalla y decidió que sería coronado en la tumba de su supuesto protector, Eduardo el Confesor, en Londres.

Dos décadas después, el libro Domesday iba a registrar el listado de los pueblos arrasados por el ejército normando en su avance desde Sussex hacia Londres. No atacaron sus formidables murallas, sino que subieron por el Támesis y dieron un rodeo por Middlesex, con la idea de esperar a que los obispos y burgueses de Londres «se rindieran de hambre». Guillermo confirmó los fueros que Eduardo les había concedido, añadiendo que «no consentiré que nadie os haga mal alguno». Londres permaneció indemne y la coronación de Guillermo tuvo lugar en la abadía de Westminster el día de Navidad de 1066, con la participación de los obispos sajones y por el rito sajón, pero con una multitud furiosa y resentida en el exterior.

Guillermo regresó triunfante a Normandía, dejando su nueva conquista en manos del obispo Odo, ordenado conde de Kent, y de William FitzOsbern, conde de Hereford, en una imponente fortaleza que empezó a construirse de inmediato en Chepstow. Ahora le tocaba pagar sus deudas, expropiando tierras de los ingleses, aunque al principio el expolio se hizo a muy pequeña escala. Construyó castillos por toda la costa sur para proteger la ruta hacia sus tierras. Pero los rumores de rebelión exigieron levantar más castillos en Exeter, Warwick, York, Lincoln, Huntingdon y Cambridge. Allí donde Alfred había levantado fortificaciones para defender a la plebe, Guillermo las levantó para reprimirla. Al principio eran construcciones de adobe y madera, pero luego fueron reemplazadas por bastiones de piedra en las que podían encontrar refugio las guarniciones militares o podía encarcelarse a los rebeldes.

Los habitantes de Inglaterra no se sometieron fácilmente. La revuelta más grave tuvo lugar en 1069 en York, la capital de Northumbria. Como represalia, Guillermo desató por toda la región una venganza implacable, incendiando aldeas, matando el ganado y destruyendo las cosechas, y obligando a los hambrientos villanos a rogar que se les permitiera vivir siendo esclavos. Los cronistas medievales decían que Guillermo había «sucumbido a sus peores instintos, sobrepasando todos los límites de la ira». Aquel desastre, conocido como la «Matanza del Norte», dejó en la población una herencia de odio hacia los normandos que iba a durar al menos un siglo. Luego, en 1071, un noble de Lincolnshire, Hereward el Proscrito, se levantó en armas, aprovechando su conocimiento de las marismas y humedales de Anglia Oriental; consiguió evitar que lo capturaran durante más de un año. Al final fue traicionado por los monjes de Ely, que fueron sobornados, después de lo cual desapareció y se convirtió en una leyenda de los marjales y pantanos de los Fenlands.

Guillermo tuvo que ocuparse después de la Iglesia, recompensando a los obispos normandos como si fueran sus barones. Sustituyó al sajón Stigand como arzobispo de Canterbury por Lanfranc, prior de la abadía de Caen y famoso jurista y administrador. En el plazo de dos décadas, los obispos y abades normandos habían sido agasajados con un cuarto de Inglaterra, a cambio de lo cual se esperaba que fundaran monasterios y se erigieran iglesias. A lo largo de los siguientes setenta años se levantaron innumerables edificios religiosos, en un furor constructor que no volvería a repetirse hasta el siglo XV: aquello era un indicio no solo de la determinación de Guillermo de dominar su nuevo reino sino también de la riqueza que poseía la Inglaterra del siglo XI, comparable incluso con la que poseía Francia.

La conquista normanda ya se estaba asentando. Malcolm de Escocia rindió homenaje a Guillermo. Y en el oeste, una serie de condados, desde Chepstow a Chester, pasando por Shrewsbury, controlaron las «marcas» galesas. En la década de 1070 prácticamente toda Inglaterra al sur del río Tees[5] estaba sometida a una de las transferencias de propiedades territoriales más sistemáticas de la historia de Europa. Alrededor de cuatro mil sajones perdieron sus tierras en favor de unos doscientos barones, obispos y abades normandos, que apenas dejaron el cinco por ciento del país en manos sajonas. Se estima que unos 200.000 normandos, franceses y flamencos pasaron del continente a Inglaterra. Aproximadamente el mismo número de ingleses murieron en sucesivas masacres o por hambre, tal vez una quinta parte de la población.

En este proceso, un campesino libre *(ceorl)* se convertía en siervo, obligándose a una absoluta lealtad a su señor, que a cambio era propietario de la tierra en calidad de arrendatario subsidiario del rey. Aunque el rigor de este sistema feudal ha sido cuestionado por algunos historiadores, probablemente «vinculaba» a todos los siervos o los obligaba a prestar un servicio militar al tiempo que los incapacitaba para comprar o vender tierras o viajar sin el permiso del amo. Los tribunales de los condados o los consejos de centenas,[6] que habían administrado justicia junto al corregidor del rey, fueron reemplazados por tribunales nobiliarios en los que el señor ostentaba un poder absoluto. En las «marcas» de las fronteras galesa y escocesa, los amos gobernaban casi con total independencia respecto al rey, con derecho a designar a sus propios corregidores o alcaldes, construir castillos y organizar levas para sus ejércitos. Sus nombres iban a estar en boca de todos una y otra vez durante toda la Edad Media: Mortimer, Montgomery, Osberne, De Broase y De Clare.

En 1085, Guillermo, ya anciano, decidió revisar la geografía económica de su reino, para establecer la titularidad y el valor de las tierras para la imposición de cargas fiscales, y para acabar con las disputas entre sus barones. Un buen plantel de empleados públicos registró todos y cada uno de los terrenos y villas, un proyecto que concluyó con el juramento colectivo de fidelidad de los barones en Old Sarum, en Wiltshire. La inspección fue publicada en 1086 y los sajones lo llamaron Domesday Book, «porque sus decisiones, como las del Día del Juicio Final (Doomsday), eran inalterables». Este registro es el catálogo más completo de las tierras de Inglaterra al sur del río Tees hasta la elaboración de los censos victorianos. Revela a la Anglia Oriental como una región muy poblada, con 165.000 habitantes en Norfolk y Suffolk. Tras las masacres normandas, Yorkshire solo contaba 30.000 almas. Londres quedó fuera del registro general por culpa de un incendio, pero se cree que albergaba a unos 25.000 habitantes. Solo el 15 por ciento de Inglaterra fue catalogado como superficie boscosa. Ninguna otra nación de Europa tuvo nada parecido al Domesday. Es más que un registro. Con él se organizó la Inglaterra normanda en una unidad administrativa. Mientras Francia seguía siendo una confederación de ducados, Inglaterra ya estaba en camino de convertirse en un estado centralizado.

El gobierno de Guillermo comenzaba a degradarse. También había perdido a su poderosa aunque diminuta esposa Matilda[7] (recientemente se ha revisado este dato: se decía que Matilda medía 1,27 m, pero el análisis del esqueleto ha revelado que alcanzaba los 152 cm). Su hijo mayor, Robert, se levantó en armas contra él. Otro hijo, Richard, murió en un accidente cuando montaba a caballo. Guillermo siempre estuvo yendo y viniendo de Normandía y siempre estuvo en guerra con Felipe de Francia. En el asedio de Mantes, en 1087, se cayó del caballo, reventándose el abdomen. Lo llevaron rápidamente a Ruan, donde murió. Durante su entierro en la abadía de Caen, donde aún puede visitarse su tumba, «las entrañas inflamadas del rey estallaron y una peste insoportable hirió las narices de todos los presentes». El gran logro de Guillermo, la conquista y sometimiento de Inglaterra, igualó el de Cnut medio siglo antes, pero sus descendientes se aseguraron de que esta conquista fuera definitiva. La política normanda, su lengua y su cultura se inyectaron en las venas de la Inglaterra sajona. Durante cuatro siglos, esta tierra estuvo infeliz y sanguinariamente unida a la Europa continental.

LOS HIJOS DEL CONQUISTADOR
~
1087 – 1154

Las instituciones de un estado medieval rara vez eran lo suficientemente fuertes como para sobrevivir a la muerte de un monarca sin verse alteradas. A pesar de todos los rituales de sucesión y consagración, el poder adolecía de la fuerza militar necesaria. La muerte del Conquistador dejó a su hijo primogénito, Robert Curthose (o «medias cortas»), como heredero del ancestral feudo familiar de Normandía,[1] mientras que su siguiente hijo, Guillermo, se hizo con la propiedad —más jugosa— de Inglaterra. Conocido como Rufus por su piel enrojecida, Guillermo II el Rojo (1087-1100) fue un soldado eficaz, pero carente de la contención de su padre. Partió de Ruan para ser coronado en Westminster antes de que cualquier rival pudiera llegar primero, y luego se procuró fama y popularidad al regalar buena parte del tesoro de su padre a la Iglesia, además de cien libras a cada condado para que se repartieran entre los pobres.

El estilo de la corte anglonormanda cambió radicalmente: del militarismo espartano del Conquistador se pasó a la extravagancia decadente de Rufus. Estaba abiertamente enamorado de un escribano normando, Ranulf Flambard, con quien gobernaba y con quien llenó la corte de modas francesas, en la indumentaria, los entretenimientos y la arquitectura. Dio comienzo a la construcción de la catedral-castillo de Durham y, más tarde, el Westminster Hall junto al Támesis, probablemente los edificios más imponentes, eclesiástico y civil, del norte de Europa en aquella época. Semejante dispendio exigía una política fiscal cada vez más severa. Rufus confiscó los ingresos de todos los herederos que no hubieran alcanzado la mayoría de edad. Cuando el arzobispo de Canterbury, Lanfranc, murió en 1089, Rufus dejó el puesto vacante para poder apropiarse de todos los ingresos de Canterbury.

Más grave fue que a los nuevos señores de las marcas galesas se les permitiera hacer incursiones en el interior de Gales, rompiendo de este modo los meticulosos tratados de autonomía que el Conquistador había establecido con sus príncipes. Como consecuencia, durante tres siglos Gales iba a ser una piedra en el zapato de los monarcas normandos. El sucesor definitivo de Lanfranc, el erudito arzobispo Anselmo,[2] discutió ferozmente con el rey a cuenta del dinero, la vida «pecaminosa» de la corte y el «afeminamiento» de sus costumbres. La respuesta del rey fue ridiculizar abiertamente a la Iglesia y reunir al consejo de barones para decidir quién debería gobernar la Iglesia: el rey o el papa. Claramente optaron por la figura del rey.

Rufus no tardó en verse asediado por conspiraciones y conjuras. Su poderoso tío, Odo, se levantó contra él para favorecer a su hermano mayor, Robert, con el apoyo de la baronía anglonormanda, cada vez más independiente, pero pudo salvarse gracias a un aliado inesperado. En 1095, el papa Urbano II convocó la primera cruzada y conminó a toda Europa a apartar momentáneamente las disputas locales y a emplear todas sus fuerzas en la liberación de Jerusalén, expulsando a los infieles. Todos los que murieran en el empeño expiarían así sus pecados. La cruzada se presentó como la expresión definitiva de la fe donde se fundían la religión y un culto caballeresco en alza, de noble valor y de amor cortés. Los reyes, los nobles e incluso muchos súbditos humildes deseosos de aventura iban a encontrar irresistible aquella convocatoria papal. La cruzada simbolizó el poder magnético de la Iglesia romana sobre la imaginación medieval.

Rufus era un militar solvente, pero no un cruzado. Le ofreció a Robert 6.600 libras para que este pudiera ir a Jerusalén, pero a cambio Rufus se quedaría con todos los ingresos del ducado de Normandía durante su ausencia. Robert aceptó: el dinero se envió a Ruan en sesenta y siete barriles. Cinco años después, con Robert aún ausente, Rufus fue herido de muerte por una flecha mientras cazaba en el nuevo parque de su padre, en New Forest. Se dijo que fue un accidente, pero casi con total seguridad fue un asesinato, cometido en presencia del hermano pequeño de Rufus, Henry. En un episodio increíble, Henry y sus amigos abandonaron el cadáver junto al camino (el lugar se llama hoy Rufus Stone, la piedra de Rufus, y se encuentra junto a la autopista A31) y partieron a caballo de inmediato para llegar enseguida al Tesoro de Winchester y reivindicar su derecho a la corona. El cuerpo de su hermano lo encontró un carbonero y lo llevó a la catedral para que lo enterraran. La apresurada coronación de Henry, en 1100, se anticipó a la llegada de los representantes de Robert, que no pudieron defender el derecho a la corona del cruzado como hermano mayor.

Henry I[3] (1100-1135) se parecía a su padre, el Conquistador. Despidió de inmediato a Flambard, el favorito de Rufus, y en un fuero de coronación rescindió los impuestos punitivos de su hermano y se comprometió a «poner fin a todas las prácticas opresoras». Aquel fuero iba a considerarse como precursor de la Carta Magna. Enrique I impuso el celibato en el clero e insistió en llevar el pelo corto en la corte. Su amante, la princesa Nest ferch Rhys de Deheubarth,[4] de Gales, ampliamente celebrada por su belleza, fue entregada al gobernador normando del castillo de Pembroke como gesto de reconciliación con los galeses. El rey se casó con una famosa princesa escocesa, Edith (rebautizada como Matilda), la única sangre británica que entró en la línea real de Inglaterra hasta el siglo XV. Un año después, cuando Robert regresó de Tierra Santa para reclamar la corona, Enrique negoció un acuerdo mediante el que cada hermano reconocía la soberanía de cada cual en sus respectivos dominios y el derecho de sucesión en las tierras del otro.

Entre normandos este tipo de acuerdos nunca fue demasiado firme. En 1106 Robert se rebeló y, tras sucesivos enfrentamientos, acabó derrotado en la batalla de Tinchebrai, en Normandía, un combate que los historiadores de antaño consideraron como una «revancha» de Hastings. Robert fue capturado y encarcelado de por vida en Devizes y posteriormente en Cardiff. Enrique prosiguió su reinado casando a su hija Matilda con Enrique V (Heinrich V), emperador del Sacro Imperio Romano Germánico y rey de Alemania. El papa incluso aceptó un acuerdo de respeto eclesiástico: se declaraba formalmente la lealtad de la Iglesia al rey en asuntos civiles, pero al papa en temas eclesiásticos.

Como su padre, Enrique vio la necesidad de poner en marcha instituciones de estado. Tuvo la suerte de contar con el consejero Roger de Salisbury, que comprendía dicha necesidad. Salisbury fue el primero de una serie de administradores procedentes del clero que iban a poner los cimientos del estado normando. Gobernó Inglaterra en calidad de «justicia mayor»[5] cuando Enrique estaba en campaña en Francia; en una ocasión llegó a sacarle los ojos y a castrar a noventa y cuatro acuñadores por rebajar la aleación de la moneda. Salisbury organizó la contabilidad nacional con un modelo cuadriculado en el que los «señores de la hacienda» examinaban los impuestos, las rentas y las sanciones que debían entregarse al rey cada día de la Anunciación (Lady Day), a finales de marzo. Ese día se cumplía el «año fiscal». La nomenclatura legal también se estableció en esa época. La corte de barones del rey fue reemplazada por «una corte del Tribunal del Rey» (por tanto, un tribunal de justicia), con una carrera legal que se ejercía en «salas de tribunales» en el Strand. Los tribunales locales estaban sujetos a apelación ante los justicias del rey, que se repartían por distritos. Enrique se convirtió por esta razón en «el león de la justicia».

Toda esta labor se fue al traste cuando, en 1120, Enrique perdió a su único hijo legítimo, Guillermo, en el naufragio de la nave real, el *White Ship,* al intentar cruzar imprudentemente con mal tiempo el Canal desde Normandía después de una noche de borrachera. Se dijo que la mitad de la nobleza anglonormanda pereció en aquel trance. Enrique se vio forzado a declarar heredera a su hija Matilda y, por tanto, siguiente monarca de Inglaterra, y tuvo que obligar a sus barones a jurarle lealtad. Semejante sucesión era muy problemática en dos sentidos. En primer lugar, no había una tradición sajona que avalara un trono femenino y, tras la muerte de su marido, Enrique V de Alemania, a la viuda Matilda, de veintiséis años, la habían casado con Geoffrey Plantagenet de Anjou, de catorce años. El ducado de Anjou había sido desde antiguo el enemigo sempiterno de Normandía y lo que podría haberse considerado un matrimonio diplomático para una hija, se consideró inaceptable para una futura reina de Inglaterra. Cuando Enrique murió en Normandía, en 1135, supuestamente de un atracón de lampreas o anguilas, el trono fue reclamado por un primo, Stephen de Blois, aduciendo un supuesto cambio de opinión de Enrique en el último momento y en el lecho de muerte. Stephen fue aceptado por la Iglesia y los ciudadanos de Londres. La toma de posesión significaba como mínimo que ya tenía en la mano medio trono, pero Matilda y su marido impugnaron con vehemencia la coronación de Stephen[6] y Anjou declaró la guerra a Normandía.

Aunque los primeros años del reinado de Esteban de Inglaterra fueron pacíficos, se atrevió a expropiar imprudentemente las propiedades de los obispos de Salisbury, Lincoln y Ely, de tal manera que cuando Matilda llegó a Inglaterra en 1139, se encontró con que los obispos y los barones estaban dispuestos a restablecer la primera voluntad de su padre y confirmar su sucesión. Se sucedieron quince años de guerra civil, denominados con toda justicia como el tiempo de la Anarquía. La justicia real dio paso al despotismo de las baronías. Esteban siguió disfrutando de la lealtad debida a un monarca, mientras Matilda sostenía que ella era la verdadera heredera. En 1141, después de que los partidarios de Matilda derrotaran a Esteban en la batalla de Lincoln, la honraron como reina durante un breve periodo, pero poco después sufrió un asedio en el castillo de Oxford y tuvo que huir difrazada con una capa blanca, y caminando por el Támesis helado toda la noche hasta Wallingford. Tras años de permanente conflicto, en 1148 Matilda regresó a Anjou, traspasando su causa a Henry de Anjou, el hijo adolescente que había tenido con Geoffrey.

Este joven iba a incendiar Europa.[7] De complexión robusta y pelirrojo, gozaba de una gran fuerza física y poseía «una mirada furibunda»; su semblante se describía como «aquel que un hombre podría mirar mil veces y, aun así, seguiría sintiéndose tentado a volver a mirarlo». De su padre heredó las tierras de Anjou y Maine, y por su abuelo, Enrique I, reclamó Normandía. Tomó el sobrenombre de Plantagenet por el brote de retama o *Planta genista* que los caballeros de la casa de Anjou llevaban en sus yelmos de guerra.

En 1151 Enrique decidió ir a presentar formalmente sus respetos al rey Luis VII de Francia. El rey francés era un hombre piadoso y humilde, mientras que su esposa, Leonor, era una mujer de carácter tempestuoso.[8] Gobernaba por derecho propio sus tierras en calidad de duquesa de Aquitania y con treinta años había capitaneado las tropas personalmente en la Segunda Cruzada. En cuanto vio al joven Enrique, quedó perdidamente enamorada. Se burlaba de su marido Luis diciendo que era «un monje, y no un rey» y exigió una anulación inmediata de su matrimonio. En mayo de 1152 se casó con Enrique, diez años menor que ella, en Poitiers, capital de Aquitania, reuniendo de este modo un imperio que prácticamente ocupaba desde Escocia hasta España, «desde el Ártico a los Pirineos». Europa estaba escandalizada, pero estos personajes proporcionaron a la historia un relato fascinante. La pasión y la política inyectaron nueva vida en la relación entre Inglaterra y Francia. A pesar de su edad, Leonor le dio a Enrique ocho hijos y un sinfín de problemas.

Con una herencia contestada tanto en París como en Londres, Enrique tuvo que ponerse a la altura de las circunstancias. Sus caballeros angevinos, muchos de ellos endurecidos en las cruzadas, hicieron frente a todo lo que se encontraron por delante. Cuando Enrique llegó a Inglaterra en 1153 con tres mil soldados, Esteban no pudo hacerle frente, reconoció su sucesión y, al final, acabó muriendo al cabo de un año. Los barones de la isla corrieron a rendir homenaje al joven soldado que había demostrado su fortaleza y que les ofrecía lo que toda Inglaterra ansiaba en ese momento: unidad y paz.

ENRIQUE II Y BECKET
~
1154 – 1189

Enrique II (1154-1189) fue en la misma medida un rey guerrero y un héroe caballeresco. Nunca se estaba quieto, viajaba por todos sus dominios, y apenas si descansaba para celebrar nada. Cuando no estaba combatiendo, estaba cazando, cuando no estaba cazando, estaba legislando, y cuando no estaba legislando, estaba acostándose con una amante, para enfado de su esposa, Leonor. Tenía un temperamento violento y un cierto gusto por la venganza, sin embargo, también podía ser sosegado y conciliador, sabio y decoroso. La preocupación de Enrique II respecto a sus dominios se dividía entre la intranquilidad por sus territorios franceses y un deseo por restablecer en Inglaterra el orden legal de su abuelo Enrique I.

Los monarcas siempre han tenido sus favoritos, pero pocos han controlado un reino como lo hizo Thomas Becket cuando Enrique era joven. Becket era hijo de un mercader normando y había nacido en Londres; se convirtió en secretario real con la ascensión al trono de Enrique. El nuevo rey supo reconocer de inmediato en aquel hombre a un hábil jurista y a un diplomático competente, y así fue como los dos hombres se hicieron amigos íntimos. Pocas semanas después de la coronación, el rey —tenía veintiún años— nombró canciller a Becket. Trabajaban juntos, comían juntos, viajaban juntos y se divertían juntos. «Nunca hubo en el mundo dos hombres que congeniaran tanto», escribió William FitzStephen, amigo de Becket. El favorito vivía como un príncipe y con el fabuloso boato de la corte de Enrique II Plantagenet.

La relación de ambos fue al principio bastante fructífera. El rey estuvo viajando durante dos años por todo el país, confiscando tierras de disidentes y demoliendo los castillos que se mantenían en pie como símbolos de la represión normanda. La obligación feudal de prestar servicios militares fue sustituida por un impuesto conocido como *scutage* (del latín *scutum*, «escudo»).[1] Becket, entretanto, se convertía en el diplomático real. Fue enviado en misión diplomática a París en 1158 y viajó con tan espléndido boato que asombró a Francia. Llevaba un séquito de doscientas personas, todas con su librea, con halcones y sabuesos para cazar y doce caballerías cargadas con regalos, cada una guiada por un mono correspondientemente ataviado. Para los franceses, Inglaterra evidentemente ya no era el cenagal anglonormando del extrarradio continental cuya conquista había obsesionado al duque Guillermo un siglo antes.

Poco después, en 1162, cuando Enrique llevaba reinando ya ocho años, sobrevino el desastre. El arzobispado de Canterbury quedó vacante y el rey exigió a Becket que asumiera el puesto, compaginándolo con el de la cancillería, a lo que el político se mostró muy reacio. Becket alegó que esas dos lealtades, a la Iglesia y al rey, no podía cumplirlas un solo hombre y, al principio, rechazó el cargo. Cuando Enrique lo desautorizó, dicen que Becket contestó: «A Dios serviré, antes que a vos». La Iglesia era más poderosa en Inglaterra que en cualquier otra parte del norte de Europa, debido en gran parte a las donaciones de Guillermo I y a la prosperidad de los monasterios normandos. Se estima que la Iglesia empleaba a uno de cada seis habitantes del reino. Se estaba dando entonces un frenesí constructor de estilo normando, y las catedrales y abadías empezaron a levantar sus torres en Durham, Winchester, Gloucester, Norwich, Peterborough, Ely y Southwell. Solo las pirámides de Egipto movieron tanta mano de obra y a tan gran escala. Aquellas iglesias iban a ser el engrudo que uniría a la nación de Enrique II, y, frente a la vida diaria, aquellas naves sombrías, aquellas velas temblorosas y aquellos cantos reconfortantes iban a ofrecer a la población un alivio que ningún líder podía procurarle.

Becket se apartó entonces de todo el boato del gobierno —incluido el que ciertamente podía ostentar en Canterbury— y se convirtió en un asceta. Vestía jubón de esparto y en 1163 se llevó a todos los obispos a Tours para que vieran al papa Alejandro III, de donde regresó con la convicción de que debía afirmar la independencia de la Iglesia respecto del Estado. La respuesta fue que, en 1164, el rey redactó las Constituciones de Clarendon, donde se repetía el edicto de Enrique I según el cual el monarca era el mando supremo en cuestiones civiles. Las disputas sobre las tierras, los impuestos y las desavenencias judiciales eran asuntos que iba a decidir el rey. Toda la población de Inglaterra, cualquiera que fuese su rango y su estatus, iban a ser finalmente súbditos de la corona, incluida toda la clerecía de Becket. Las relaciones entre el rey Enrique y Becket se deterioraron rápidamente. En 1164 se celebró un consejo en Northampton y allí Becket reafirmó la independencia de la Iglesia, sujetando dramáticamente un crucifijo en alto como señal indudable del objeto de sus lealtades. Furioso, el rey le recordó sus humildes orígenes. Becket contestó: «Deberíamos obedecer a Dios antes que a los hombres», y añadió provocativamente que San Pedro también era un hombre humilde. El choque entre el clérigo arrogante y el rey furioso acabó con la huida de Becket a París, donde permaneció durante seis años.

Entretanto, los territorios británicos fuera de Inglaterra se veían sometidos a constantes rebeliones. Enrique había recibido el reconocimiento de vasallaje por parte del rey de Escocia, pero había tenido que retirarse de Gales, que por entonces se encontraba en perpetua revuelta bajo el mando de los reyes de Deheubarth y Gwynned. En Irlanda, los caballeros normando-galeses liderados por el margrave lord Robert *Strongbow* de Clare organizaron una invasión de carácter «privado». En 1170 ya se habían apoderado de la ciudad de Dublín y De Clare se había autoproclamado rey de Leinster.[2] Aquellos movimientos, aunque formalmente completaban la conquista normanda, también mostraban hasta qué punto el rey más poderoso de Inglaterra estaba lejos de controlar aquellas partes de las Islas Británicas que no habían sido conquistadas por los sajones.

Bajo la amenaza de excomunión, aquel mismo año Enrique II accedió a una breve reconciliación con Becket que tuvo lugar en Francia. Después, el prelado regresó a Inglaterra, pero con una parafernalia heroica, repartiendo limosnas a su paso por Londres y pregonando a su congregación de Canterbury que «cuanto más fuerte y feroz es un príncipe, más duro tiene que ser el palo y más férrea la cadena con que hay que amarrarlo». Advirtió también que Dios muy pronto aumentaría el número de sus mártires. Por si acaso, excomulgó a todos aquellos obispos y clérigos que habían colaborado en las disposiciones que Enrique había tomado contra él. Seguramente Becket era muy consciente de que estaba provocando al rey más allá de todo lo tolerable. Los clérigos exclaustrados fueron a pedir amparo al rey Enrique a Normandía, y se lo encontraron enfermo y furioso. A gritos (en francés, pero nos ha llegado en latín), dijo: «¡A qué caterva de zánganos y traidores he cebado en mi casa, que permiten que un clérigo plebeyo trate a su señor con tan vergonzoso desprecio!». La expresión se tradujo de un modo más conciso y tajante como: «¿Es que nadie va a quitarme de encima a este cura alborotador?».

Al escuchar aquella proclama, cuatro caballeros abandonaron sigilosamente la presencia del rey y embarcaron con destino Inglaterra. El 29 de diciembre de 1170 fueron a buscar a Becket a su palacio arzobispal y le exigieron que se sometiera a la autoridad del rey Enrique y que anulara todas las excomuniones. Becket se negó. Se produjo una violenta discusión y, luego, el arzobispo se marchó a decir vísperas a la catedral. Los caballeros lo siguieron e intentaron arrestarlo. Al resistirse, le rebanaron el cráneo y se abalanzaron contra él a espadazos, dejándolo moribundo y tendido en un charco de sangre delante del altar mayor. Los caballeros abandonaron el país, yendo primero a Roma y luego a Tierra Santa para expiar su crimen en una inexcusable «cruzada penitencial».

Toda Europa tembló ante el asesinato de Becket. Aunque Enrique podía excusarse diciendo que lo único que había pretendido era arrestar al prelado, demasiada gente había escuchado sus famosas palabras como para que pudiera plantearse ninguna duda: un arzobispo había sido asesinado en la casa de Dios y por orden, al parecer, de un rey. La reacción que se produjo en todos los ámbitos iba a demostrar fehacientemente hasta dónde llegaba el poder de la Iglesia medieval. El mismísimo infierno se invocó para que cayera sobre la cabeza del monarca. Para el arzobispo de Sens, aquel fue un crimen peor que el de Nerón, incluso peor que el de Judas. Enrique II pidió tres días de luto, al tiempo que cedía ante la autoridad papal y admitía que las decisiones de los tribunales eclesiásticos pudieran ser inmunes a las prerrogativas reales. Además, el monarca ofreció más tierras para levantar nuevos monasterios y astutamente convenció al papa para que le concediera prebendas de peregrinaje a St. David's y a la isla de Bardsley, para beneficio del *turismo* religioso galés. Después, el monarca hizo penitencia en Canterbury, caminando descalzo hasta las puertas de la capilla de Becket, donde se desnudó y pasó la noche sometido a una sesión de latigazos por parte de los monjes.

Aunque el reinado de Enrique II iba a proseguir durante otros dieciocho años, la crisis de 1170 alteró el equilibrio de poder en sus territorios. Los enemigos temían menos su ira. La reina Leonor, apartada en favor de «la bella Rosamund»,[3] la amante del rey, se retiró a la capital angevina de Poitiers, desde donde hizo todo lo posible para socavar la autoridad de su marido. Avivó la revuelta de los condes ingleses Robert de Leicester y Bigod de Norfolk, con la ayuda del siempre complaciente rey Luis de Francia. En 1175, Enrique II había conseguido contener las revueltas, sobre todo a expensas de generosas amnistías. La bella Rosamund se retiró a un monasterio de monjas en Godstow, cerca de Oxford, mientras el monarca se ocupaba de avanzar en las reformas que había emprendido su abuelo, Enrique I. Estableció seis cortes penales ambulantes *(assizes)* y se implantó el juicio frente a un gran jurado en vez del antiguo juicio medieval por duelo o por ordalía.[4] Los corregidores de los condados serían los encargados de recaudar los impuestos reales. De aquí surgió el concepto de «ley común» —como opuesto a la decisión discrecional de los barones—, aplicable a todos los hombres y mujeres, de alta y baja cuna. Esto inculcó en el absolutismo normando el concepto sajón del derecho consuetudinario, basado en los que se habían empleado «toda la vida» o «desde que se recuerda»,[5] la piedra angular de las libertades civiles inglesas.

A pesar de tanta actividad, el centro político y cultural del imperio de Enrique II siguió estando en Francia, que por aquel entonces estaba disfrutando del conocido «renacimiento del siglo XII». La corte de Inglaterra miraba al otro lado del canal para establecer su lengua, su cultura y sus modas. El calzado de puntas largas *(poulaines)*, los corpiños entalladísimos o las mangas abullonadas se copiaban de los usos parisinos. La educación era también importada. Toda la atención del público se centraba en el torneo, cuya importancia legendaria se había realzado enormemente gracias a los relatos artúricos de Geoffrey de Monmouth, publicados en 1136, y aderezados con las fantásticas profecías del mago Merlín. El acontecimiento más extravagante se celebró en el año 1180, con motivo de la coronación de Felipe II de Francia, en el que el campeón inglés William Marshal rompió las lanzas de todos los caballeros franceses y, al parecer, los corazones de todas las damas presentes.

A lo largo de esa década de 1180 la maldición de una sucesión conflictiva cayó sobre el trono de Enrique II, como había ocurrido también con su abuelo, Enrique I. En 1183 murió su hijo primogénito en Aquitania, pero el monarca se negó a nombrar heredero al segundo en la línea sucesoria, Ricardo, y dio preferencia a su hijo menor, Juan.[6] Leonor de Aquitania presionó a Ricardo para que desafiara a su padre en 1188 al rendir homenaje al rey Felipe de Francia. Ricardo tenía treinta y un años y estaba deseando partir hacia Tierra Santa y cumplir con la obsesión de su vida: la Tercera Cruzada y arrebatarle Tierra Santa a Saladino. Sin embargo, Ricardo no se atrevió a partir hasta que su padre no nombrara formalmente a su heredero. Enrique II se empecinó en no hacerlo y Ricardo, al final, se unió al rey francés para atacar el ducado de Anjou de su padre.

Así fue como Enrique II se vio «obligado» a enfrentarse a su propio hijo (y a su mujer). En el curso de cierta batalla, Ricardo se encontró de frente con William Marshal, siempre leal a su rey, y en el combate, Marshal tuvo a Ricardo a su merced y suplicando por su vida. El caballero inglés mató al caballo del príncipe, y le dijo al traidor Ricardo: «Que el diablo te mate». Pero el rey tenía ya cincuenta y seis años y estaba enfermo. En 1189 se desplazó a Chinon, el pueblo de su juventud, donde le dijeron que Tours había caído ya en manos de su hijo mayor. Al saber que su favorito, Juan, se había unido a Ricardo en la revuelta contra él, se lamentó diciendo: «Ya nada me importa en este mundo», y firmó la sucesión para su hijo Ricardo. Murió, dijeron los cronistas, «como un león herido sin piedad por los chacales».

LA CARTA MAGNA
~
1189 – 1216

Los hijos de Enrique II devolvieron a Inglaterra a la anarquía de Esteban y Matilda. El reinado de Ricardo Corazón de León (1189-1199) fue un breve y costoso paréntesis en la monarquía inglesa. Fue coronado con todo lujo y espléndido boato en Westminster, en septiembre de 1189, al tiempo que se excarcelaba a los enemigos de su padre y se daba la bienvenida de nuevo a la corte a su madre, Leonor de Aquitania. Sin embargo, su interés en Inglaterra se limitaba a la capacidad recaudatoria. No sabía decir ni una palabra en la lengua de los ingleses y obligó a sus súbditos a todos los impuestos imaginables para financiar su obsesión con la cruzada. Tal fue su avaricia recaudatoria que se aseguraba que había dicho: «Vendería Londres si encontrara un comprador». Antes de cumplirse un año de su coronación, Ricardo abandonó Inglaterra para dirigirse a Palestina. Regresó solo en una ocasión. Inglaterra quedó al cuidado de su madre, de su hermano Juan y de William Longchamp en calidad de *justiciar*, que ejercía efectivamente como primer ministro del rey. El resultado fue un conflicto inmediato. Los altos impuestos obligaron a los ciudadanos de Londres a organizarse en una «comuna» y a elegir a su primer alcalde, Henry Fitz-Ailwyn. Dado que representaba a los ciudadanos que proporcionaban una buena parte de los ingresos reales, los futuros monarcas no podrían permitirse el lujo de no tener en consideración a aquel nuevo poder político.

Los campos de batalla en Palestina resultaron ser menos gloriosos para Ricardo de lo que parecían cuando se imaginaban desde los juegos y torneos en Normandía. Las tropas cruzadas se vieron arrasadas por la peste. Aunque se pudo derrotar a Saladino en el campo de batalla, Jerusalén aún se resistía, y en 1192 Ricardo se vio obligado a negociar un acuerdo que apenas si permitía el acceso de los peregrinos a los Santos Lugares. Lo que sucedió a continuación fue aún peor. Sabiendo que había problemas en Inglaterra, Ricardo ordenó regresar a su edecán de confianza, Hubert Walter, para que sustituyera a Longchamp como justicia mayor. Juan huyó a Francia y formó una alianza con el rey Felipe II para usurpar el trono a su hermano.

Antes de que Ricardo pudiera hacer frente a esta amenaza, fue apresado por el emperador del Sacro Imperio Romano, que pidió un rescate. En Londres, Walter no tuvo más remedio que reiterar las antiguas extorsiones de Ricardo para reunir el dinero y liberarlo. La carga recayó principalmente en los comerciantes de lana de la capital y Walter fue recompensado con el arzobispado de Canterbury. Ricardo fue rescatado en 1194, pero empleó los cinco años siguientes de su vida en combatir contra sus compatriotas franceses. Murió en el campo de batalla, por una infección sanguínea producida por una herida de ballesta que derivó en septicemia. Con benevolencia caballeresca, el rey perdonó a su agresor en el lecho de muerte.[1]

Su hermano y heredero, Juan, se encontraba en ese momento en plena rebelión contra su propio país y mantenía una alianza con Francia, el eterno enemigo de Inglaterra. Juan era un hombre bajito (1,65 m) y era pelirrojo como su padre; se le apodaba Sin Tierra *(Lackland)* porque no le correspondió ningún territorio, dado que era el pequeño de la familia. Era cazador apasionado y coleccionista de joyas, pero se le consideró siempre un sucesor traicionero y escasamente fiable. En el consejo real, Walter defendió con todas sus fuerzas la sucesión de Arthur, un sobrino de Ricardo que solo contaba veintiún años, frente al propio Juan Sin Tierra. Los barones no consintieron. Desde luego, no apreciaban a Juan, pero se hizo valer un comprensible respeto por el derecho de sucesión; además, ni la voluntad ni el dinero impedirían una segura guerra civil si le negaban a Juan el trono. Es una idea generalmente admitida que Juan tuvo alguna participación en el posterior asesinato de Arthur.

Bajo el mando del rey Juan (1199-1216), Inglaterra se desmoronó en medio del caos. La muerte de Walter en 1206 desató un conflicto entre el rey y Roma relativo al nombramiento del sucesor en Canterbury. El pontífice era en esos momentos el poderoso Inocencio III y su corte estaba plagada de ambiciosos clérigos ingleses. El papa envió a su propio candidato, Stephen Langton, para ser el nuevo arzobispo. Después de que Juan lo rechazara y confiscara las propiedades eclesiásticas en 1209, la respuesta de Roma fue una excomunión inmediata. Los barones se mostraban inquietos y la población, agobiada por el exceso de impuestos, así que Juan finalmente se rindió y en 1213 aceptó el nombramiento de Langton. También cedió a la exigencia de Inocencio III de que respetara «a la Iglesia de Inglaterra, a la cual estáis intentando esclavizar mediante vuestras impías persecuciones». En un gesto insólito, Juan humilló la cerviz y habló de Inglaterra como de un «feudo» del papado.

Los enemigos seguían acosando al rey Juan por todos los flancos. Los galeses, bajo el mando de Llywelyn el Grande, estaban apropiándose de un castillo tras otro en las marcas fronterizas. En 1214 Juan sufrió un golpe aún más desgarrador cuando los franceses vencieron a sus aliados alemanes —apoyados por una fuerza expedicionaria inglesa— en la batalla de Bouvines. Los barones aprovecharon esta humillación para armarse contra el rey, quien, en una jugada desesperada, sacó partido de su reciente fidelidad al papa para conseguir que los excomulgaran a todos. Incluso proporcionó a sus soldados túnicas con la cruz de San Jorge, el santo patrón de los cruzados en Tierra Santa.

El rey Juan y sus súbditos más fuertes se encontraban en ese momento en una situación de absoluto enfrentamiento armado. Por seguridad, el monarca se replegó y se encerró en la Torre de Londres, mientras los ciudadanos armados rondaban alrededor: aquellos fueron los precursores de las «bandas armadas» o milicias urbanas londinenses.[2] En ese momento crítico, el arzobispo Langton propuso a los barones que recuperaran la idea del rey Enrique I: un fuero de coronación; esto es, una serie de acuerdos a los que se comprometía el nuevo monarca respecto a los barones y sus súbditos. Si accedía, los barones no exigirían la abdicación del rey, pero plantearían una demanda de nuevas libertades en nombre del «conjunto de todo el país». En junio de 1215 Juan viajó río arriba a su castillo de Windsor, donde negoció, aunque coaccionado, una carta de concesiones de sesenta y un puntos. Cabalgó luego para encontrarse con los rebeldes en el valle de Runnymede, junto al Támesis. Allí, sentado en un trono improvisado bajo un toldo, puso su sello en la Magna Carta, y regresó furioso a Windsor.

La Magna Carta ha sido objeto de exégesis y análisis durante siglos. No fue el primer documento de ese tipo, como Langton había señalado, sino que además iba a ser revisado tres veces durante el reinado de Enrique III. Muchos de los artículos tratan asuntos tales como las redes de pesca en el Támesis, el trato a los prisioneros galeses o la destitución de todos los enemigos de Juan Plantagenet en la corte. Con todo, fue el primer estatuto de derechos redactado en Europa y destinado a afianzar específicamente las libertades civiles en un estado de derecho.

El artículo 12 manifiesta que «ningún impuesto feudal o recurso de ningún tipo debe exigirse en nuestro reino salvo por el consejo común de nuestro reino», que no es más que una versión primitiva del «no hay tributación sin representación».[3] El artículo 39 fijaba la figura del *habeas corpus*, que «ningún hombre libre será arrestado o encarcelado o desposeído o proscrito o desterrado o de ningún modo mancillado [...] salvo mediante juicio legal de sus pares o por la ley del país». El artículo 40 incorporaba el manoseado concepto judicial según el cual «a nadie privaremos, a nadie negaremos ni aplazaremos sus derechos o la justicia». El artículo 52 sostiene que «si hemos privado a alguien de sus tierras, castillos, libertades o derechos sin un juicio justo de sus pares, se los restauraremos de inmediato. Y si cualquier disputa surgiera por esta razón, se resuelva el conflicto por el juicio de veinticinco barones».

La carta de derechos sentó un precedente al que los constitucionalistas regresarían una y otra vez a lo largo de la historia con la idea de concederle una importancia retrospectiva que quizá no mereció en su momento. La Carta Magna fue ignorada por Shakespeare en su obra sobre el *Rey Juan*.[4] Pero era un texto imprescindible. La Carta Magna se encuentra entre los documentos fundamentales del estado de derecho contra el poder absoluto y, como tal, los revolucionarios del siglo XVII le concedieron una enorme importancia. La constitución también consagra la importancia de los barones frente a la autoridad del rey. Como resultado de su incompetencia y debilidad, los barones se habían hecho fuertes. Constituían una élite nobiliaria y territorial «por derecho propio», con dominio sobre amplias comarcas y la fidelidad feudal de caballeros, siervos y villanos. Se había producido un giro radical en el equilibrio de poder, apartando la autoridad monárquica y la discrecionalidad personal en favor del espíritu de una ley moderna y un parlamento moderno.

Apenas hubo firmado la Carta Magna, Juan escribió al nuevo señor de Inglaterra, el papa, pidiéndole que la anulara. En septiembre, el pontífice satisfizo su petición, y en unos términos insólitos. Inocencio escribió que la Carta era «no solo vergonzosa y vil, sino también ilegal e injusta». La condenó «en nombre de Dios Todopoderoso, el Padre, el Hijo y el Espíritu Santo, y por la autoridad de los santos Pedro y Pablo y sus apóstoles». Los barones respondieron como Juan había respondido a su hermano Ricardo, y como Ricardo había respondido a su padre Enrique. Buscaron el apoyo de Francia, amiga de cualquier enemigo del rey de Inglaterra, e invitaron a Luis, heredero del rey Felipe de Francia, a invadir Inglaterra y a hacerse con la corona. En 1216, como era previsible, el príncipe Luis desembarcó en las costas del sur y avanzó con sus ejércitos hacia Londres, se instaló en la Torre, y recibió los honores y la fidelidad de muchos barones ingleses. Semejante cosa no había ocurrido desde la Conquista.

Como siempre que un rey inglés se encontraba apurado y acosado por los franceses, la periferia celta lo aprovechaba. En Gales, Llywelyn avanzó con sus tropas hacia el sur, adentrándose incluso en la zona fronteriza de Carmarthen. El rey de los escoceses, Alejandro II, aprovechó la oportunidad para avanzar hacia las riberas del Tyne y reclamar el antiguo reino de Northumbria. Se dirigió hacia el sur, llegando incluso hasta Dover, con la intención de prestar homenaje al príncipe Luis y consolidar así sus pretensiones. Entretanto, Juan se había convertido en un fugitivo, deambulando por su propio reino, arrasando y devastando los territorios rebeldes y quemando los pueblos y las ciudades que le negaban su apoyo. En octubre de 1216 se le vio huyendo por los caminos de Anglia Oriental, donde contrajo una disentería y donde perdió su equipaje cuando trataba de cruzar apresuradamente el estuario de Wash. Allí se perdieron también todas las joyas de la corona, una desgracia que Juan vio como una pérdida simbólica de su autoridad.

El rey murió poco después en Newmark, agotado, enfermo y abandonado, envenenado según dicen algunos, o «empachado de melocotones verdes», según otros. Sus criados le robaron todo lo que tenía antes de llevar su cadáver a Worcester para que lo enterraran. Aunque en ocasiones pudo ser un militar competente, John se encuentra entre los monarcas ingleses menos queridos. Su falta de compasión unida a un carácter retorcido y empedernido solo pueden compararse a los de Ricardo III. Un contemporáneo suyo, Matthew Paris, escribió que «por muy asqueroso que sea, el mismísimo infierno se corromperá con la hedionda inmundicia del rey Juan». Un bardo cantaba que «nadie pudo jamás confiar en él, porque su corazón es débil y cobarde». Y, sin embargo, este epítome de vileza fue el catalizador de una joya de incalculable valor: la Carta Magna.

ENRIQUE III Y SIMÓN DE MONTFORT
~
1216 – 1272

Si un reino como el de Juan pudo anticipar los derechos del pueblo inglés a través de un fuero o constitución, ¿qué podría surgir de la inestabilidad lógica con un rey niño? En el momento de la muerte del rey Juan, Enrique III (1216-1272),[1] que por aquel entonces contaba nueve años, se encontraba en el oeste del país, custodiado por el veterano de las marcas fronterizas William Marshal, y asistido por el legado papal, el obispo Guala. Marshal actuó con celeridad, llevando precipitadamente al muchacho a la abadía de Gloucester y coronándolo con una pequeña diadema de oro. Cuando los cortesanos de Juan se encontraron con él, clamaron ante la visión del patético muchacho: «¡Y ese diminuto destello de insignificante belleza será la única esperanza de un reino desgarrado!».

Pero Marshal lo veía de otro modo: un rey ungido de cualquier edad y aprobado por el papa era un poderoso símbolo de legitimación. Los barones y los administradores cortesanos que se habían puesto de parte del intruso francés Luis[2] ahora se alineaban con la autoridad de Marshal y con la coronación de Enrique. Entre ellos se encontraban hombres tan poderosos como Hubert de Burgh, Peter des Roches y el gran capitán del ejército real, Fawkes de Breauté. Ejerciendo efectivamente como consejo, los barones confirmaron la Carta Magna y en el verano de 1217 las tornas ya se habían vuelto contra Luis de Francia. Sus ejércitos fueron derrotados en una batalla caótica de nobles a caballo en las estrechas calles de Lincoln, mientras que su navío fue masacrado por De Burgh en las costas de Dover. El príncipe pudo retirarse a Francia y esperar allí su sucesión al trono francés, al que ascendería con el nombre de Luis VIII (1223-1226). En 1219 murió el gran Marshal y fue enterrado en la iglesia del Temple, en Londres, donde puede verse aún en la actualidad una austera efigie mortuoria con galas caballerescas.[3]

Durante la primera década del reinado de Enrique III, de los asuntos de estado se ocupó Hubert de Burgh, soldado, administrador y figura paterna para el joven rey. De Burgh recuperó la administración de Enrique II, incluyendo los jurados ambulantes y el Tribunal de Hacienda, mientras que en los asuntos exteriores intentó forjar una paz económica con Francia. Con esta tranquilidad, Inglaterra floreció en la década de 1220 con las obras de arquitectos franceses que pasaron a la isla. Fueron los que llevaron a Inglaterra las naves altas y las ventanas ojivales del nuevo estilo gótico que reemplazaron las rotundas formas del románico normando, y los que llenaron de deslumbrantes vidrieras los interiores de Salisbury, Lincoln y Wells, basándose en los precedentes de Chartres y Beauvais. El nuevo coro de Canterbury lo terminó un francés, William de Sens, y comenzaron los trabajos de la gran obsesión de Enrique, la reconstrucción de la capilla de Eduardo el Confesor, en Westminster. Esas grandes estructuras contrastaban llamativamente con los edificios destartalados de madera y adobe de las ciudades medievales inglesas. En 1221, el arzobispo Langton dio la bienvenida a Inglaterra a unos nuevos frailes predicadores, los dominicos, y a los franciscanos en 1224; el ascetismo de estas órdenes —generalmente aplaudido en Inglaterra— contrastaba con el relajamiento de las costumbres, poco apreciado, de los benedictinos.

A pesar de los esfuerzos que se hicieron en toda Europa por intentar rebajar la locura de los torneos, no hubo una disminución del culto normando de la caballería. Cuando el joven Enrique entró en la adolescencia, De Burgh hizo todo lo posible por contener cualquier tendencia guerrera incipiente, pero en 1229, la educación del rey, que contaba veintidós años, ya no estaba en su mano. Aunque carecía de talento para la milicia, ansiaba la gloria en la batalla y, en consecuencia, se embarcó para recuperar las posesiones francesas de su abuelo que había perdido el rey Juan. Fue una empresa en la que fracasó y por la que pagó un elevado precio. En 1236 se casó con Leonor,[4] hija de Ramón de Provenza, que tenía trece años, en una boda extravagante: en la deslumbrante lista de invitados estaba el rey Luis IX de Francia acompañado de trescientos caballeros. Leonor creció y se convirtió en una reina brillante y enérgica, y avariciosa para su familia. Su séquito procedía de las casas reales de Poitou y Saboya, y estas familias exigían que a sus integrantes se les asignaran los mejores puestos administrativos y obispados. Eran el tipo de personas (extranjeros) contra el que prevenía la Carta Magna. Los poitevinos hablaban la lengua propia del sur de Francia, el occitano, y ello provocó que los barones protestaran ante el declive de la «lengua inglesa», una expresión con la que efectivamente se referían al francés, que era la lengua de la corte. En cierta ocasión, cuando Leonor disfrutaba de un paseo en barcaza por el Támesis, la gente le tiró fruta podrida.

Enrique III conformó su reinado no sobre los principios de la Carta Magna, sino sobre las ideas de la monarquía francesa más autocrática. Se postró generosamente ante el papado, resaltando que «en los días en los que estábamos huérfanos y éramos menor de edad, ella fue nuestra madre, la Iglesia de Roma [...] que nos elevó y nos colocó en nuestro trono». El rey destinó un quinto de los ingresos de la Iglesia inglesa al papa, con lo cual enojó gravemente a los obispos. Buscó entonces el apoyo de los barones, pero los encontró reticentes a adelantarle fondos, aunque esto no impidió que su corte siguiera siendo extravagante. Dio la bienvenida a la corte a más familiares poitevinos de su esposa e incluso abrió el primer zoo de Londres, dentro de la Torre. Había un oso polar que nadaba en el Támesis, leones, serpientes, rinocerontes y un elefante. El avestruz murió tras haber sido sometido a una dieta de cubiertos de plata. Más adelante, los visitantes tendrían que pagar para entrar, o llevar un gato o un perro que sirvieran de comida a los leones.

En 1252 el rey cometió un error estratégico. Destituyó a su cuñado, Simón de Montfort,[5] de su posición dominante en Gascuña y esto convirtió al gobernador depuesto en el jefe de un grupo de barones disidentes en el consejo real. De Monfort era hijo del feroz guerrero francés del mismo nombre y se había casado con la hermana de Enrique, otra Leonor,[6] viuda del difunto William Marshal. Como ocurre con cualquiera que declara su oposición a un rey, De Montfort atrajo de inmediato a los descontentos, fueran barones, burgueses de la ciudad de Londres o clérigos empobrecidos por la «monarquía extranjera» de Enrique III. En 1253, cuando Enrique regresó a la campaña en Francia, su hermano, Ricardo [Richard] de Cornualles se dio cuenta de que no podía conseguir todo el dinero que necesitaba, y convocó un *«parlement»*, una reunión para discutir el asunto, donde los asistentes no eran solo barones y obispos, sino, por vez primera, los representantes civiles de los condados. Aquel proto-parlamento se reunió por primera vez en la Pascua de 1254.

El debilitado Enrique se encontraba ahora luchando por mantenerse a flote en las agitadas aguas de la diplomacia. Apenas hubo firmado la paz con Luis de Francia, aceptó la sugerencia del papa de que su hijo Edmond se convirtiera en rey de Sicilia y su hermano, Ricardo, en rey de Roma. La trampa estaba en el precio: una cantidad astronómica, de 135.000 libras, para equipar un ejército que asegurara tronos tan importantes. Después de tener que hacer frente a una serie consecutiva de malas cosechas y una hambruna generalizada en el país, los barones se negaron a conceder esa aportación, y en 1258 siete potentados capitaneados por Simón de Montfort se juraron lealtad mutua y exigieron más reformas al rey. «Por Dios bendito», le dijo Enrique III a De Montfort cuando se desató una tormenta estando de caza, «¡te temo más que a todos los truenos y rayos del mundo!». Se sabía que De Montfort había propuesto que se encerrara al rey, «como a Carlos el Simple», aquel rey francés al que encerraron en una torre de Péronne hasta que murió.

El resultado del conflicto entre el monarca y los barones fue una revisión de la Carta Magna: las Provisiones de Oxford. Mediante estas provisiones, los barones exigieron que los «extranjeros» fueran apartados de la administración del estado, junto con los emisarios papales y los banqueros de fuera. Las provisiones eran algo más que un fuero de libertades civiles destinado a la estructura de un gobierno monárquico. Se organizó un consejo de quince miembros, bajo el mando de Simón de Montfort, que estaba por encima del consejo del rey (de veinticuatro miembros), que daría cuenta ante un parlamento que se reuniría tres veces al año, lo convocara o no el monarca. Los enfrentamientos con el rey acabaron en una crisis que dio paso a un conflicto armado, que culminó en las escaramuzas de las afueras de Lewes, en 1264. Enrique fue derrotado claramente y tanto él como su hijo, Eduardo, acabaron prisioneros en manos de las fuerzas de Montfort.

Inglaterra tuvo en esos momentos su primera experiencia parlamentaria, y no fue precisamente agradable. Un mes después de las algaradas de Lewes, en junio de 1264, De Montfort convocó un nuevo parlamento en el que iban a participar dos caballeros procedentes de cada condado y dos burgueses «elegidos» de cada ciudad. El objetivo era discutir no solo las cuestiones fiscales sino cualquier asunto de interés público. Este se consideró como el primer Parlamento inglés, pero no se reunió hasta enero de 1265, en una explanada cercana al castillo de Kenilworth, y se disolvió en el plazo de un mes. Es difícil saber quién asistió a dicho Parlamento, aunque hubo solo cinco condes y dieciocho barones.

De Montfort sobrestimó su jugada. Y se encontró, como había ocurrido tantas veces antes, con que los barones de Inglaterra podían unirse contra el rey, pero no tardaban en enfrentarse entre ellos. En Runnymede, donde se firmó la Carta Magna, Inglaterra se había considerado preparada para asumir una House of Lords (Cámara de los Lores), pero aún no estaba lista para una House of Commons (Cámara de los Comunes). Tras haberse librado, supuestamente, de los «extranjeros» de Enrique III, los barones se mostraron igual de contrarios a los villanos *(commoners)* de Montfort. Gilbert de Clare, lord de las marcas fronterizas de Gales, desertó de su lealtad al rey y empezó a construir una fortaleza en Caerphilly, en Glamorgan, un fabuloso edificio lleno de torreones, murallas y fosos con agua. El hijo del rey, Eduardo, escapó de la prisión y consiguió concitar el apoyo de los barones hostiles al nuevo Parlamento. El resultado fue que, en el plazo de un año desde los acontecimientos de Lewes, en 1265, De Montfort tuvo que enfrentarse al joven Eduardo en la batalla de Evesham. La deserción de la caballería galesa de Llywelyn selló su destino en «un episodio de sangría nobiliaria sin precedentes desde la Conquista». De Montfort había trasladado en una litera a Enrique y lo había presentado en la batalla como símbolo de legitimidad, pero luego tuvo que suplicar que le salvaran la vida cuando resultó herido accidentalmente. Tras la batalla, el anciano declaró que no se permitiera que su hijo rebelde Eduardo se presentara ante él, «o acabaré abrazándolo».

El cuerpo de De Montfort fue desmembrado como símbolo de su poder perdido y clavaron su cabeza en una pica. Sus seguidores pudieron resistir durante nueve meses en el castillo de Kenilworth, que se mantuvo inexpugnable gracias a su anillo de fosos de agua defensivos. Se emplearon todos los medios para asaltarlo, desde la peste hasta la excomunión, pero al final se permitió que los ocupantes pudieran salir tranquilamente y libres. El rey convocó un nuevo Parlamento y revocó muchas de las provisiones de Montfort, aunque los barones se aseguraron de que sus derechos de propiedad fueran restablecidos en el Estatuto de Marlborough de 1267. Este es el estatuto parlamentario más antiguo aún en vigor, «ordenado en una asamblea de hombres escogidos, tanto nobles como villanos [...], y escrito para que lo cumplan todos los habitantes del reino para siempre». Inglaterra quedaba en paz.

Enrique se hizo aún más religioso con la edad, adorando a su heroico rey, Eduardo el Confesor, de quien tenía murales pintados en su alcoba. La reconstrucción gótica de la abadía de Westminster, obra suya, se completó en medio de espléndidas fiestas en 1269. El rey murió en 1272, habiendo gobernado más o menos durante cincuenta y seis años. El reinado de Enrique iba a señalar un hito decisivo en el poder medieval de barones y del Parlamento. Sucedieron después tres siglos de monarquías a menudo tiránicas de los Plantagenet y los Tudor, antes de que el Parlamento se restableciera con firmeza en el siglo XVII. Pero la Carta Magna y el Parlamento de Montfort ya habían quedado atrás. Para las generaciones siguientes quedaron como iconos de acuerdos de poder, a los que se recurriría siempre que los mandatarios se empeñaran en enfrentarse con aquellos a los que gobernaban.

LA DERROTA DE LOS CELTAS
~
1272 – 1330

El heredero de Enrique III fue un gigante moreno de casi 1,90, tan provenzal (por su madre) como Plantagenet. Eduardo I (1272-1307)[1] supo de la muerte de su padre cuando se detuvo en Sicilia en su camino de regreso de una cruzada. Fue tal su falta de premura que pasó dos años en Francia antes de llegar a Inglaterra en 1274. Para entonces ya tenía treinta y cinco años; en su momento había conspirado contra su padre y lo había auxiliado después frente a la rebelión de los barones, pero también había sido uno de los primeros seguidores de Montfort, y comprendía que era una necesidad que el poder de la corona se integrara en un marco constitucional. También se resentía de su temperamento Plantagenet y de su natural violento. Iba a tratar a los celtas como trató a los gascones, con una beligerancia que minó su reino y lo privó de paz y recursos. Sus únicos gestos amables, por lo visto, fueron hacia su esposa, Leonor de Castilla, que le dio dieciséis hijos.

La coronación de Eduardo, en 1274, se celebró con el episodio festivo más grande que Londres podía recordar. Se ordenó que los monasterios enviaran a la capital cisnes, pavos, grullas, lucios, anguilas y salmones. En el banquete que se dio en el salón de Westminster se consumieron sesenta terneros, cuarenta cerdos y tres mil pollos. De las fuentes de Cheapside manaba vino blanco y tinto, y se dijo a los caballeros que dejaran sueltos a sus caballos en las calles, para que la gente los cogiera y se los quedara. Aconsejado por un hábil canciller, Robert Burnell, Eduardo promulgó edictos en los que se convocaban tribunales en todos los centenares *(hundreds)* con el fin de elaborar un censo y resolver quejas y pleitos. Se enviaron comisionados para recopilar el material que se iba a incluir en los Hundred Rolls,[2] cuyo fin último era redactar una serie de estatutos de Westminster que se convertirían en el primer corpus legal de Inglaterra fundamentado en los principios de la Carta Magna. Dichos estatutos regulaban el uso de la tierra, el comercio, la iglesia y el orden público, y fueron aprobados por parlamentos sucesivos de «altos y bajos», de barones, caballeros y burgueses, reunidos por Eduardo durante los más de quince años de su reinado. Si a Enrique III puede atribuírsele la paternidad del Parlamento, Eduardo I fue su comadrona.

    La medida más drástica del nuevo rey fue una investigación sobre las razones («en virtud de qué ley») que esgrimían los barones para poseer ciertas tierras y administrar la ley local: un libro Domesday del poder. Se les ordenó que se presentaran ante los justicias itinerantes y demostraran sus derechos heredados. Aquella disposición no fue bien recibida. Cuando al conde Warenne, lord de las marcas escocesas, los inspectores le exigieron que demostrara sus derechos, lo único que hizo fue blandir la espada oxidada que sus ancestros habían utilizado en Hastings y declaró: «Aquí están mis derechos». Los barones no fueron los únicos que sufrieron el puño de hierro de Eduardo. En la década de 1270 Gales había conocido su primera experiencia como nación cohesionada. Aprovechando las guerras de los barones con Enrique III, Llywelyn el Grande y su nieto, Llywelyn ap Gruffudd, habían ampliado su dominio sobre la mayor parte de Gales y habían conseguido ser reconocidos por Enrique III en el Tratado de Montgomery (1267). Pero como Ap Gruffudd había sido aliado de Montfort, con cuya hija se casó, Eduardo exigió que le jurara fidelidad en su coronación. Cuando el galés se negó, el rey lo consideró una rebelión.

La invasión del norte de Gales que Eduardo emprendió en 1277 fue la empresa militar más costosa que jamás se había escenificado en las Islas Británicas e inspiró una hostilidad entre los dos pueblos que dura hasta el día de hoy. Un enorme ejército de quince mil soldados profesionales se reunieron en Chester, apoyados con transporte marítimo, constructores de caminos y la correspondiente compañía de impedimentas. Un arquitecto saboyano, el maestro James of St. George, fue el encargado de contratar albañiles y canteros procedentes de todos los rincones del reino de Eduardo, y en el mes de agosto el ejército real ya había sobrepasado el condado de Gwynedd en dirección a la isla de Anglesey. Se cosecharon todos los campos para dar de comer al ejército y se le negó el alimento a los galeses. Llywelyn se rindió inmediatamente, sin combatir siquiera, y se humilló ante Eduardo, pero la multa que se le impuso —de 50.000 libras— era imposible de pagar y dejó al rey galés a merced de la justicia inglesa. Tres años después, cuando no pudo abonar esa cantidad y su hermano Dafydd se rebeló contra Inglaterra, los Llywelyn fueron aplastados sin piedad y para siempre. Ap Gruffudd murió en una escaramuza, en 1282, mientras que a Dafydd lo colgaron, lo arrastraron y lo descuartizaron: fue la primera víctima de lo que acabaría siendo el modelo de castigo por traición.

Eduardo había afianzado así su conquista. Los castillos del maestro James, en el norte de Gales, basados en los castillos cruzados de Oriente, fueron diseñados para «espantar y asombrar» a los galeses. Caernarfon tomó prestados algunos motivos de las murallas de Constantinopla, evocando el sueño de Eduardo de un gran imperio en el norte de Europa. El rey asumió la «corona» del rey Arturo y aseguró que había encontrado y vuelto a enterrar los restos de Arturo y Ginebra en Glastonbury. Alrededor de los castillos de Beaumaris, Harlech, Caernarfon y Conwy se construyeron bastidas o ciudades fortificadas, similares a las de Gascuña, cuyo plano en cuadrícula aún puede adivinarse hoy. Los colonos ingleses ocuparon tierras galesas y a los nativos se les prohibió tener propiedades o comerciar intramuros de las ciudades.

Después de Gales, Eduardo volvió su mirada hacia Escocia. Allí, la muerte de Alejando III[3] en 1286 precipitó un conflicto sobre la sucesión entre John Balliol y Robert Bruce. La soberanía inglesa al norte de la frontera se remonta al homenaje que intermitentemente los reyes escoceses le rendían a los monarcas sajones, una costumbre que Eduardo quiso fortalecer respaldando a Balliol. Esto enfureció de tal modo a los barones escoceses que hicieron algo que se convirtió en costumbre siempre que Escocia entraba en conflicto con Inglaterra: buscaron la ayuda de Francia.

Las hazañas militares de Eduardo fueron tales que pudo haber afianzado una unión consensuada de las regiones celtas, si no las hubiera reprimido de un modo tan brutal. Tal y como se dieron finalmente los acontecimientos, se encontró en la habitual trampa de los monarcas medievales ingleses, acosado por celtas resentidos y franceses oportunistas. En 1290, Eduardo aumentó las riquezas de sus arcas mediante el drástico procedimiento de expulsar a toda la población judía de Inglaterra y apropiándose de las propiedades de aquellos que estaban en deuda con ellos. Alrededor de tres mil judíos tuvieron que dirigirse a los puertos orientales con el fin de encontrar refugio en Polonia y en los estados bálticos, y no pudieron regresar hasta que Cromwell los invitó a volver. Aquel mismo año, para desesperación del monarca, murió en Lincoln la reina Leonor. Hubo que trasladar el cuerpo hasta Londres y se levantaron doce cruces de piedra, bellamente ornamentadas (cruces de Leonor, o *Eleanor crosses*), en cada parada del trayecto. La última estaba en Londres: Charing Cross.

Por aquel entonces Eduardo andaba escaso de dinero. Convirtió la administración real en un consejo privado, financiado con fondos personales y supervisado por un consejo reducido, compuesto por el círculo de consejeros privados del rey, evitando de este modo lo estipulado en los fueros de Enrique III. Pero todo lo demás tenía que pagarse de algún modo. Eduardo era consciente de que sus súbditos estaban «temerosos de que los bienes y los impuestos que nos habían entregado generosamente y de buen grado [...] se pudieran convertir en el futuro en una obligación servil para ellos y sus herederos». Fue el primer monarca que articuló muy claramente la relación entre el dinero y el consentimiento. En consecuencia, el año 1295 convocó un nuevo Parlamento, que iba a denominarse mucho después Model Parliament,[4] para votar lo relativo al dinero necesario para sostener sus continuas guerras. Reunió a condes, barones, obispos y abades en una cámara nobiliaria, y a 292 representantes de la gente común en otra sala, incluyendo a ciudadanos de setenta distritos. Fue el primer Parlamento bicameral y no tardó en hacerse imprescindible. Eduardo estaba gastando alrededor de 250.000 libras anuales en sus contiendas bélicas.

En 1296, los nobles escoceses obligaron a Balliol a negarse a rendir tributo al rey Eduardo, que respondió pasando por la espada a la ciudad fronteriza de Berwick. Balliol fue humillado en una ceremonia ritual, donde se le despojó de la corona, del cetro y del orbe, y fue trasladado a Inglaterra como un vulgar prisionero. Con él viajó la «piedra del destino» de Escocia, la piedra de Scone.[5] Aparte de un breve periodo de tiempo, cuando fue robada por unos estudiantes en 1950, la piedra permaneció en la abadía de Westminster, bajo el asiento del Trono de Eduardo, hasta 1996, cuando el gobierno de John Major la devolvió como una excéntrica alternativa a la descentralización.

Un noble escocés llamado William Wallace levantó la bandera de la rebelión, derrotando a los soldados ingleses en las afueras de Sterling. Se dice que se hizo una vaina para su espada con la piel de un recaudador de impuestos.[6] Wallace merodeó por Escocia durante casi una década, hasta 1305, cuando finalmente fue capturado, trasladado a Londres y colgado, arrastrado y descuartizado. Pero ni siquiera eso fue disuasorio. Un año después, Robert de Bruce[7] tomó el relevo de William Wallace y se coronó como rey de Escocia. Eduardo, furioso, ordenó asesinar a todos los familiares de Bruce que pudo encontrar en Inglaterra y armó caballeros a trescientos jóvenes nobles para emprender lo que había planeado como la campaña final contra los escoceses. Durante el viaje al norte, el rey Eduardo —que ya contaba sesenta y ocho años— cayó enfermo en Carlisle. Exigió que lo levantaran del lecho y que lo subieran a su caballo para dirigir sus tropas en la batalla, pero murió poco después. Fue elogiado como «un rey fabuloso y terrible [...] conquistador de países y flor de la caballería». En su tumba de la abadía de Westminster, sombría y austera, tallaron la frase *Edwardus primus scottorum malleus hic est* («Aquí yace Eduardo I, martillo de los escoceses»). Pero haber machacado a los escoceses no significaba haber pacificado esas tierras: solo significaba que los celtas iban a mantener su rebeldía latente.

El nuevo rey de Inglaterra, Eduardo II (que reinó entre 1307 y 1327), que contaba veintitrés años, era tan completamente distinto a su belicoso padre que algunos llegaron a cuestionar su paternidad. En el momento de su ascenso al trono estaba en trance de casarse con Isabella, la hija de doce años del rey de Francia; la joven, como muchas reinas de reyes débiles ingleses, iba a convertirse en protagonista por derecho propio. La novia tuvo que hacer frente al frívolo comportamiento de Eduardo con su amigo íntimo, Piers Gaveston, al que Eduardo I había prohibido que frecuentara a su hijo por ser una compañía poco adecuada y al que ahora habían vuelto a acoger en la corte. La familia de Isabella quedó tan escandalizada por las payasadas de los dos hombres en el banquete de bodas, al que Gaveston asistió con atuendo de púrpura imperial decorado con perlas, que abandonó la fiesta.

Fuera el rey homosexual o no, lo cierto es que estaba claramente encaprichado de Gaveston. Inglaterra ahora contaba con un consejo independiente al que el rey no podía ignorar y sus pretensiones iniciales de restringir los poderes de la institución, otorgados por su padre, desataron una reacción airada. En 1308 el consejo declaró su lealtad «a la corona», y no tanto a la persona del rey, y luego volvió a proscribir a Gaveston. Cuando Eduardo, obsesionado con ese hombre, insistió en que le permitieran volver a la corte, lo apresaron y lo ejecutaron de inmediato. El rey, consumido por la pena, tuvo el cadáver a su lado durante semanas, hasta que se lo llevaron porque apestaba.

Dos años después, Eduardo reprodujo la campaña de su padre para someter a los escoceses. Resultó ser un soldado valiente pero un estratega desastroso. Llevó a un ejército enorme pero indisciplinado hacia el norte con el fin de librar al castillo de Stirling del asedio al que estaba sometido, pero por el camino cayó en una emboscada que le tendió un pequeño grupo de escoceses bajo el mando de Robert de Bruce, en Bannockburn, a las afueras de la ciudad. Se sucedieron dos batallas en días consecutivos que acabaron con la más humillante derrota del ejército inglés desde Hastings. Eduardo perdió dos tercios de sus hombres y tuvo que huir en barco desde Dumbar.

Gaveston había sido sustituido en los afectos reales por el cruel y odioso Hugh Despenser. Se le concedió el condado de Gloucester con amplísimos territorios en las marcas de Gales, en Glamorgan y Camarthen, pero luego consiguió la aprobación del rey para hacerse con las propiedades de De Clare en Gower y Usk, también en Gales. Semejante amenaza a las leyes hereditarias de la tierra resultó excesiva para que los barones pudieran tolerarla, y el resultado fue la reanudación de las guerras nobiliarias contra el rey. Los barones estaban liderados por el lord de las marcas Roger de Mortimer, que fue obligado por Despenser a huir a Francia. Luego, en 1325, Mortimer se unió a Isabella, de la que el rey ya se había separado, que contaba veintinueve años y que compartía con el lord el odio hacia el amigo favorito del rey. Isabella, mujer hermosa e inteligente, dijo que «alguien se ha interpuesto entre mi marido y yo. Vestiré como una viuda y estaré de luto hasta que sea vengada». Hizo alguna cosa más: en París, Isabella y Mortimer se convirtieron en amantes, para escándalo de la corte francesa, y fueron desterrados a Flandes por orden del hermano de la reina, el rey de Francia.

En el transcurso del año siguiente, Isabella había concitado el suficiente apoyo de los barones disidentes en Inglaterra como para arriesgarse a regresar. En septiembre de 1326, ella y Mortimer desembarcaron en Anglia Oriental y, en una campaña vertiginosa, obligaron a Eduardo y a Despenser a huir al oeste del país, donde Despenser fue capturado y juzgado en Hereford, en presencia de la reina. Se le trató con notable crueldad: lo ataron, lo castraron, lo obligaron a ver cómo le quemaban los genitales, lo colgaron y, mientras aún estaba consciente (sorprendentemente), lo destriparon y lo descuartizaron. No en vano a Isabella la apodaron «la loba de Francia».

La reina tuvo más problemas para deshacerse de su marido. Se convocó un Parlamento en Westminster para hacer frente al mismo problema que más adelante plantearon las figuras de Ricardo II y Carlos I: cómo librarse de un rey legítimo elevado al trono por la gracia de Dios. Incluso los barones se negaban a ello. Eduardo no había sido juzgado ni había cometido ningún crimen. Los obispos aconsejaron que el jefe del estado no podía ser depuesto; únicamente se le podía invitar a abdicar. Cuando se le hizo esta sugerencia a Eduardo en Kenilworth, en enero de 1327, aceptó entre lágrimas, siempre que el hijo que había tenido con Isabella fuera coronado en su lugar. El futuro Eduardo III contaba ya catorce años. La coronación tuvo lugar, en efecto, y el rey saliente fue trasladado al castillo de Berkeley, donde fue asesinado aquel mismo año, un poco después, probablemente por orden de la propia Isabella. Se consideran bulos y propaganda las informaciones que hablan del empalamiento de Eduardo en una lanza al rojo vivo, como símbolo del castigo por su tendencia a la sodomía. Probablemente solo fue estrangulado.

El reinado de veinte años de Eduardo II, a pesar de su incompetencia política y militar, fue un periodo de cultura y refinamiento. Era hombre de buen gusto, que se vio reflejado sobre todo en el patrocinio de obras de arquitectura gótica y de manuscritos iluminados. La elegante escalinata y la sala capitular de la catedral de Wells (Somerset) pertenecen a su reinado. Fue el primer rey en fundar colegios universitarios en Oxford y Cambridge, y encargó exquisitos salterios y evangelios. Pero semejantes cualidades no servían de nada en un rey que no pudo conservar su corona ni asegurar su legado. El reinado de Eduardo dio paso a la tiranía de Mortimer e Isabella, que actuaron como regentes del joven Eduardo III (1327-1377).[8]

El muchacho era tan distinto a su padre como su padre respecto a Eduardo I. Hasta 1330, cuando cumplió los diecisiete años, vivió bajo lo que todo el mundo ha considerado la tiranía de su madre; en ese momento, dio un paso atrevido y decisivo. Isabella y Mortimer se encontraban con la corte en el castillo de Nottingham, donde Eduardo y un grupo de veintitrés nobles se internaron por un pasadizo secreto y apresaron a la pareja en la torre del homenaje. A Mortimer lo trasladaron a Londres y lo ejecutaron, aunque Eduardo admitió las súplicas de su madre embarazada, para que al «gentil Mortimer» se le evitara el tormento del ahorcamiento, el arrastre y el descuartizamiento. A la reina la enviaron a un dulce destierro en el Castle Rising de Norfolk. Eduardo ascendió al trono en lo que iba a ser la apoteosis de la monarquía caballeresca.

LA GUERRA DE LOS CIEN AÑOS
~
1330 – 1377

Al principio, la corte del adolescente Eduardo III no fue más que una pura representación. Era un típico Plantagenet, de complexión fuerte, con barba y el pelo largo, generoso y de sangre ardiente. Iba a mostrarse como un hombre brillante con las armas, y se le considera uno de los grandes «generales» de la historia de Inglaterra. Sus primeros días en el trono transcurrieron entre fiestas artúricas, torneos y vestidos de gala. Los cortesanos leían romances y los representaban dando lugar a situaciones conflictivas. En cierta ocasión, Eduardo se vistió como sir Lancelot o Lanzarote, y cuando a su madre Isabella se le permitió regresar a la corte, se presentó como Ginebra, con un vestido de seda y plata, aderezado con seiscientos rubíes y 1.800 perlas, «y agasajada por juglares, arqueros y pajes».

Todas estas extravagancias requerían dinero y el estímulo de una guerra constante. La aristocracia Plantagenet y sus caballerescos vasallos estaban siempre en constante formación de combate, como soldados en busca de acción. Froissart, cronista de este mundo anglofrancés, escribió: «Los ingleses nunca amarán ni honrarán a su rey a menos que sea un vencedor, y ame las armas y la guerra contra sus vecinos». En consecuencia, Eduardo reabrió el viejo debate planteado desde la conquista normanda: ¿de cuántas naciones es rey el rey de Inglaterra? El rey de Inglaterra casi siempre estaba en campaña y en guerra contra los escoceses, y con bastante frecuencia contra los irlandeses, pero esas contiendas carecían del *glamour* de las que se libraban en el continente. Francia era el centro de la atención cortesana. Dentro de sus supuestas fronteras vivía una población cuatro veces mayor que la de Inglaterra: veinte millones frente a cinco millones. El propio Eduardo era de estirpe francesa, un monarca tan extranjero para la gente de Inglaterra como lo era la lengua francesa que él y su corte hablaban en el día a día. Pero de las tierras de Francia solo le quedaba Aquitania, gracias a los errores de su ancestro, el rey Juan.

En 1328, cuando el rey Carlos de Francia murió sin sucesor, la madre de Eduardo, Isabella, reclamó el trono de su hermano para su hijo, frente a las pretensiones del primo de Carlos, Felipe VI de Valois, que fue quien finalmente lo consiguió.[1] Así pues, la sucesión relegó las pretensiones de una hermana frente las de un primo varón. De acuerdo con la ley sálica francesa, una mujer no podía heredar el trono. Inglaterra no estaba de acuerdo y, con la asunción del poder absoluto de Eduardo III en 1330, el asunto comenzó a debatirse. Largos años de tortuosa diplomacia concluyeron con el apoyo francés a las correrías escocesas en la frontera inglesa y el respaldo a los ataques piratas contra el comercio inglés de lana y vino con el continente. En 1337, los dos monarcas, Eduardo y Felipe, se declararon mutuamente la guerra, y en 1340 se desataron las hostilidades en la batalla naval de Sluys, en Flandes. Inglaterra, bajo el mando personal del rey Eduardo, derrotó a los franceses para hacerse con el control del Canal de la Mancha y así tener la posibilidad de transportar un ejército a tierras francesas. Alrededor de doscientos barcos franceses fueron abandonados mientras las tripulaciones saltaban por la borda para huir de la tormenta de flechas inglesas. El mar estaba tan ensangrentado que se dijo que los peces hablaban francés.

Así comenzó lo que más tarde se denominó la Guerra de los Cien Años. El episodio se ha dado a conocer en general como poco más que la representación de un litigio caballeresco. Sin embargo, fue un periodo terrible de la historia de Europa. Durante su desarrollo, los pueblos del norte de Europa soportaron inviernos terribles, se arruinaron cosechas, hubo hambrunas y se perdió la mitad de la población por culpa de la peste bubónica. Los combates tuvieron lugar sobre todo en las llanuras del noroeste de Francia, que naturalmente quedaron devastadas. En la batalla dominaban dos armas: el arco largo inglés *(longbow)* y el cañón francés, a las que acompañaba un enemigo igual de mortal: la disentería. El arco largo tenía más de seis pies de largo (unos 180 centímetros) y estaba confeccionado con olmo o tejo, y se empleaban flechas de fresno; los manejaban habitualmente arqueros galeses. Se conseguía una tensión de noventa kilos (alrededor de 200 libras), y exigía una gran envergadura en el arquero, que con frecuencia sufrían deformaciones en el esqueleto y la musculatura. Superaba con mucho la eficacia de la ballesta, pudiendo disparar hasta diez flechas por minuto frente a las dos de la ballesta, y penetraba la armadura convencional a casi doscientos metros. El arco fue tan decisivo en el éxito militar inglés que Eduardo prohibió cualquier otro ejercicio deportivo, incluido el juego con la pelota, para que los ciudadanos se concentraran en el tiro con arco.

Con la primera gran invasión de Francia, en 1346, el rey Eduardo consiguió llevar a unos 10.000 soldados ingleses a las puertas de París, pero las murallas de la ciudad resultaron inmunes a las flechas y los ingleses quedaron diezmados por la disentería. Se retiraron hasta el río Somme, donde fueron repelidos por un ejército francés, en Crécy. En aquella batalla, la flor de la caballería francesa, apoyada solo por ballesteros, comprobó la eficacia de los arcos largos ingleses. Froissart escribió que una nube de flechas cayó sobre los franceses «con tal violencia y celeridad que parecía como si estuviera granizando».

La caballería francesa cargó en quince ocasiones, pero los caballos eran tan vulnerables a las flechas como la infantería. Los caballeros y los nobles fueron masacrados en cuestión de minutos, y Eduardo lamentó que con esas muertes se perdía el dinero del rescate de prisioneros con el que solía financiarse la guerra. Se dice que diez mil soldados franceses murieron en Crécy, frente a solo un centenar de ingleses. Los historiadores militares han sugerido que hasta que no se introdujo la ametralladora Gatling,[2] el ejército inglés no pudo desplegar un fuego graneado y sostenido del mismo tipo en un campo de batalla. El rey ciego de Bohemia,[3] aliado francés, murió en la batalla, conmoviendo al hijo de dieciséis años de Eduardo, el futuro Príncipe Negro, que cogió las tres plumas que coronaban su yelmo y el lema alemán *Ich dien* (yo sirvo). El príncipe de Gales ostenta ambos símbolos hasta el día de hoy.

El rey Eduardo prosiguió su avance con el fin de sitiar Calais, el puerto desde donde salían los asaltantes contra los barcos de lana ingleses. La ciudad costera resistió durante un año antes de caer en agosto de 1347. En el momento decisivo del asedio, seis burgueses de la ciudad se acercaron al campamento inglés y ofrecieron sus vidas a cambio de las de los habitantes de la ciudad. La oferta fue aceptada, pero la esposa de Eduardo, Felipa,[4] se hincó de rodillas ante el monarca para rogarle piedad a cambio de tanto valor. La ciudad fue perdonada y los burgueses fueron trasladados a Inglaterra como invitados. El incidente se conmemoró siglos después con una monumental estatua de Rodin, en 1889, una versión de la cual se puede ver en los jardines que hay junto al Támesis, cerca del Palacio de Westminster. Calais y el producto de su mercado quedaron en manos inglesas durante doscientos años, hasta la época de la reina María.

El rey regresó como caballero triunfal a Inglaterra, «*le beau chevalier sans peur et sans reproche*»,[5] escribió Froissart. Y añadió que «un porte tal no se ha visto desde los días del rey Arturo», una comparación que en aquel entonces ya resultaba un lugar común. Eduardo consideró muy seriamente la fundación de una Tabla Redonda de caballeros y convirtió el viejo castillo normando de Windsor en un trasunto del imaginario Camelot, con torres almenadas que levantó un joven administrador de la corte llamado Geoffrey Chaucer. Dos años después de Crécy, en 1348, Eduardo fundó una orden de caballería a raíz de una anécdota legendaria: la liga (*garter*, jarretera) que se le cayó a una bella cortesana, la condesa de Salisbury. La vergüenza de la dama quedó aliviada cuando el propio rey se la puso en la pierna y apuntó: *«Honi soit qui mal y pense»* (Que la vergüenza sea para el que piense mal). La Orden de la Jarretera escogió como patrón al santo de las cruzadas y de Inglaterra, San Jorge. La condesa, también conocida como Juana de Kent, se casó más adelante con el Príncipe Negro.

A pesar de lo acontecido en Crécy, Eduardo no pudo dar por concluida la guerra. Pudo derrotar a un ejército de caballeros, pero no pudo conquistar un país entero. Recorrer el noroeste de Francia, incluso hoy en día, es sentir la vastedad de esas tierras. Las tropas inglesas necesitaron enormes rutas de comunicación y suministros en un territorio devastado por la guerra, y se vio obligado a depender de los botines y de los rescates para pagar cada campaña. Esas fuentes no tardaron en agotarse. Únicamente por esta razón los ingleses no ganaron al final la Guerra de los Cien Años. Se convirtió más en una obsesión profesional que en una estrategia razonable y realista.

En 1348, aquella obsesión quedó superada por la enfermedad. La peste negra fue una epidemia de una virulencia sin precedentes, propagada por las ratas de los barcos procedentes del lejano oriente, y que se desató en un caluroso mes de junio. Estalló en los puertos marítimos al principio. Bristol perdió el 40 por ciento de su población en cuestión de semanas, al igual que Weymouth. La pestilencia se propagó luego tierra adentro y vació pueblos y aldeas; algunas de esas poblaciones pueden verse en la actualidad como poco más que montículos en medio del campo. Se estima que la población de Inglaterra cayó desde los cinco millones y medio de habitantes a cuatro millones, lo que significa que —proporcionalmente— fue el descenso demográfico más importante de la historia del país. El impacto económico de la peste negra fue inmediato. La escasez de la mano de obra hizo que los salarios se doblaran y las rentas cayeran en picado. En 1351, un Parlamento desesperado aprobó un fuero de trabajadores, gracias al cual se pudo emitir una orden que prohibía la migración, imponía contratos feudales y fijaba salarios equiparables a los días anteriores a la peste. Aquellas medidas tuvieron un éxito relativo a corto plazo, y las multas afectaron a una de cada ocho personas solo en Essex, pero las disposiciones no tardaron en ser víctimas de las leyes del mercado. Con los campos rebosantes y pocas bocas que alimentar, los precios de los alimentos cayeron en picado y muchos propietarios de tierras se encontraron con que tenían que vender las granjas a sus arrendatarios.

Los historiadores debaten si la peste negra (Black Death) pudo alterar el equlibrio de poderes políticos en Inglaterra, acelerando tal vez el colapso del feudalismo y haciendo mella de algún modo significativo en la Iglesia. En cualquier caso, desde luego sí provocó el surgimiento de una clase de propietarios campesinos (antes vasallos) y artesanos especializados. Los obreros desobedecían a sus amos y emigraban en busca de jornales más altos. La falta de mano de obra en las granjas aceleró el cambio de una agricultura de cultivo intensivo a la ganadería ovina. La lana se convirtió en la Inglaterra tardomedieval en lo que el petróleo es hoy para la moderna Arabia, y se consideraba un negocio tan vital para la prosperidad nacional que el Lord Chancellor, una de las grandes instituciones del Estado, se sentaba en un cojín relleno de lana, para que recordara cuáles eran sus obligaciones. En materia de religión, hay pocas pruebas de que la fe como tal se debilitara en esta época. La construcción de edificios religiosos se reanudó poco después de la peste, y las capellanías y los estudios generales recibieron fondos procedentes de una clase mercantil cada vez más rica. Lo que surgió a partir de mediados del siglo XIV en adelante fue una serie de individuos críticos con la Iglesia, como John Wycliffe y sus seguidores, conocidos como *lollards*,[6] una voz derivada de la palabra holandesa que se empleaba para designar a los «murmuradores». Wycliffe desafió a la autoridad de Roma e inspiró un clero evangélico que ejerciera como máxima jerarquía. Los fieles se reunían en grandes grupos para escuchar el nuevo mensaje, llenando las espaciosas naves —decididamente inglesas— de las nuevas iglesias «perpendiculares» y góticas.[7] Las vidrieras se adornaban con relatos bíblicos y devotos retratos de los mecenas y sus familias. En la década de 1390 se decía que en Inglaterra «uno de cada dos hombres era lolardo». Wycliffe hizo la primera traducción al inglés de la Biblia y se le llamó «lucero del alba de la Reforma». Los reyes ingleses nunca fueron excesivamente reacios al mensaje de que la Iglesia romana era demasiado rica para su propio bien teológico.

Ninguna peste y ningún escepticismo religioso podía rebajar el ansia de Eduardo III por el combate. Celebró un gran torneo cuando la epidemia estaba en su cénit, con los invitados ataviados con aparatosas máscaras. En 1355 le permitió a sus hijos, el Príncipe Negro y a Juan de Gante, reanudar las hostilidades en Francia, haciendo incursiones en Bretaña, Gascuña, Armañac y, más adelante, hasta el Languedoc, llegando a arrasar con fuego la gran ciudad de Carcasona. El nuevo rey francés, Juan II, salió al encuentro del Príncipe Negro en Poitiers, en 1356, y solo entonces el ejército inglés —muy menguado— se enfrentó a un verdadero ejército francés. Nuevamente, unos pocos miles de soldados ingleses consiguieron la victoria, esta vez incluso más asombrosa que la de Crécy. De nuevo, los arqueros fueron decisivos en la batalla, pero la habilidad del Príncipe Negro a la hora de hacer maniobrar a la infantería y la caballería desequilibró decisivamente al ejército francés. El rey francés fue capturado y trasladado a la Torre de Londres en calidad de rehén; allí estaba ya encerrado David de Escocia, hijo de Robert the Bruce, y ambos prisioneros se presentaron como símbolos del poderío militar de Inglaterra.

La fama de Eduardo estaba en todo lo alto, pero tenía más de lo que podía abarcar. Un ataque a la muralla de París dejó patente que su ejército estaba agotado; por otro lado, el campo francés estaba tan devastado por la guerra que ya no podía mantener las campañas. Las enfermedades que diezmaban las tropas lo obligaron a retirarse y aceptar el Tratado de Brétigny en 1360. Juan de Francia fue rescatado (tres millones de coronas de oro) e Inglaterra recuperó una parte del país: el territorio que antaño había pertenecido a Enrique II, en el sur, desde Poitou hasta Aquitania. A cambio, Eduardo renunció a Anjou, Bretaña y Normandía, y su pretensión al trono de Francia. En 1362 se aprobó una ley por la que se ordenaba que el inglés, y no el francés, iba a ser la lengua legal, y un año después el Parlamento se abrió en inglés, aunque paradójicamente la ley se escribió en francés, y el francés siguió siendo la lengua que se empleaba en los discursos.

En 1369, murió la esposa de Eduardo, Felipa, y el anciano rey cayó en las redes de su amante, la dama Alice Perrers. Eduardo III no tardó mucho en volver a pretender el trono francés y envió a sus hijos a reanudar las campañas militares en Aquitania. Sus acciones eran cada vez más desesperadas. En 1370, el Príncipe Negro masacró la población entera de Limoges, poniendo fin a cualquier reputación positiva que pudiera haber tenido en cuanto a modales caballerescos. La buena suerte se acabó para los ingleses. Los franceses aprovecharon la inmensidad de su territorio y la falta de aprovisionamientos del exhausto ejército inglés, cuyos soldados hambrientos se habían convertido en poco menos que bandidos. En 1375, Juan de Gante ya había perdido la mitad de su ejército por enfermedades y hambrunas, y con él, la mitad de Aquitania. Él y el Príncipe Negro regresaron a Inglaterra y se encontraron con una oposición radical de barones y mercaderes a una guerra inútil y nada rentable que ya había durado casi medio siglo.

Eduardo III se había visto obligado a convocar periódicamente a los parlamentarios para pedir dinero, pero el Parlamento que se reunió en Westminster en 1376, conocido como el Buen Parlamento (Good Parliament), se declaró claramente contrario a proseguir la guerra en Francia. Allí se eligió al primer presidente de la Cámara, llamado *Speaker*, que fue sir Peter de la Mare, y se reprobó a los seguidores de Juan de Gante, favorables a la contienda. Después se exigió expulsar de la corte a Alice Perrers, cada vez más extravagante, de la que se aseguraba que cobraba la enorme suma de 2.000 libras anuales del erario público. Apenas había hecho valer el Parlamento sus derechos cuando todos los procedimientos se suspendieron al llegar la noticia de la muerte del Príncipe Negro. Con el rey Eduardo prácticamente incapacitado por una parálisis, la sucesión del príncipe Ricardo —de nueve años— era inminente, y su tío, Juan de Gante, ejercería de hecho como regente.

Juan de Gante[8] fue todo un personaje en la Edad Media, aunque curiosamente bastante escurridizo. Carecía del carisma guerrero de su padre y de su hermano mayor, pero gracias a su matrimonio con Blanca de Lancaster ostentó la primacía en la Casa de Lancaster, con treinta castillos y cuatro mil hombres a su disposición. De Gante se casó luego con la hija del rey de Castilla, y con un aire bastante ridículo exigió que se le llamara «Señor de España», aunque nunca pudo hacer efectivo su título porque no pudo conquistar el país. Además, tuvo cuatro hijos de su amante inglesa, Katherine Swynford: todos recibieron el apellido Beaufort. Tras la muerte de su mujer española en 1394, se casó con Swynford y consiguió que el Parlamento legitimara a sus hijos. A partir de entonces, todos los monarcas de Inglaterra iban a ser descendientes de las mujeres de Juan de Gante.

Sin embargo, De Gante estaba tan desprovisto de habilidades políticas como la mayoría de los Plantagenet. Un año después de que el Buen Parlamento del Príncipe Negro se disolviera, reunió el que se denominó Parlamento Malo (Bad Parliament), al que convocó llenándolo de seguidores suyos para poder recuperar a Perrers, cesar al presidente y enviar al exilio al Lord Chancellor, el poderoso y riquísimo William de Wykeham. De Gante también impuso un impuesto de capitación con el fin de poder reanudar la guerra con Francia. El impuesto era de cuatro peniques por cada inglés mayor de catorce años.

En junio de 1377, el inválido Eduardo III finalmente murió. Dejó tras de sí una nación a la que había conducido al culmen de la gloria militar, pero atrapada en una guerra interminable e imposible de ganar, y con una enorme deuda, presagios ciertos de tensiones internas. Por añadidura, ni siquiera las hazañas del rey medieval más importante tenían mucho valor si no se aseguraba la sucesión y se fijaba un marco para un gobierno de continuidad. Ricardo, con diez años, hijo del Príncipe Negro y heredero de Eduardo, no presentaba buenas perspectivas.

DE LA REVUELTA DE LOS CAMPESINOS A LA PÉRDIDA DE FRANCIA
~
1377 – 1453

Ricardo II (1377-1399)[1] suele compararse a menudo con Eduardo II, y no solo porque ambos, según se cree, fueron homosexuales. Ninguno de los dos parecía hecho para administrar una monarquía medieval. La coronación de Ricardo estuvo presidida por su tío, Juan de Gante, y el muchacho quedó tan agotado que tuvieron que llevarlo dormido al banquete. El poder de De Gante resultaba muy sospechoso, así que el consejo le denegó el derecho a una regencia formal. Por el contrario, se designó un consejo real de doce miembros, excluido el propio De Gante, para hacer frente a la amenaza de un levantamiento generalizado en el país contra el impuesto de capitación.

El impuesto, que afectaba a cada individuo mayor de catorce años, se había elevado hasta un chelín por cabeza en 1381 y precipitó la Revuelta de los Campesinos, la primera revolución espontánea de grandes proporciones de la Inglaterra sajona frente a sus amos normandos. La revuelta no estaba protagonizada solo por campesinos, sino por grupos dispares de artesanos que ya habían protestado contra el estatuto de los trabajadores impuesto tras la peste y que los obligaba a mantenerse leales a sus amos. No hubo en absoluto una organización cohesionada y los rebeldes avanzaron hacia Londres desde distintos condados del sureste con líderes cuyos nombres iban a convertirse en leyendas de la izquierda: Wat Tyler, John

Ball o Jack Straw. El irónico pareado que inventó Ball se repetiría durante siglos: «Cuando Adán araba y Eva hilaba, ¿quién era el que mandaba?». A lo largo de dos días, en junio de 1381, la anarquía se adueñó de la City² de Londres. No había ninguna autoridad competente que pudiera hacer frente a la rebelión. El arzobispo de Canterbury fue asesinado en la Torre y el Palacio de Saboya de Juan de Gante, en el Strand, quedó reducido a cenizas.

Ricardo, que por entonces solo tenía catorce años, demostró una notable valentía al salir prácticamente solo y contra la recomendación de su consejo para enfrentarse a los rebeldes. Prometió ceder a sus demandas, aliviar sustancialmente el impuesto de capitación y poner fin a los interminables vínculos de servidumbre. Los rebeldes se apaciguaron y se reunieron otra vez al día siguiente en Smithfield, pero cuando Tyler se aproximó al rey, se vio envuelto en un altercado con el alcalde, a quien intentó apuñalar. Pero el alcalde desenvainó antes y lo mató. En el caos que se formó a continuación, el rey volvió a estar a la altura de las circunstancias. Se ofreció a las masas como «vuestro capitán y vuestro rey». Aunque aún siguieron produciéndose algunas algaradas contra el impuesto en los condados del interior, el aparente compromiso de Ricardo restauró la calma. Una vez que se logró la paz, se impusieron severas multas a los rebeldes y se suspendieron las concesiones porque las había hecho un menor «bajo coacción». De hecho, más adelante se dice que el rey había asegurado: «Villanos erais y villanos seguís siendo. Seguiréis viviendo en servidumbre, pero no como hasta ahora, sino en una muchísimo más rigurosa. Porque mientras vivamos, nos esforzaremos en aplastaros». Esto no estaba destinado a apaciguar a la opinión pública precisamente.

A medida que crecía y maduraba, iba quedando claro que Ricardo carecía de talento y ardor guerrero. Resultó ser un joven sensible y con un fuerte sentido estético. Se describía su rostro como «redondeado y femenino, a veces rubicundo», y la voz «precipitada y tartamudeante en el hablar». Se elogiaba su notable talento para apreciar el arte y la arquitectura, pero también se le achacó una incompetencia absoluta en los momentos decisivos de su reinado. En 1382, con quince años, se casó con Ana de Bohemia, pero el rey le prestaba más atención a un joven cortesano, Robert de Vere, marqués de Oxford. Este y Michael de la Pole, el hijo de un mercader elevado a conde de Suffolk, se convirtieron en compañeros inseparables del rey, conformando lo que hoy sería más una fraternidad estudiantil que una corte real. De Gante estaba ausente, en España, de modo que la oposición al rey se organizó de inmediato, liderada por otro miembro de la realeza, el duque de Gloucester, y por el hijo de De Gante (de su primer matrimonio), Enrique Bolingbroke de Lancaster. Estos nobles se burlaban de los amigos de Ricardo y los tachaban de ser «más caballeros de Venus» que caballeros andantes, y emprendieron una confrontación continua con el rey, un enfrentamiento que culminó en 1388 con la caída del marqués de Oxford y el conde de Suffolk a manos de un contubernio de «lores descontentos» liderados por Gloucester. La pareja huyó al exilio, y el rey, humillado, fue incapaz de protegerlos.

Ricardo había mostrado alguna resolución durante la Revuelta de los Campesinos, si bien aquella decisión no tenía un sentido estratégico. Reforzado por el regreso de De Gante desde España, declaró ante el consejo que ya tenía veintidós años y que era lo suficientemente mayor para «ocuparme de mi casa y de mi familia, por no hablar de mi reino». Dijo que el gobierno de todo el país ahora «recaía sobre su persona», renovando de este modo el vicio tradicional de los Plantagenet. La reedición de la enemistad de Eduardo II con los barones no auguraba nada bueno.

Ricardo desarrolló un notable gusto por la ostentación extravagante. Tuvo a su disposición a Henry Yevele, el primer arquitecto inglés de fama universal, que completó el techo artesonado sin soportes (viga martillo) del Salón Westminster, probablemente la cubierta sin apoyos más grande de Europa en su momento. En la inauguración de 1396 se celebraron allí fastuosos banquetes. Ricardo también encargó el Díptico de Wilton, una obra maestra del arte medieval, en el que puede verse una elegante y piadosa representación del monarca. El ministro del consejo, Guillermo de Wykeham[3] (William of Wykeham), restablecido en el poder por el propio Ricardo, fundó academias en Winchester y el New College de Oxford, y definió un nuevo modelo de esplendor escolástico.

La obra maestra de Chaucer, los *Cuentos de Canterbury*, se escribió por esta época en una lengua que era una versión apenas reconocible del inglés primitivo. A diferencia de la mayoría de los países europeos en esa época, Inglaterra contaba con una inestimable ayuda a su cohesión: una lengua común. Los *Cuentos* presentaban una visión colorista de la vida en el último medievo, gracias a los relatos de unos peregrinos que iban de camino a la capilla de Becket. El poema habla de la Revuelta de los Campesinos y emplea la sátira contra la Iglesia, al tiempo que apunta: «Frailes y demonios rara vez andan muy lejos». Como su contemporáneo Wyclif, Chaucer presentó a la Inglaterra bajomedieval como una sociedad abierta, próspera, jocosa y con voluntad de cuestionar la autoridad. Con la Guerra de los Cien Años en suspenso, a los ricos se les liberó de impuestos, y los gremios municipales y religiosos emplearon grandes cantidades de dinero en capillas, colegios universitarios y ceremoniales. Inglaterra se había recuperado de los estragos de la peste y la guerra, y estaba resurgiendo como algo más que una pequeña isla en los mares del norte de Europa.

En 1397, Ricardo II se sintió con fuerzas suficientes para vengarse de aquellos nobles que habían purgado su corte de favoritos ocho años antes. Para empezar, ordenó asesinar en Francia a su tío, Tomás de Woodstock, duque de Gloucester. Un comité de dieciocho amigos reemplazó al consejo parlamentario consagrado por la Carta Magna y por Enrique III, y suscitó alguna disputa entre Bolingbroke y Thomas Mowbray, duque de Norfolk, que el rey zanjó exiliándolos a los dos. Aquello fue de una irresponsable estupidez, porque puso a Bolingbroke, hasta entonces leal, tan furioso como a su padre, el anciano De Gante. En *Ricardo II*, Shakespeare presenta a De Gante reflexionando sobre Inglaterra en aquella época:

[...] esta isla coronada
[...] ahora ceñida de vergüenza,
de manchas de tinta y pergaminos podridos;
porque Inglaterra, que acostumbrada estuvo a conquistar a otros
se ha infligido una vergonzosa conquista a sí misma.[4]

Cuando murió De Gante, en febrero de 1399, Ricardo confiscó todas las propiedades de los Lancaster, propiedades que debería haber heredado Bolingbroke. Semejantes expropiaciones, que habitualmente eran signo de desesperación real, irritaban a la nobleza. Con una imprudencia insólita, Ricardo II aprovechó la oportunidad para cruzar a Irlanda acompañado de un pequeño ejército con la idea de sofocar una revuelta, dejando el camino expedito para que Bolingbroke regresara del exilio. Desembarcó en Yorkshire y se unió a las tropas de los Percy, condes de Northumberland, con la intención de poner fin a la tiranía de Ricardo. El rey fue interceptado al norte de Gales y, prisionero, se le trasladó a Londres.

Como a Eduardo II, al rey se le obligó a adbdicar bajo pena de muerte. Se le imputaron treinta y tres cargos en sede parlamentaria, incluido el más serio y verosímil: que «el reino estaba prácticamente en la ruina por falta de gobierno y por no haber promulgado buenas leyes». Bolingbroke fue coronado como Enrique IV (1399-1413),[5] y la usurpación se disfrazó con el uso de una redoma de aceite santo que supuestamente la Virgen María le entregó a Becket en el transcurso de una aparición. Enrique Bolingbroke juró que no iba a gobernar tomándose la justicia por su mano, «ni haciendo su santa voluntad o por sus ideas personales, sino con el consejo, asesoramiento y consentimiento del común». Gobernaría según el acuerdo general: todo lo contrario que Ricardo, que había sido un tirano. Pero ¿era el consentimiento popular una justificación suficiente para derrocar a un monarca coronado?

Puede que a Enrique lo hubieran coronado rey, pero era un usurpador: su predecesor estaba en la cárcel y languidecía en el castillo de Pontefract.

Al despreciar todas estas evidencias, la situación desgarró la continuidad y la estabilidad del estado. La ilegitimidad iba a envenenar el reinado de Enrique IV y se convirtió en el tema central de algunos dramas históricos de Shakespeare que versan sobre este periodo. En el mes de febrero del año 1400 murió el rey Ricardo II, probablemente de inanición forzada por sus carceleros. Pero Enrique no podía sentirse seguro: su trono estuvo constantemente amenazado durante todo el reinado.

En 1400 la amenaza adquirió la forma de un carismático terrateniente galés llamado Owain Glyndwr, que reaccionó a una disputa territorial llamando a la rebelión a los galeses. Glyndwr fue un imán para los opositores a Enrique y, al principio, incluso tuvo cierto éxito. En 1402 se había granjeado el apoyo de los Mortimer, condes de March, que por su parte también aspiraban al trono de Enrique, y del impetuoso Henry *Hotspur* Percy, que había sido relegado imprudentemente por el rey como miembro de su consejo, a pesar del apoyo que el clan de Northumberland le había prestado cuando derrocó a Ricardo II. En 1403 Percy inició una marcha con sus tropas hacia el sur para unirse a Glyndwr, pero fue interceptado por el rey en persona en los alrededores de Shrewsbury y murió en el campo de batalla.

En 1404 Glyndwr ya ostentaba una corte en el oeste de Gales e incluso solicitó el apoyo de Carlos VI de Francia. Fue coronado príncipe de Gales en Machynlleth. También le propuso a Mortimer y Percy que dividieran el reino en tres partes: él se quedaría con Gales, Mortimer con el sur de Inglaterra y los Percy, con el norte. La rebelión galesa duró siete años más y acabó en 1409, cuando la fortaleza rebelde de Harlech cayó ante los cañones comandados por el hijo de Enrique, el futuro Enrique V. El príncipe Glyndwr simplemente desapareció y se convirtió en leyenda.[6]

Aunque solo contaba cuarenta y cinco años, Enrique IV ya era en 1413 un hombre enfermo, obsesionado con las conspiraciones contra su trono. Cada revuelta significaba más ejecuciones y más enemigos potenciales. Poco a poco la cabeza del rey comenzó a fallar, convencido de que la usurpación era la causa de lo que él mismo diagnosticó como una lepra incipiente. En marzo de aquel año su salud se quebró definitivamente en la abadía de Westminster y murió en la Sala de Jerusalén, cumpliendo la profecía caballeresca de que moriría «en Jerusalén». La corona pasó al Príncipe Hal, que adoptó el nombre de Enrique V (1413-1422), que por aquel entonces tenía veintiséis años.[7] Un príncipe guerrero aún era capaz de poner en pie a un parlamento medieval: inopinadamente se aprobaron fondos para invadir de nuevo Francia y respaldar las ancestrales demandas de Enrique al trono continental. Las disputas nobiliarias se apartaron momentáneamente en favor de la conquista de la gloria frente al eterno enemigo. Un levantamiento lolardo incitado por un caballero de Herefordshire, sir John Oldcastle, fue salvajemente reprimido en 1414: al verano siguiente, el rey Enrique V se embarcó hacia Francia.

El primer asedio de Harfleur fue prácticamente un desastre: un tercio del ejército inglés, que contaba con 10.000 soldados, murió por disentería. Se planeó avanzar hacia París, pero al final se desistió, y Enrique, desesperado por tener que regresar a casa con las manos vacías, decidió dirigirse hacia el norte, hacia Calais. En Arras se encontró con el camino bloqueado por un ejército francés que era cuatro veces el suyo. Dudó si enfrentarse al enemigo en semejantes circunstancias, pero el precio que exigieron los franceses por dejarlo salir indemne era la pérdida de sus dominios en el continente. Decidió luchar, confiando en los buenos resultados que siempre habían dado los arqueros galeses contra la caballería francesa.

La batalla de Agincourt, que tuvo lugar el 25 de octubre de 1415, «por Inglaterra, por Harry y San Jorge», compite con Trafalgar y Waterloo en los anales de los grandes hechos de armas ingleses. Los caballeros de Inglaterra descabalgaron y se desplegaron tras una barricada de empalizadas ocultas, flanqueados por la misma formación de arqueros que había triunfado en Crécy y Poitiers. Los franceses, constreñidos por la orografía del terreno, avanzaron contra una tormenta de flechas y cayeron en tal cantidad que los refuerzos ni siquiera podían avanzar sobre aquella muralla de hombres y caballerías atrapados en la empalizada. No hubo clemencia por temor a un contrataque. La flor de la nobleza francesa fue masacrada en el campo de batalla; eso significaba también que se perdió mucho dinero en rescates que, naturalmente, no se pudieron exigir.

El impacto psicológico de la batalla de Agincourt en ambos bandos fue terrible. Los burgundios (borgoñones) se alinearon decididamente con los ingleses y reconocieron a Enrique V como rey de Francia, y así lo hizo también la mayor parte de Europa. Enrique fue recibido a su regreso a Londres con honores de héroe, y los concejales de la City salieron a recibirlo a Blackheath y lo escoltaron durante cinco horas hasta el London Bridge en medio de grandes vítores que lo proclamaban «rey de Inglaterra y de Francia». Por fin Inglaterra tenía una victoria que celebrar. Pero aún tuvieron que pasar cinco años antes de que Francia decidiera capitular en el Tratado de Troyes (1420) y Enrique pudiera entrar triunfal en París. Carlos el Loco,[8] un perturbado mental, lo reconoció como su heredero, una disposición que le permitió a Enrique casarse con Catalina, la hija de Carlos. Así fue como Enrique V recuperó el estatus europeo de Enrique II y Eduardo III. Un rey inglés por fin recibía el reconocimiento como monarca de Francia: curiosamente, era el primero que, al parecer, ya no sabía hablar francés.

Tal y como ocurrió durante la Guerra de los Cien Años, la supremacía en el campo de batalla y en la diplomacia siempre resultaba provisional y pasajera. Inglaterra fue incapaz de mantener en paz lo que había conseguido con la guerra. Mantener un ejército en el continente era muy caro y la presencia del rey como mandatario en París resultaba simplemente imposible. Aún peor, Enrique era mortal. En agosto de 1422, solo siete años después de Agincourt, el rey cayó víctima de la maldición de los campos de batalla, la disentería, y murió. El nuevo y deslumbrante imperio recayó sobre los hombros del hijo que le había dado la reina francesa, el pequeño Enrique VI (1422-1461 y 1470-1471).[9]

La historia iba a añadir ahora un poco de surrealismo a la tragedia. Carlos el Loco murió aquel mismo año, de modo que el rey, uno de los monarcas más poderosos de Europa desde el punto de vista territorial, iba a ser un bebé de diez meses. Enrique V había designado como regentes a los tíos reales, los duques de Bedford y Gloucester, junto a sus primos de Lancaster, los Beaufort de la línea De Gante, comandados por Edmund, que era en ese momento duque de Somerset. A ellos se le encomendó la asombrosa tarea de honrar el legado de Agincourt y anular la reclamación rival al trono de Francia que seguramente presentaría la Casa de Orléans. Pero aunque Enrique V podría haber salido airoso de ese enfrentamiento, los regentes no estaban en condiciones de conseguirlo. En Francia muchísimos nobles reconocieron al Delfín, el hijo de Carlos, como rey del país, de modo que solo los borgoñones quedaron como leales vasallos del pequeño Enrique VI. Así pues, obviamente, la guerra se puso de nuevo en marcha entre ingleses y franceses.

Tras seis años de combates sin un vencedor claro, ocurrió un acontecimiento extraordinario. En 1429, una campesina de diecisiete años, Juana de Arco, entró en el campamento del Delfín durante el asedio inglés de Orléans. Con toda la serenidad del mundo, Juana dijo que los santos se le habían aparecido y le habían prometido que el Delfín conseguiría la corona de Francia, pero solo si su coronación tenía lugar en la catedral de Reims, que se encontraba lejos y en territorio enemigo. Después de muchas discusiones, consiguió animar de tal modo a las tropas francesas que estas obligaron a retirarse a los ingleses y los franceses por fin pudieron llegar a Reims. Allí, efectivamente, el Delfín fue coronado como Carlos VII. Juana fue capturada más adelante por los borgoñones y vendida a los ingleses para que pidieran un rescate. Los franceses se negaron a pagarlo y los ingleses, contrariados, la juzgaron como hereje por negarse a decir que sus milagros eran falsos. En 1431, la quemaron en la hoguera.

Aunque los ingleses eran lo suficientemente poderosos como para mantener en el trono a Enrique, un niño de nueve años, y coronarlo como rey de Francia en la catedral de Notre Dame, los ejércitos franceses estaban empezando a ocupar los territorios que supuestamente habían cedido de acuerdo con el Tratado de Troyes. Los ingleses, agotados, no pudieron responder. En 1435, además, los borgoñones los debilitaron aún más cambiando de aliados y uniéndose a Carlos: así pues, los ingleses se quedaron en una situación tan desesperada que Somerset envió embajadores para suplicar la paz. La consiguió un aliado de Somerset, el duque de Suffolk: el noble acordó que Margarita de Anjou, que por aquel entonces tenía quince años y era sobrina del rey de Francia, sería esposa de Enrique VI y reina de Inglaterra en 1445.

Enrique se había convertido en un joven de veintitrés años. Era alto, con una cara larga y triste, y modales burdos que recordaban de algún modo inquietante la inestabilidad mental de su abuelo materno. Tanto su religiosidad como su «bondad de corazón» eran impecables, y su contestación en cualquier discusión era aconsejar dulcemente a sus consejeros: «Haya paz». Fundó Eton y el King's College de Cambridge, obsesionado con que las capillas de estas instituciones fueran más grandes que la nave de una catedral. Las generaciones posteriores asistieron incluso a su canonización. Su esposa, sin embargo, estaba hecha de otra pasta. En plena adolescencia, ya era atrevida y contumaz: no la habían educado conforme al «modelo Plantagenet» y estaba empeñada en firmar la paz con Francia, su país natal. Esto acabó poniéndola claramente del lado de Somerset y de los Beaufort, los familiares Lancaster del rey.

La paz después de una derrota en la guerra rara vez encuentra el favor en la opinión pública inglesa. La Casa de Lancaster, a la que pertenecía el rey, quedó desacreditada por el fracaso militar y acusada, con razón, de ser sospechosa de favorecer el apaciguamiento con Francia. El Parlamento reivindicó su soberanía y se puso en manos de la facción opositora liderada por Ricardo Plantagenet, duque de York, que tenía treinta y nueve años, también descendiente de Eduardo III y que llevaba mucho tiempo pretendiendo el trono de Enrique. En 1450, fue asesinado uno de los Lancaster más importantes, el duque de Suffolk, y Somerset fue encarcelado. En 1453, la batalla de Castillon señaló la derrota final del ejército inglés y la época del gran arco galés pareció concluir en este punto definitivamente. Al conocer la derrota, Enrique sufrió un colapso mental absoluto. El duque de York, como presunto heredero (pero

Plantagenet), asumió el protectorado con todo el apoyo del Parlamento y tomó las riendas del gobierno. La causa de los Lancaster estaba definitivamente condenada.

Sin embargo, apenas el duque de York se hizo con las riendas del país, para incredulidad general, se descubrió que la reina de veintiún años estaba embarazada. Dio a luz a un niño. Para aumentar el asombro, el rey recobró al menos en parte la cordura, lo suficiente como para restituir a la reina y a Somerset su antigua prevalencia y sus viejos privilegios. A York se le obligó a abandonar su nuevo puesto en la corte y así fue como se preparó el escenario para la guerra civil más brutal de la historia de Inglaterra.

LA GUERRA DE LAS DOS ROSAS
~
1453 – 1483

Si la Guerra de los Cien Años acabó consumiendo y agotando a Inglaterra en una disputa dinástica francesa, las disputas dinásticas inglesas que sucedieron fueron en todos los sentidos un absurdo. La Guerra de las Dos Rosas no se desató por ningún gran tema de principios, como los que enfrentaron a Enrique II y Becket, o al rey Juan y sus barones. Fue simplemente una descabellada lucha por el poder entre los descendientes rivales de dos hijos de Eduardo III: Juan de Gante y el duque de Clarence. La Casa de Lancaster, al mando de De Gante (la rosa roja), había ostentado el trono durante medio siglo, desde principios del XV, porque su hijo mayor, Bolingbroke, había usurpado la corona y había asesinado al hijo del Príncipe Negro, Ricardo II. Bolingbroke se había coronado como Enrique IV y el reino pasó luego a su hijo, Enrique V, y a su nieto, Enrique VI. Aunque se basaba en la usurpación, la pretensión de los Lancaster al trono de Inglaterra tenía la virtud de gozar del reconocimiento del Parlamento y de una larga trayectoria histórica.

La pretensión de los de York se remontaba a Felipa, la hija de Clarence, que era mayor que De Gante entre los hijos de Enrique III. Felipa de Clarence se unió por matrimonio con los Mortimer, una poderosa familia de las marcas, que se convirtieron en condes de March y duques de York (la rosa blanca). La reclamación era impecable en cuanto a la verdad de la usurpación, pero flojeaba porque la línea sucesoria pasaba por una mujer que, además, hacía mucho tiempo que había muerto. Los ingleses, en general, han respetado la ley sálica que perjudica la herencia femenina al trono, pero solían pasarla por alto por razones de interés político, como hicieron los partidarios de York en este caso. Lo cierto era que ambas pretensiones al trono eran lo suficientemente débiles como para que mereciera la pena luchar por ellas.

Los treinta años posteriores de carnicerías y masacres involucraron no solo a las partes contendientes, sino también a las grandes familias del país. Entre ellas estaban los Neville, condes de Warwick, que ocupaban las tierras del centro y norte de la isla; esta familia había emparentado por matrimonio con los Mortimer y había establecido una sólida alianza con los York en Londres. Los ancestrales enemigos de los Neville en el noreste del país eran los Percy, duques de Northumberland, cuya fidelidad, como la de sus vecinos escoceses, no era precisamente muy fiable. En Lancashire y en el noroeste estaban los intereses de los Stanley, mientras que en Anglia Oriental y en el sur prevalecían los duques de Norfolk, que tradicionalmente se habían posicionado junto al rey.

Desde la llegada de los normandos, estas familias habían disfrutado de una cierta y ambigua independencia respecto a la corona. Tenían castillos y tierras que en ocasiones se extendían por varios condados, con sus correspondientes ingresos. Podían reunir ejércitos privados cuando quisieran, evitándole así al rey la formación de uno propio cuando se combatía en el extranjero, y sin embargo privándole del que pudiera necesitar para combatir en el interior. La Guerra de las Dos Rosas tuvo lugar esencialmente entre estas familias y por sus intereses privados. Durante la batalla, a los arqueros se les solía decir a menudo: «Apuntad a los señores, dejad a los villanos». Después de cada enfrentamiento, los vencedores entregaban (habitualmente, aunque no siempre) a los soldados comunes las tierras de los adversarios. Si los principales capitanes acababan muertos, sus hijos asumían el deber de vengarlos, y de este modo la guerra adquirió el carácter de una trifulca entre Capuletos y Montescos caracterizada por la venganza. Al final de este periodo las batallas se libraban a menudo entre capitanes que no eran más que adolescentes. Las ejecuciones y las confiscaciones arrasaron la clase nobiliaria a unos niveles que solo volverían a darse con la Primera Guerra Mundial. En la capilla Harewood, de Yorkshire, efigies hieráticas de guerreros del siglo XV yacen en sus tumbas como barcos anclados, como testigos silenciosos de aquella carnicería.

La inesperada recuperación mental del rey Enrique el día de Navidad de 1454 había apartado a York de la corte, pero el noble no se fue sin más. Mientras la joven reina tramaba el regreso de Somerset al poder, York y Warwick reunieron sus fabulosos ejércitos en las Midlands y se encaminaron hacia Londres para recobrar el poder. Los partidarios de la Casa de Lancaster, bajo el mando de Somerset, salieron a su encuentro y la batalla se entabló en las mismísimas calles de St. Albans, en mayo de 1455. York y Warwick barrieron a los de Lancaster y el propio Somerset cayó muerto. Aquel fue el primer derramamiento de sangre.

El duque de York se convirtió en regente de Inglaterra y regresó a Londres como tutor del debilitado rey. Margarita de Anjou huyó para hacerse con el mando de las fuerzas de Lancaster en el norte. Allí, en 1460, logró una significativa victoria sobre los partidarios de York en la batalla de Wakefield, donde el desastre les sobrevino a los *yorkists* cuando el mismo duque, el único hombre que podría haber mantenido la autoridad en medio del caos cada vez mayor de Inglaterra, cayó muerto. Margarita de Anjou expuso la cabeza del duque, con una corona de cartón, en las puertas de York, «para que York pueda ver bien la ciudad de York».

La guerra civil se avivó entonces porque los hijos de Somerset y de York estaban decididos a vengar a sus padres. El nuevo duque de York, Eduardo, con dieciocho años, derrotó a los partidarios de la Casa de Lancaster en Mortimer's Cross, devolviendo las crueldades de Wakefield con intereses. Margarita consiguió otra victoria en la batalla de St. Albans, aterrorizando a un tiempo a propios y extraños al obligar a su hijo de siete años a pronunciar sentencias de muerte contra los enemigos nobles. Pero con el joven York avanzando hacia Londres con un enorme ejército, pensó que sería prudente huir con el rey a Escocia, aliada de su país natal, Francia.

El joven York entró en Londres en 1461, acompañado por su poderoso primo y mentor, Warwick; en la capital fue vitoreado con grandes muestras de regocijo. Aunque aún era un adolescente, era un gigantón para su edad: medía más de 1,90. Se coronó a sí mismo como Eduardo IV (1461-1470 y 1471-1483)[1] y legítimo sucesor de Eduardo III. Una vez entronizado, se dirigió al norte para enfrentarse a los ejércitos de Lancaster, reforzados y reagrupados con los escoceses al mando de Margarita de Anjou. Los dos ejércitos se encontraron en Towton, entre York y Leeds. La batalla fue uno de los enfrentamientos más espantosos acaecidos jamás en tierras inglesas y uno de los pocos conflictos en los que el campo de batalla ha sido excavado minuciosamente. Se estima que alrededor de 75.000 hombres estuvieron allí, aproximadamente el diez por ciento de los varones en edad de combatir. Los de Lancaster fueron derrotados otra vez y los de York, furiosos, declararon que no iban a dar cuartel. El resultado fue una carnicería de 28.000 hombres; Margarita de Anjou huyó con su marido a los territorios de los siempre serviciales escoceses. Las puertas de York vieron cómo las calaveras de Lancaster sustituían a los viejos cráneos de los *yorkistas*.

En este momento, la guerra debería haber acabado. Se cree que solo en el transcurso de una década, un tercio de las 150 familias nobles de Inglaterra perecieron o perdieron sus tierras. York era rey a la edad de solo veinte años, y Enrique VI fue depuesto y enviado al exilio. El único comodín con que contaba era la indomable Margarita de Anjou, «que tenía sangre de Carlomagno en las mejillas». Ella fue la que puso en marcha entonces «la antigua alianza» de los escoceses con su Francia natal, demostrando que era una mandataria implacable y una militar astuta. Mantenía en su séquito a Enrique, aún rey, aunque solo nominalmente, y una baza nueva: el heredero, el príncipe Eduardo de Lancaster, aún un niño. Con ayuda de los franceses, siguió organizando algunas escaramuzas en el norte contra los de York, arrebatándole los castillos de Northumbria en Alnwick, Bamburg y Dunstanburgh. Pero en 1464 Eduardo ya los había vuelto a recuperar con bombardeos generalizados: Dunstanburgh quedó completamente arruinado, tal y como puede verse hoy en la costa de Northumbria. En esta ocasión, Margarita huyó a Francia.

En Londres, Eduardo no era lo suficientemente maduro como para sentirse seguro de su autoridad. Aún peor: enfureció a su compañero más cercano, Warwick, al casarse en secreto con una plebeya, Elizabeth Woodville, precisamente cuando Warwick estaba negociando con toda meticulosidad un matrimonio diplomático para él en Francia. Elizabeth era toda una belleza y, según se decía, tenía «unas pestañas asombrosas, como las de un dragón». Fue la primera reina inglesa desde la Conquista, y la primera de origen plebeyo. Warwick, que se consideraba protector, amigo y tutor de Eduardo, se sintió humillado. Se enfadó aún más cuando Eduardo concedió ocho títulos nobiliarios hereditarios a familiares de su nueva esposa, los Woodville, que adquirieron importancia y abarrotaron la corte, amenazando la preeminencia de la Casa de Neville, a la que pertenecía el propio Warwick.

El resultado de esta crisis fue que en 1469 Warwick llevó a cabo una de las grandes traiciones de la historia de Inglaterra, abandonando al rey para unirse en Francia a las fuerzas de su antigua enemiga, Margarita de Anjou. Aquello le restó a los de York fuerza y coherencia política. Warwick casó a su hija, Anne Neville, con el hijo de Margarita y heredero real, el príncipe Eduardo, y tentó al hermano del rey, el duque de Clarence, a unirse a él en Francia. La fortaleza de Warwick, en alianza con Francia, desequilibró la balanza de nuevo a favor de los Lancaster. Y así, cuando Warwick y Margarita llegaron a Inglaterra en 1470, le tocó a Eduardo huir al extranjero, en esta ocasión, a las tierras del enemigo de Francia, el duque de Borgoña. Enrique VI fue repuesto en el trono de Londres, bajo la protección de Warwick, justamente apodado «el que quita y pone reyes».

En Borgoña, York no estaba más dispuesto a aceptar la derrota que Margarita en París. En abril de 1471 regresó a Inglaterra con un nuevo ejército y se enfrentó a Warwick en Barnet, al norte de Londres. Allí derrotó a su antiguo mentor en una batalla desesperada, en medio de una densa niebla, durante la cual Warwick perdió a su guardia personal y sufrió el violentísimo ataque de unos soldados. Le levantaron la celada y le cortaron la cabeza antes de que Eduardo pudiera llegar para salvarle la vida. Tal era la rabia que había contra la traición de Warwick que Eduardo tuvo que proteger su cadáver para que no lo descuartizaran y poderlo llevar a la catedral de San Pablo, en Londres. Warwick había vivido y había muerto por la Guerra de las Dos Rosas. El personaje que ponía y quitaba reyes finalmente fue eliminado por un rey. En palabras del biógrafo Paul Kendall, «no dejó una huella indeleble en el estado inglés. Fue solo un oportunista».

Ahora Eduardo IV tenía que poner fin a la causa de los Lancaster de una vez por todas. Se dirigió al oeste del país, donde Margarita había acudido para reunir nuevas tropas, y allí, en mayo de 1471, la derrotó en la batalla de Tewkesbury. El hijo de Margarita y heredero de Enrique VI, el príncipe Eduardo, cayó en el campo de batalla. Fue una lucha sin cuartel y la carnicería se extendió incluso a las naves de la abadía de Tewkesbury, que quedó impura por dichos crímenes y hubo que consagrarla de nuevo. Aquel día sanguinario fue inmortalizado en el juego de palabras con el que comienza el *Ricardo III* de Shakespeare: «Ya el invierno de nuestra amargura / se convirtió en espléndido verano gracias a este sol de York».

El supuesto recitador de estos versos era Ricardo, duque de Gloucester, de diecinueve años, hermano de Eduardo IV. De inmediato se apropió de Anne Neville, la viuda del príncipe de quince años muerto, y la hizo su esposa, unificando de este modo las propiedades de Gloucester con las de los Neville en los Midlands y en el norte. De un día para otro, Gloucester se convirtió en el hombre más poderoso del país, sucesor del conde de Warwick. El 22 de mayo de 1471, Eduardo IV regresó a Londres para recuperar el trono para la Casa de York, con Margarita de Anjou prisionera. Aquella noche Enrique VI fue asesinado en la Torre, se supone que por el único hombre que se sabe que estaba con él en aquel momento, Ricardo de Gloucester. Testigo de medio siglo de caos, el viejo rey murió loco, o como se dijo, «de pura tristeza y melancolía».

Eduardo IV disfrutó un renacer de los días caballerescos de su antecesor, Eduardo III. Recuperó la ceremonia de la Orden de la Jarretera, ordenando que se concluyera la magnífica capilla de San Jorge en Windsor. Mandó reunir una biblioteca y recibió en Londres a Caxton en 1476 para editar las primeras ediciones impresas de los *Cuentos de Canterbury* y *La muerte de Arturo* de Malory. La Guerra de las Dos Rosas había significado también la prosperidad de otros muchos. Los mercaderes tenían ejércitos a los que vender suministros y el conflicto no tuvo una influencia grave en el comercio, como sí ocurrió con las guerras contra Francia. Los pañeros de la City de Londres no tardaron en ser lo suficientemente poderosos como para obligar a que se promulgaran leyes estipulando qué tipo de telas distintas debían vestir los diferentes grupos sociales, con oro, púrpura y sable para los lores, el terciopelo, el satén y la seda para los caballeros y ningún tipo de tela importada para los villanos: solo lana inglesa.

Aunque la paz trajo la prosperidad, algunas heridas seguían sin cicatrizar. En 1478, el hermano renegado de Eduardo IV, el duque de Clarence, aliado del mancillado Warwick, también fue asesinado en la Torre. Se dijo que había sido «ahogado en un tonel de vino de malvasía», seguramente una referencia a su alcoholismo. Posteriormente, en 1483, el propio Eduardo murió de un ataque al corazón a la edad de solo cuarenta años, permitiendo así que el hijo de doce años de Elizabeth lo sucediera en el trono como Eduardo V. Una vez más, Inglaterra tenía un rey niño, con su tío, Gloucester, como único candidato a erigirse en regente. Bajo su tutela, la Guerra de las Dos Rosas se reinició para alcanzar su último y sangriento clímax.

BOSWORTH Y ENRIQUE TUDOR
~
1483-1509

Ricardo de Gloucester está a la par que el rey Juan y Eduardo II en el catálogo de malvados medievales. Pero resulta difícil distinguir su reinado verdadero (de apenas dos años, 1483-1485) de la obra épica de difamación escrita por Shakespeare un siglo después y concebida para justificar la usurpación de la corona por parte de los Tudor. ¿Era efectivamente «contrahecho», «deforme, prematuro», como afirmaba el dramaturgo? ¿Fue de verdad un asesino en serie, como aseguraba su biógrafo, sir Thomas More? ¿O era, tal y como sus apologistas posteriores sostuvieron, un completo incomprendido?

Gloucester tuvo un triste aprendizaje. Lo arrojaron sin más a la carnicería de la guerra civil y ayudó a su hermano, Eduardo IV, a ejecutar el asesinato de Enrique VI y de su hermano, Clarence. La cuestión de si amaba o no a Anne Neville, que acababa de enviudar por la muerte del príncipe Eduardo, es irrelevante: se casó con ella con una premura indecente y, en consecuencia, se adueñó de la mayor fortuna de Inglaterra. Gloucester se despertó siendo tutor de un rey de doce años, Eduardo V, y tenía buenas razones para sospechar de la enérgica madre del chico, Elizabeth Woodville, de su hermano Earl Rivers y de su aliado lord Hastings, todos ellos lealistas de la Casa de Lancaster antes de que Elizabeth se casara con Eduardo IV y se pasara a los *yorkists*. Tras los terribles acontecimientos de Tewkesbury, Gloucester pudo haberse sentido razonablemente rodeado de conspiradores y amenazas.

Lo que está claro es que actuó con una decisión implacable. Cuando supo de la muerte de Eduardo IV, Gloucester llamó a Elizabeth a Londres desde Ludlow, con sus dos hijos, el rey y el heredero al trono. El grupo fue interceptado en Northampton y se despachó al séquito. Rivers fue enviado al norte y ejecutado sin más. Cuando Elizabeth llegó a Londres, se temía lo peor y huyó para acogerse a sagrado en la abadía de Westminster. Gloucester cogió a los dos chicos y los encerró en la Torre de Londres «por su propia seguridad». Hastings fue ejecutado.

Las fuerzas de los Neville en el norte fueron convocadas y llamadas a las armas, con la orden de dirigirse a Londres. También se convocó al Parlamento y un aliado de Gloucester, el duque de Buckingham, forzó que se declararan ilegítimos a los dos príncipes, con el dudoso argumento de que Eduardo IV ya estaba casado en el momento en el que se casó con Woodville. Eso, naturalmente, «implicaba» que Gloucester se convirtiera en rey. El 6 de julio fue coronado como Ricardo III[1] ante una congregación taciturna y una ciudadanía malhumorada. No tardaron en surgir los rumores que aseguraban que los príncipes, a los que se les había visto jugando en los jardines de la Torre, ya estaban muertos. Nunca se les volvió a ver. Mucho tiempo después, durante el reinado de Carlos II, encontraron los huesos de los niños en los bajos de una escalinata tapiada, en la misma Torre de Londres.

La mezcla de infanticidio y regicidio horrorizó y escandalizó incluso a una nación acostumbrada a semejantes espantos. En octubre de 1483, uno de los esbirros de Ricardo, el duque de Buckingham, ya no pudo aguantarlo más y levantó el pendón de la rebelión. Lo único que consiguió es que lo persiguieran hasta las tierras más remotas del reino, que lo atraparan y lo mataran. En este punto, el rey afrontaba amenazas procedentes de todas partes. Su hijo, el que había tenido con la nueva reina, Anne Neville, murió en 1484 y la propia Anne murió un año después. Estos acontecimientos trasladaron la sucesión «lateralmente», hacia Enrique Tudor, de la Casa de Lancaster, conde de Richmond, descendiente de Juan de Gante, por la línea Beaufort, que tenía por aquel entonces veintiocho años. Había nacido en Pembroke en 1457, tras la muerte de su padre, Edmund Tudor, cuando su madre, Margaret Beaufort, solo tenía trece años. La niña casi murió al dar a luz y nunca volvió a tener hijos. Enrique Tudor fue criado por familiares en Gales y luego, por seguridad, lo trasladaron a un puerto de Bretaña.

En 1485 este pretendiente (con derechos sucesorios más bien débiles) resultó ser un imán para los exiliados partidarios de la Casa de Lancaster bajo el gobierno de Ricardo III. Hubo rumores que aseguraban que Ricardo pretendía casarse con su sobrina, Elizabeth de York, hermana de los príncipes que estaban en la Torre, sobre quien Enrique Tudor había puesto la mirada para unir finalmente las casas de Lancaster y York. Si el matrimonio entre Ricardo y Elizabeth se verificaba, las pretensiones de Enrique al trono se quedarían en nada. No podía dilatar más la espera. En agosto de aquel mismo año atracó en las costas de Milford Haven y se dirigió a Gales, sin que se lo impidiera el supuesto aliado del rey, Rhys ap Thomas. Rhys había jurado que los enemigos del rey seguirían su camino solo «por encima de mí», así que se metió debajo de un puente para dejar pasar a Enrique por encima de él. Como la mayor parte de los nobles de Gales, luego se unió a la causa de Enrique.

En aquellos momentos había tres grandes personajes ingleses capaces de organizar grandes ejércitos para el rey y los Neville: eran los Stanley en el noroeste, los Percy en el noreste y el duque de Norfolk en el sur. Ricardo los convocó de inmediato, pero ninguno de ellos era un aliado del todo fiable. Los Percy llevaban mucho tiempo dudando de su lealtad a Londres. Lord Stanley se había casado por aquel entonces con Margaret Beaufort, la madre de Enrique. Para afianzar su lealtad, Ricardo apresó a su hijo, lord Strange, y lo hizo su rehén. Ricardo solo podía confiar realmente en Norfolk, en el sur, junto con un grupo de consejeros (Ratcliffe, Catesby y Lovell, conocidos como «la rata, el gato y el perro»). ¿Cómo conciliar fuerzas tan dispares? Eso se determinaría en su momento.

La batalla tuvo lugar el 22 de agosto de 1485 en Bosworth, en Leicestershire. El rey contaba con un ejército nuevo de 10.000 hombres supuestamente bien armados, mientras que Enrique, que nunca había participado personalmente en una batalla, apenas contaba con cinco mil hombres poco experimentados. Lord Stanley deseaba ayudar a Enrique, pero temía el destino que Ricardo pudiera tenerle reservado a su hijo prisionero. Cuando comenzó la batalla, puso a prueba a Stanley ordenándole que fuera el primero en lanzarse a la carga. Cuando el monarca vio que Stanley no se movía, Ricardo ordenó a que mataran a Strange. Pero en ese momento se vio que las fuerzas de Percy se daban media vuelta, y el oficial al que habían encargado matar a Strange consideró prudente no ejecutar la orden. Stanley dijo: «Tengo otros hijos» y entró decisivamente en la batalla del lado de Enrique.

Viendo estas deserciones, Ricardo montó un caballo blanco y lanzando acusaciones de traición contra sus aliados, intentó desesperadamente matar a Enrique él mismo. Empezó a combatir a una enorme distancia, matando al portaestandartes de Enrique antes de caer bajo una tormenta de lanzas. Su actuación contrasta con la descripción que hizo Shakespeare de sus incapacidades físicas. Se dice que la corona cayó en un arbusto de espinos, de donde la recuperó Stanley, que la colocó en la cabeza de Enrique. El cadáver de Ricardo, el último de los Plantagenet, fue desnudado y exhibido por las calles de Leicester. La Guerra de las Dos Rosas concluía como había empezado: con escenas de salvajismo público.

Enrique VII, Enrique Tudor (1485-1509),[2] proclamó con entusiasmo una ruptura decisiva con el pasado anglonormando del país. Sin embargo, él mismo era una viruta del árbol Plantagenet. Su madre era descendiente de Juan de Gante. Su padre, Edmund Tudor, a quien nunca conoció, era el hijo que la viuda de Enrique V, Catalina de Francia, había tenido con Owen Tudor. Aunque solo tenía un cuarto de sangre galesa, Enrique decía ser descendiente de los reyes de Gales y fue a la batalla luciendo la cruz de San Jorge junto al dragón rojo de Cadwallader de Gwynedd.[3] En un acto final de unidad, Enrique se casó con la pretendida de Ricardo, Elizabeth de York. Las dos rosas, roja y blanca, se unían de este modo en la doble rosa de los Tudor. El símbolo aún adorna iglesias, castillos y palacios de toda Inglaterra.

Enrique es el primer rey de quien tenemos una imagen aceptable, con unos rasgos afilados y la mirada inteligente de un gobernante astuto y calculador. Disfrutaba con la administración y la burocracia, y firmó miles de edictos que se conservan en los Archivos Nacionales. Sobre todo, desarrolló una avarienta obsesión por los ingresos y exprimió al país hasta sacarle todo el dinero. En esto contaba con el apoyo de su arzobispo, John Morton, cuyo lema, conocido como «el dilema de Morton», sostenía que si se veía a un noble vivir con frugalidad, seguramente podría ahorrar para pagar los impuestos al rey; y si vivía lujosamente, también. Hoy se conocería con el término de lógica Catch-22.[4]

A medida que avanzaba el reinado, Enrique se convirtió en un rey «más temido que amado». Su principal debilidad, aparte de su amor por el dinero, fue que nunca pudo superar su complejo de culpabilidad por el modo como había accedido al trono. La ilegitimidad de sus ancestros Beaufort debilitaba sus pretensiones al trono y, como Enrique IV, estaba atormentado por haber usurpado la corona a un rey consagrado. Enrique hizo todo lo posible por remediarlo. Bautizó a su heredero con el nombre de su supuesto ancestro, Arturo, y se encargaron árboles genealógicos que mostraran claramente las raíces galesas. Comenzó así una manía por la heráldica Tudor. Un siglo después, Shakespeare blanqueó la ilegitimidad de Enrique en *Ricardo III*, como lo hizo con Enrique IV.

Apenas un año después de su coronación, Enrique tuvo que enfrentarse a los seguidores de un impostor, Lambert Simnel, que decía ser uno de los príncipes desaparecidos en la Torre de Londres. Incluso lo habían coronado como rey en Dublín: la ceremonia la ofició el gobernador de Irlanda, el duque de Kildare. Todo esto concluyó con un desembarco en el norte y un ejército rebelde de Percy atacando Nottingham; los rebeldes fueron vencidos por Enrique cerca de Newark. Simnel fue absuelto de todos los delitos e incluso llegó a ser cocinero real. Cuatro años después, en 1491, salió otro pretendiente, con quien Enrique no mostró tanta condescendencia. Se trataba de un joven flamenco, llamado Perkin Warbeck: fue uno de los grandes estafadores de la historia. También él dijo ser uno de los príncipes de la Torre y se las arregló para engañar a enemigos —crédulos, o tal vez predispuestos—, de Inglaterra en Francia, en Borgoña, en Irlanda y en Escocia. Incluso se llegó a casar con una princesa escocesa. Las intermitentes «invasiones» de Warbeck fueron repelidas y él mismo fue capturado y posteriormente ejecutado en 1499.

A pesar de su característica frugalidad, Enrique sabía que la majestad implicaba cierto esplendor. Tras el incendio de su palacio en Sheen, en las afueras de Londres, al otro lado del Támesis, levantó otro en el mismo lugar, rebautizándolo con el antiguo título que ostentaba en Yorkshire (conde de Richmond) y por eso se denominó Palacio de Richmond. Construido enteramente en ladrillo, en estilo flamenco, con torres, pináculos y miradores acristalados que daban al río. Las iglesias, por el contrario, aún se levantaban en un gótico decididamente inglés. La gran iglesia de Long Melford, en Suffolk, sufragada por los gremios laneros y con su enorme torre, se construyó en la década de 1490, tenía una nave única, y contaba con mobiliario, vidrieras y esculturas ornamentales. La capilla de la abadía de Westminster para la tumba de Enrique se construyó con una bóveda pinjante y estrellada en abanico, un techo único en Inglaterra. Allí descansaría el cuerpo del rey en un sarcófago de esplendor renacentista, ideado por un italiano: Pietro Torrigiani.

Enrique VII también participó de la pasión por los descubrimientos que recorrió toda Europa tras la noticia del regreso de Colón desde el Nuevo Mundo en 1493. En 1496, el rey ofreció una suma más bien modesta de diez libras para patrocinar a un genovés, John Cabot, con el fin de que explorara la costa oriental de América. Este marino fue el que plantó la bandera Tudor en Nueva Escocia. Al mismo tiempo, Erasmo de Róterdam llevó el humanismo renacentista a las universidades de Oxford y Cambridge, afirmando que el estudio de los clásicos era un requisito esencial para comprender la teología cristiana. En Londres se relacionó con el reformista John Colet, deán de San Pablo, y con el erudito Thomas More (Tomás Moro, para los españoles), alineando de este modo a Inglaterra con la corriente ideológica dominante del norte de Europa y poniéndola en contacto con las fuentes del protestantismo.

En 1501, la prudente política exterior del rey obtuvo un gran triunfo diplomático con el matrimonio de su hijo de quince años, Arthur, con la heredera de la Corona de Aragón, Catalina; fue un acuerdo cuyas negociaciones duraron diez años. También casó a otras dos hijas muy bien: a María, con Luis XII, rey de Francia, y a Margarita con el rey de Escocia; este último acuerdo matrimonial incluía un improbable «tratado de paz perpetua». Sin embargo, aún no se habían cumplido los primeros seis meses del matrimonio de Arthur cuando el príncipe murió en el castillo de Ludlow y ascendió como sucesor y heredero al trono su hermano Enrique, duque de York, que por aquel entonces tenía diez años. El rey propuso entonces que Catalina se casara con el heredero. Pero el enlace aún no se había llevado a cabo en 1509, cuando el propio rey murió, dejando a Inglaterra en manos de un monarca menor de edad, de diecisiete años.

Enrique Tudor dejó una Inglaterra unida y en paz con Francia y con Escocia. Gales se había liberado de la opresión de los Plantagenet, e incluso Irlanda se mantuvo sosegada durante un breve tiempo bajo el mando del feroz conde de Kildare. Del rey Enrique, que nunca fue popular, se dijo que había muerto «de pura avaricia». Sus dos recaudadores de impuestos, aún más impopulares, Edmund Dudley y Richard Empson, fueron decapitados tras ser acusados de corrupción y traición tras la muerte del monarca, y murieron alegando que sus actos fueron «tal y como el rey los había ordenado». Pero el primer Tudor había concluido un siglo de guerras civiles y legó a su hijo un Tesoro repleto de oro.

ENRIQUE VIII
~
1509 – 1547

Enrique VIII (1509-1547) fue el Hércules de la historia de Inglaterra.[1] En parte tirano medieval, y en parte príncipe ilustrado renacentista, acabó para siempre con el modelo de gobernación Plantagenet. Dio por concluido el tradicional compromiso entre los gobernantes normandos y el pueblo inglés, entre Iglesia y monarquía, y entre Londres y las baronías provinciales. Recibió un país rescatado por su padre del desolador naufragio de la guerra civil y cedido a un único rey soberano, señor tanto de su cuerpo civil como de su estructura religiosa.

Cuando Enrique VIII ascendió al trono, acababa de cumplir los diecisiete años. Era un joven apuesto, de talle elegante, pero inquieto, y su padre había decidido que entrara en la Iglesia... hasta que murió su hermano Arthur. Lo educaron en una teología cada vez más anticatólica, propia del norte de Europa, y llenó con sus apuntes los libros de sus estanterías. También era diestro en el arte de la equitación, en las justas y en el tenis, así como en la poesía y la música. Hubo un tiempo en el que se dijo que había compuesto «Greensleeves».[2] A Enrique le interesaba bastante poco la política. El Parlamento, considerado por su padre como un molesto inventor de impuestos, siguió teniendo una posición subordinada, al menos mientras el monarca tuvo a su disposición el inmenso Tesoro de su padre y pudo ignorarlo.

Lo primero que hizo, incluso antes de la coronación, fue casarse con la viuda de su hermano, Catalina de Aragón, cinco años mayor que él. En ese momento respetaba a la Iglesia de Roma y consiguió una dispensa papal para poder casarse con su cuñada, con la excusa (firmemente defendida por Catalina) de que su matrimonio con el hermano de quince años no se había consumado. Todos los indicios sugieren que Enrique VIII y Catalina fueron felices. Ella era atractiva e inteligente y estuvieron juntos durante los primeros veinte años del reinado. La única sombra de su relación fue la incapacidad de Catalina, después de muchos partos fallidos y una hija, para darle un heredero varón. Este asunto no era poca cosa para un monarca con un fuerte sentido de la historia.

Como su padre, Enrique escogió como consejeros a los que lo valían por sus méritos, y no por su nacimiento. En lugar de los consejeros nobles, escogió como asesores a jóvenes talentos de la Iglesia y de las leyes; el más destacado al principio fue el hijo de un carnicero de Ipswich: Thomas Wolsey. En una corte caótica con unos mil favoritos y sus respectivos séquitos, escogió un consejo de asesores personales por medio de los cuales emitía sus edictos sin tener en cuenta la autoridad del Parlamento. En ese momento de su vida, Enrique pasaba la mayor parte de su tiempo entregado a los placeres, con el gobierno delegado en el competente Wosley: una relación parecida a la que Enrique II tuvo con Becket. Bajo la influencia de Wosley, se quebró el rechazo visceral a las guerras en el extranjero que tan escrupulosamente había mantenido Enrique VII. Su padre había luchado para gobernar, pero Enrique tenía en la sangre el carácter de un antiguo Plantagenet, y gobernaba para luchar. En 1512 revivió la vieja pretensión de hacerse con parte del territorio francés y, con pretextos inventados, envió un ejército de invasión bajo el mando del marqués de Dorset, que cruzó el Canal y regresó derrotado. Un año después Enrique VIII pasó a Francia personalmente, contrató mercenarios alemanes, se hizo con la ciudad de Tournai y obligó a los franceses a pagarle un tributo permanente si querían ser libres. Era la venganza del impuesto vikingo o *Danegeld*.

En la isla, los escoceses aprovecharon la oportunidad para repudiar el tratado de «paz perpetua» que firmaron con Enrique VII, y lanzaron un ataque contra Northumberland. En 1513 la invasión fue repelida y los lanceros escoceses fueron masacrados por una tormenta de flechas en Flodden Field. Aquella carnicería conmocionó a los contemporáneos: Jacobo IV de Escocia,[3] cuñado del propio monarca inglés, murió en la batalla, junto a su hijo y diez mil soldados. La corona de Escocia volvió a colocarse en las sienes de un niño, Jacobo V, que tenía diecisiete meses. Los ingobernables escoceses se habían metido en un desastroso embrollo ellos solos, e Inglaterra había producido inseguridad para su territorio en la misma medida.

Wolsey estaba ahora en lo más alto. Era veinte años mayor que el rey: se había convertido en canciller en 1515 y en cardenal ese mismo año. No tenía amigos entre los poderosos barones y nobles, e intentó prohibir la creación de tierras comunales para el ganado ovino. Reguló los mercados y las profesiones. Anuló la justicia lenta del King's Bench y usó la prerrogativa de la Star Chamber,[4] que establecía juicios sumarios bajo su tutela privada y personal. Enrique VIII, mientras tanto, se entretenía con la teología. Se escribía con Erasmo y cuando Lutero clavó sus «tesis» anticatólicas en la puerta de la iglesia de Wittenberg en 1517, Enrique redactó una larguísima refutación al respecto. El papa, agradecido, recompensó a la corona inglesa con el título de «defensora de la fe», que aún adorna las monedas inglesas con las siglas FID DEF.[5]

Enrique VIII admiraba en aquella época a las dos grandes potencias de Europa: Francia y el Sacro Imperio Romano, gobernado desde la Viena de los Habsburgo. Artistas, arquitectos, poetas y músicos fueron invitados a visitar Inglaterra. El rey aumentó la armada de cinco a treinta barcos y supervisó personalmente el diseño de un galeón de siete niveles, el *Henry Grâce à Dieu,* o *Gran Harry,* el más grande de Europa.[6] Luego, en 1520 tuvo lugar la extravagancia definitiva de un gobernante estelar, una cumbre política y diplomática, el «Field of Cloth of Gold» (el Campo del Paño de Oro), que se celebró en Guînes, cerca de Calais. Pabellones con adornos renacentistas, cortesanos, soldados y artistas embarcaron hacia Francia, con una comitiva de seis mil criados. Enrique VIII tenía en aquel momento veintinueve años, y estaba en la flor de la vida: el embajador veneciano lo describió como un hombre «mucho más apuesto que cualquier otro soberano de la Cristiandad». Por expreso deseo suyo, fue el primer monarca inglés en ser tratado como *Your Majesty* (Su Majestad) y no con el tradicional *Your Grace* (Su Excelencia o Su Ilustrísima).

El rey y Wolsey salieron pronto de la oscuridad diplomática en que se encontraban, inmiscuyéndose en el inminente conflicto entre Carlos V de Habsburgo y el joven Francisco I de Francia. Al tomar partido primero por uno y luego por el otro, lo único que sacó en claro Inglaterra fue la pérdida de la tributación francesa que se consiguió en Tournai y una enemistad cada vez mayor entre el rey y Wolsey. El cardenal reinstauró la intransigencia clerical de Becket y reclamó la dispensa para la clerecía, que no debía atenerse a la ley del común. Enrique contestó que «por obra y gracia de Dios, somos el rey de Inglaterra, y los reyes de Inglaterra en tiempos pasados jamás tuvieron a nadie por encima, sino el mismo Dios solo». El fastuoso palacio de Wolsey, en Hampton Court, eclipsaba el de Richmond y estaba decorado con terracota italiana; más que asombro, provocó envidias, al igual que el nuevo Cardinal's College de Oxford.[7]

El rey tenía otras preocupaciones, aparte de los fastos de su canciller. En 1526 Catalina ya tenía más de cuarenta años. Su cuerpo estaba envejecido por los continuos abortos y las posibilidades de que le diera un heredero varón eran muy escasas. Enrique VIII estaba descaradamente encaprichado de Ana Bolena,[8] una muchacha inteligente y grácil de ojos oscuros y de melena larga y morena. Educada en París, deslumbró a la corte con sus vestidos franceses, sus habilidades musicales, sus bailes y su ingenio. Su hermana, María, había sido amante de Enrique, pero Ana rechazó sus proposiciones, incluso cuando iban acompañadas de un baño de joyas y promesas de amor. Mientras estuviera casado con Catalina, Ana no iba a tener relaciones sexuales con él.

El destino de Inglaterra se debatía ahora entre la incapacidad de Catalina para engendrar un heredero varón y los escrúpulos sexuales de Ana Bolena. Enrique VIII se convirtió en un hombre distinto. Engordó. Su frustración se tornó ira, exacerbada por la herida en una pierna que sufrió en un torneo, y todo ello, en palabras de Wolsey, le llevó «a poner la mitad de su reino en peligro [...] y a ceder a los caprichos privados frente a toda la Cristiandad». Mientras la mayoría de los reyes se veían amenazados por fuerzas exteriores, los demonios de Enrique VIII estaban dentro de sí. Fanfarroneaba diciendo: «Nunca escatimé la ira con ningún hombre ni la lascivia con ninguna mujer». Estaba decidido a casarse con Ana.

Se ha debatido mucho hasta qué punto la «gran cuestión del rey» precipitó el enfrentamiento entre la Iglesia y el Estado inglés. Lo que es innegable es que el asunto adquirió una relevancia decisiva. Se cree que Ana Bolena había aceptado por fin a Enrique en 1527, pero solo con la condición de la anulación papal del matrimonio con Catalina. El papa, en esos momentos, estaba prisionero en manos de Carlos V, que por cierto era sobrino de Catalina. Obtener la anulación papal no sería un asunto sencillo. El libro del Levítico ordenaba: «No verás la desnudez de la mujer de tu hermano». Al permitir el matrimonio de Enrique VIII con Catalina, el papa había aceptado que la española no había consumado el matrimonio con su hermano, Arthur. Enrique ahora necesitaba hacer valer todo lo contrario: que sí se había consumado, que el papa se había equivocado, que su matrimonio con Catalina era ilegal y que, por lo tanto, podía casarse con Ana Bolena. El problema era que Catalina siguió sosteniendo su historia y negando la consumación.

El rey estaba atrapado. Wolsey trabajó mucho con el fin de conseguir una anulación, e incluso advirtió al papa de «las ideas que se le están metiendo en la cabeza al rey» si no se lograba el objetivo. Pero fracasó. El rey, desesperado, buscó la solución en otras personas, como en Thomas Cranmer, un joven eclesiástico de Cambridge que propuso que se podía esquivar al papado convocando un comité de eruditos europeos.

La estrella de Wolsey se apagó de repente. Fue despojado de sus palacios y títulos, y en 1529 fue arrestado y trasladado a la Torre; murió en el camino, cuando lo llevaban al sur desde York. Como muchos que quisieron volar cerca del sol, protestó: «Si hubiera servido a Dios con tanta diligencia como serví al rey, Él no me hubiera abandonado ahora que encanecen mis cabellos». Su fundación de Oxford, Christ Church, aún sigue en pie, con su fabuloso claustro llamativamente inacabado.

La corte era toda confusión. Enrique VIII estaba manteniendo relaciones abiertamente con Ana, aunque ni mil investigaciones han conseguido encontrar pruebas de que hubiera sexo entre ellos. Catalina aún era reina, y resistía con sobriedad española toda la presión derivada de la sugerencia de que su matrimonio con Enrique era ilegal. Tenía poderosos aliados tanto en Inglaterra como fuera, y Enrique era lo suficientemente fiel a sus creencias como para mostrarse renuente a desafiar las leyes bíblicas aun cuando, como el siempre servil Cranmer señalaba, no hubiera ningún papa en la Biblia.

El rey ahora iba a vengarse de la Iglesia, tal y como Wolsey había predicho. Y lo cierto es que el monarca convocó el Parlamento en 1529 —poco importa si fue incitado o no por Ana Bolena, cuya inclinación hacia el luteranismo era conocida— y obligó a aprobar un decreto tras otro contra lo que él consideraba abusos clericales. En 1531 hizo valer su supremacía legal sobre la Iglesia, condicionada solo por un «en tanto la ley de Cristo lo permita». Negó a la Iglesia el privilegio del derecho a acogerse a sagrado o el privilegio de gravar con impuestos los testamentos, su principal fuente de ingresos. Y respecto a la anulación matrimonial, el sucesor de Wolsey en la cancillería, sir Thomas More, le dijo al Parlamento que «todo el mundo puede ver claramente que el rey no se había ocupado de este asunto por vanidad o capricho, como algunos extranjeros dicen, sino solo para descargo de su conciencia y para garantizar la sucesión del reino».

El rey quería satisfacer tanto su vanidad como su capricho cuanto antes. Desapareció con Ana durante más de un mes y, a su regreso, expulsó a Catalina y a su hija de Londres. Roma lo amenazó con la excomunión, a menos que se «deshiciera de la concubina, Ana», pero él replicó con una ley de diezmos que, en realidad, significaba que se quedaba con el 95 por ciento de los ingresos de las iglesias inglesas que iban destinados a Roma. Estas medidas pasaron el fielato de los comunes sin mayor contratiempo, pero en la Cámara de los Lores, donde los obispos eran poderosos, hubo una feroz resistencia. El rey presionó, sobornó y amenazó, exigiendo hábilmente que los lores votaran a favor o en contra «del bienestar del rey». De momento, Thomas More logró impedir una ruptura total con Roma. En 1532 tuvo que dimitir porque no quiso aceptar la absoluta supremacía del rey sobre la Iglesia; el puesto de canciller pasó así a un joven y brillante jurista, Thomas Cromwell. Aquel mismo año, Enrique VIII se llevó a Ana Bolena a una visita de estado a Francia, de donde la futura reina regresó embarazada. Se casó en secreto con ella en enero de 1533, y la bigamia se ignoró aludiendo una y otra vez a la constante afirmación de que el matrimonio con Catalina no era válido. Cranmer, que probablemente fue quien ofició la ceremonia, fue recompensado con el arzobispado de Canterbury, donde se convirtió en la figura dominante de la Reforma inglesa. Ana Bolena fue coronada como reina.

En septiembre de 1533, Ana Bolena dio a luz en Greenwich, pero era una niña, Elizabeth. Para el rey aquello fue al parecer una catástrofe imprevista. Había desafiado a su Iglesia y había combatido al Parlamento solo para poder engendrar un hijo, y Ana, como Catalina, le había defraudado. Ana Bolena perdió su encanto en el acto. Enrique se puso furioso cuando le dijeron que la reina estaba difundiendo rumores sobre su dudosa potencia sexual y, al tiempo, cuando le vinieron con cuentos sobre su infidelidad. No tardó en compararla (y desfavorablemente para Ana) con el sumiso encanto de una belleza cortesana de veinticinco años, llamada Jane Seymour, a quien el rey de inmediato concedió sus favores.

En 1534, el rey Enrique VIII promulgó formalmente la Ley de Supremacía, por la cual el rey «no reconoce autoridad superior en el mundo, salvo a Dios, y no se considera sujeto a las leyes de ninguna criatura de la Tierra». La legislación se completaba con la creación de una Iglesia de Inglaterra, cuyo poder temporal y doctrinal recaía en el monarca. Una de las leyes sobre la traición imponía la pena de muerte sobre cualquiera que criticara a Enrique VIII y su liderazgo al frente de la Iglesia anglicana, convirtiendo al rey en un «dictador legal». Thomas More, encarcelado por traición bajo las nuevas leyes después de negarse a apoyar la anulación del matrimonio del rey con Catalina, había aceptado permanecer callado a cambio de seguir vivo, pero ahora ese silencio se iba a describir como «un silencio que retumbaba por toda Europa». Fue decapitado en 1535 y santificado por el papa.

Al año siguiente, Cromwell emprendió la tarea de rellenar las arcas reales con la supresión y confiscación de alrededor de cuatrocientos de los monasterios más pequeños. La confiscación no era nada nuevo. Enrique V había disuelto congregaciones para pagar por Agincourt, igual que lo había hecho el rey de Suecia en 1527. Muchas fundaciones monásticas se habían reducido por debajo del supuesto mínimo de doce monjes. Las trece casas cistercienses de Gales contaban únicamente con ochenta y cinco monjes entre todas. La mayoría cedió toda su riqueza a cambio de una renta real. Durante los ocho años de la «privatización» monástica se ingresaron en el Tesoro de la Corona casi un millón de libras. El cambio en la imagen de Inglaterra fue extraordinario. Los monasterios formaban parte del paisaje del país, y el de Rievaulx, Fountains o Wymondham elevaban sus torres en el campo como las catedrales en las ciudades. La mayoría fueron desmantelados y demolidos, a menudo utilizando pólvora, y sus contenidos, vendidos en subastas. Muchos emplazamientos religiosos se convirtieron en canteras y los sillares se utilizaron para ampliar casas particulares o instalar chimeneas en los palacios. Las capillas monásticas se convirtieron en iglesias parroquiales de enorme majestuosidad, como la de Sherborne en Dorset o la de Beverley en Yorkshire. Los terrenos monásticos se vendieron a cualquiera que pudiera pagarlos, lo cual propició una verdadera revolución, en tanto que un mercader rico podía adquirir el estatus de terrateniente que antes estaba circunscrito a la nobleza. Como ocurrió tras la Peste Negra, Inglaterra exhibió su talante para impulsar cambios sociales para oportunistas. Desde la conquista normanda no se había producido una transferencia de riquezas semejante. El resultado fue algo más que la preparación de la nación inglesa para afrontar la Edad Moderna.

En 1536 llegó la reacción inmediata. El levantamiento sociopolítico llamado Peregrinaje de la Gracia Divina (Pilgrimage of Grace) surgió en el norte, en Lincolnshire y en Cornualles. Sus líderes protestaban contra la apropiación de los bienes eclesiásticos por parte del rey, buena parte de los cuales se habían dispersado localmente, pero muchos de sus seguidores eran simplemente católicos devotos preocupados por la conmoción que el rey y el Parlamento habían infligido en su fe. Cuando un ejército popular de alrededor de 30.000 hombres comenzó a desplazarse hacia el sur desde Yorkshire, Enrique VIII fue implacable en las represalias, y prometió a los rebeldes que «quemaría, destrozaría y destruiría sus bienes, a sus mujeres y a sus hijos sin piedad». Y al duque de Norfolk, enviado para reprimir la revuelta, le exigió que se celebraran 250 ejecuciones ejemplarizantes.

Meticuloso y riguroso, Enrique VIII ordenó ahora a Cranmer que preparara un nuevo breviario o libro de oraciones. Y se distribuyó por todas las iglesias del país una nueva versión de la biblia inglesa de William Tyndale, editada en secreto en el continente en 1526. Al mismo tiempo se organizó una elaborada conspiración para demostrar la infidelidad de Ana Bolena. Al final fue condenada y su ejecución, en la Torre de Londres, en mayo de 1536, únicamente se retrasó por la petición de la rea, que deseaba ser decapitada a la manera francesa, con una espada en vez de con un hacha. El rey se casó luego con Jane Seymour, que no tardó en darle un hijo, Eduardo. La alegría del rey se tornó profunda tristeza cuando Jane murió a las pocas semanas de dar a luz. Jane Seymour fue la única, entre sus esposas, que el rey quiso que se enterrara con él.

Cromwell, siempre eficiente, amplió la disolución monástica hasta convertirla en una oleada de iconoclastia. Tal y como había escrito Tyndale: «Ni los sacramentos, ni los gestos, ni las ceremonias ni todos esos ademanes corporales le hacen ningún servicio a Dios». Las imágenes del Calvario y de la Virgen en las iglesias fueron desmanteladas y destruidas. A los fieles se les ordenó «que no depositaran su fe y su confianza en ninguna otra obra creada por las fantasías del hombre, aparte de las Escrituras». La práctica de solicitar la intercesión de los santos quedó prohibida. Enrique VIII fue particularmente tenaz a la hora de erradicar el culto a Thomas Becket, enemigo declarado del poder real. La capilla de Becket en Canterbury y la capilla de Nuestra Señora de Walsingham fueron destruidas y sus riquezas confiscadas para el Tesoro de Londres.

Enrique VIII ahora tenía que velar por su seguridad. La ruptura con Roma había predispuesto a toda la Europa católica contra él y declararle la guerra podría considerarse una causa santa. En 1539 Cromwell lo convenció para que se casara con una princesa alemana, Ana de Cleves,[9] para forjar una alianza preventiva con los Países Bajos contra Francia y contra el Sacro Imperio Germánico. Cromwell le dijo que la belleza de Ana, tanto de cara como de cuerpo, «excedía con mucho a la duquesa de Milán,[10] tanto como el sol de oro excede a la luna de plata». El elogio se garantizaba con un retrato por encargo de la dama, una joven elegante, realizado por el principal artista de la época, Hans Holbein.

Pero la diplomacia de Cromwell naufragaba en las turbulencias de la realidad. Ana de Cleves resultó ser una mujer alta, larguirucha, de treinta y cuatro años con la cara picada de viruela y que hablaba solo alemán. Cuando llegó a Inglaterra, Enrique fue a Rochester disfrazado para conocerla, y le llevó una extravagante capa de marta cibelina a modo de regalo. El monarca estaba consternado, porque «nada en esa mujer es como lo habían descrito». Huyó de inmediato a su barcaza. Según dijo, Ana no era mejor que una «jaca flamenca». En enero de 1540 aceptó un matrimonio diplomático, pero tuvo mucho cuidado de no consumarlo la noche de bodas, después de lo cual le dijo a Cromwell: «Ahora me gusta mucho menos». El Parlamento anuló la unión en cuestión de meses. Enrique VIII se encontraba otra vez sin un aliado continental.

Con la Reforma ya muy adelantada, Enrique VIII ahora se veía atenazado por la duda. Le preocupaba haber ido demasiado lejos ofendiendo a la Iglesia de Roma y le angustiaba haber ofendido a Dios. Los conservadores eclesiásticos que rodeaban al duque de Norfolk adivinaron esos temores y, en 1539, el rey aprobó una ley que explícitamente declaraba «la abolición de la libertad de opinión»; era la llamada Ley de los Seis Artículos, dirigida a los protestantes evangélicos extremistas. Enrique permitía la restauración de los sepulcros de Semana Santa y la ceremonia del Vía Crucis o adoración de la Cruz.[11] Las oraciones por los muertos también se permitieron. Se ordenó que los protestantes anabaptistas fueran quemados en la hoguera.

Cromwell quedó tocado por el fiasco de la novia de Cleves, igual que Wolsey y More se habían visto del mismo modo perjudicados por las desdichas maritales del rey. Norfolk, cada vez más poderoso, acusó a Cromwell de corrupción y herejía, y ofreció a Enrique una nueva reina: su propia sobrina, de pelo caoba y apenas veinte años, Catherine Howard. El monarca ya casi tenía cincuenta años, un enorme sobrepeso y un constante dolor de piernas. Estuvo enamorado durante una breve temporada y la condena de Cromwell fue instantánea. El hombre que había llegado aún más alto que Wolsey fue arrestado en junio de 1540, y poco después fue decapitado. Cranmer apuntó: «¿En quién confiará el rey a partir de ahora?». La respuesta era: en nadie. Catherine Howard no tardó en sufrir el mismo destino que Ana Bolena: su juvenil frivolidad y sus infidelidades no se acomodaron bien al irascible temperamento del monarca. Después de que se supiera que mantenía un amor adúltero con su primo, se le prohibió estar en presencia del rey y fue condenada sumariamente en 1542 y decapitada.

El rey estaba amargado y solo, convertido en un déspota paranoide y angustiado. Podía presumir de contar con cincuenta y seis residencias, incluido el palacio de Hampton Court de Wolsey, y un tesoro con más de 100.000 objetos preciosos. Al final de su vida emprendió la construcción de un palacio renacentista en Nonsuch, al sur de Londres, que pudiera rivalizar con el Fontainebleau del rey Francisco de Francia; su deslumbrante fachada, coronada con torreones y gallardetes, evocaba los días de gloria del Campo del Paño de Oro. Apenas residió allí y sobrevive únicamente en unos cuantos grabados. El celo legislativo de Enrique VIII siguió siendo frenético. En 1536 y 1543 aprobó leyes que fusionaban formalmente Gales e Inglaterra, dando por concluidos de este modo los privilegios de los señores de las Marcas y reemplazándolos por miembros del Parlamento. La ley «extirparía absolutamente todos y cada uno de los nefastos usos y costumbres» típicos de Gales, incluida su lengua. Los Tudor de Gales hicieron más por eliminar todo lo galés que cualquier Plantagenet. En 1541 se celebró una reunión parlamentaria en Dublín que aclamó a Enrique VIII como rey de Irlanda; y, dos años después, un tratado con Escocia firmado en Greenwich confirmaba que la reina María de los Escoceses, aún niña, se convertiría en la esposa de Eduardo, heredero del rey de Inglaterra, un episodio que fue conocido posteriormente como «el noviazgo grosero» (the Rough Wooing). Por primera vez, las naciones que componían las Islas Británicas se conformaban como una especie de unidad, como una nación en el caso de Inglaterra y Gales, como un solo reino en el caso de Irlanda, y como un futuro reino único en el caso de Escocia.

El rey tomó esposa por sexta vez: era una viuda del norte, de treinta y un años, y con ideas protestantes, llamada Catherine Parr. Era inteligente y tranquila, cuidó a Enrique VIII, protegió al heredero Eduardo y reconcilió al rey enfermo con sus hijas, María e Isabel.[12] El rey no pudo encontrar mucha paz. La sucesión al norte de la frontera, donde la joven María se convirtió en reina de Escocia acabó con el repudio del acuerdo matrimonial con el príncipe Eduardo y el compromiso con el heredero católico del trono de Francia, todo ello orquestado por su madre, María de Guisa, segunda esposa de Jacobo V, rey de Escocia. La consecuencia fue que Escocia se convertiría en súbdita de Francia, una provocación intolerable para cualquier rey de Inglaterra. Siempre se temió una invasión de Francia, y en 1544 Enrique VIII organizó un ejército que pasó a Francia y se hizo con Boulogne, al sur de Calais. La armadura de la campaña aún se conserva, y revela la enorme gordura del monarca. Se construyó una línea de bastiones a lo largo de la costa meridional de la isla que aún sobreviven en la actualidad, como en Hurst, Walmer y Deal. Un proyecto de ambición parecida, la ampliación de la fuerza naval, dio como resultado el galeón *Mary Rose*, que acabó en desastre en 1545, cuando zozobró y se hundió en el canal de Solent, frente a Southampton, durante una batalla contra los franceses y a la vista del rey.

Las fuerzas del rey menguaban rápidamente. A medida que se acercaba la muerte, parece que fue relajando su compromiso con la Reforma: fundó un monasterio en Bisham e incluso pidió que se rezaran unas misas por su alma. En su último discurso al Parlamento, en la Nochebuena de 1545, el rey no defendió ni la nueva ni la vieja religión, sino que abogó más bien por una reconciliación de ambas bajo una nueva y «nacionalizada» Iglesia de Inglaterra. Pero no fue un católico, sino su viejo aliado, el protestante Cranmer, quien lo asistió en la hora de la muerte, en 1547.

Enrique VIII mantuvo a raya a los dos pilares del estado medieval, la Iglesia y las baronías, colocando a ambos bajo lo que se podía considerar un gobierno con prerrogativas únicas y personales. Su declaración de supremacía sobre la Iglesia fue, para muchos contemporáneos del siglo XVII, saltar de la sartén del papado para caer en el fuego de una monarquía por la gracia de Dios, que tan bien explotaron los Estuardo. La batalla estaba planteada. Pero el ataque de Enrique VIII a la Iglesia de Roma y la disolución de los monasterios cambiaron para siempre el rostro del país. Su concepto de la meritocracia hizo ascender a abogados y administradores como Wolsey y Cromwell, a quienes la posición y la corrupción les permitió hacerse con tierras e influencia en la corte y en el Parlamento. Este giro en la distribución de la riqueza y, por tanto, en el equilibrio del «consentimiento» o aceptación del monarca supuso un gran obstáculo para la primera hija de Enrique, María, en su intento contrarreformista, pero ayudó a su segunda hija, Isabel, a dar marcha atrás. Enrique VIII hizo lo que muchos monarcas europeos consideraban impensable: desafió a Roma y sobrevivió. Fue uno de los grandes revolucionarios de Europa.

REFORMA Y CONTRARREFORMA
~
1547 – 1558

Tales eran los vaivenes de la monarquía hereditaria, que Enrique VIII, símbolo del poder real, dejó su corona a un enclenque de nueve años. El arzobispo Cranmer fue muy meticuloso a la hora de preparar a Eduardo VI (1547-1553)[1] para encabezar una monarquía protestante. Lo educó en la religión reformada, al cuidado de un tutor entregado, John Cheke. El muchacho era precoz, y estudió historia y teología, y copiaba abundantes notas durante los sermones. Hablaba francés e italiano, y era capaz de traducir a Cicerón al griego en el momento de su coronación. Cranmer se refería a él como «vicerregente de Dios y vicario de Cristo en sus dominios particulares». El nuevo rey podía ser un protestante fiel, pero las semillas del «derecho divino real», característica de los Estuardo, ya estaban sembradas.

El poder de la administración de Eduardo era enorme, pero ¿quién iba a manejarlo? El consejo de regentes de Enrique VIII se disolvió cuando el tío del rey, el nuevo duque de Somerset, se declaró a sí mismo Lord Protector del menor. Estaba en abierta enemistad con otro tío del rey, Thomas Seymour, que se ganó el favor del rey niño gracias al socorrido método de darle dinero subrepticiamente. Le advirtió que Somerset estaba dejándolo «como un rey pordiosero». Una noche, en 1549, Seymour fue demasiado lejos e intentó secuestrar a Eduardo, un crimen que solo pudo evitar un perro que ladró furiosamente a la puerta de la alcoba del rey. Seymour fue capturado y ejecutado. La princesa Isabel, a quien había cortejado en alguna ocasión, apuntó que era «hombre de mucho ingenio y escaso juicio». Ella misma se convertiría en una experta en dicha categoría.

Somerset resultó ser un gobernante incompetente. Se construyó un palacio extravagante junto al Támesis, donde hoy se encuentra Somerset House. Le declaró la guerra tanto a Francia como a Escocia, y devaluó la moneda para poder pagar las contiendas; y se enfrentó a la correspondiente subida de los precios de los alimentos fijando el precio del grano y reimplantando la prohibición de Wolsey sobre las tierras comunales para pastoreo ovino. Dijo que la nación debía defenderse «con la fuerza de los hombres [...] no con rebaños de ovejas». Se tomaron medidas drásticas para avanzar en la Reforma de la Iglesia y la iconoclasia.

Los evangélicos ahora exigían una reforma absoluta. La supresión de cruces y la anulación de altares se completaron con la eliminación de «todas las imágenes de piedra, madera, alabastro o cerámica, esculpidas, talladas o pintadas, que [...] estén en nichos o capillas». Los frescos y murales de las paredes se encalaron y se impusieron multas a quienes conservaran reliquias. Los nichos vacíos de miles de torres de iglesias inglesas fueron dolorosos testigos de la destrucción. Entretanto, el nuevo misal de Cranmer, que reproducía en rimbombante inglés lo que ya no se entendía en latín, se envió a todas las iglesias con la orden de que se utilizara ese libro de oraciones exclusivamente. Fue un gesto categórico de nacionalismo cultural.

En el verano de 1549 hubo algunas revueltas contra el gobierno de Somerset, en su mayoría, lideradas por simpatizantes católicos, en el oeste del país y en Norfolk. Los conservadores conspiraban para derrocar al rey y entregar la corona a su hermana mayor, católica: María. El consejo, dirigido por John Dudley, conde de Warwick, abandonó a Somerset y convocó la milicia de la City de Londres para arrestarlo y llevarlo a la Torre. Fue ejecutado en 1552. Warwick, galardonado con el ducado de

Northumberland, ocupó entonces el lugar de gobernador y mandatario de Inglaterra. El cambio no se sustanció en grandes mejoras en la calidad de gobierno. Parecía que el monarca era el único preocupado por contener el caos reinante. Él era un protestante radical que, a los once años, interrumpió a un obispo por invocar a «Dios, a todos los santos y a los evangelistas» y le dijo que bastaba con invocar a «Dios a través de Jesucristo». Pero mientras se despachaban las órdenes para reemplazar todos los altares con las mesas de comunión,[2] Eduardo expresó su tristeza ante tanta destrucción y convirtió un monasterio, el de Greyfriars en Londres, en la escuela Christ's Hospital. Incluso dio la bienvenida de nuevo a la corte a su hermana María, que respondió a su amabilidad procesionando por Londres con sacerdotes, cruces y rosarios. La Reforma en absoluto estaba asegurada.

Más adelante, en el verano de 1553, el rey, que ya contaba quince años y que parecía un firme candidato a ser un gobernante inteligente y un fiel custodio del legado de Enrique VIII, murió repentinamente de tisis. En su lecho de muerte, Northumberland insistió en que no nombrara como sucesora a María, tal y como Enrique VIII había ordenado, sino a su prima lady Jane Gray, de convicciones impecablemente protestantes. Y eso fue lo que hizo, obligando a María a huir al castillo de Framlingham en Suffolk, donde un levantamiento en su favor concitó un apoyo generalizado. Northumberland se acobardó. Se veía obligado a enfrentarse a un ejército de 10.000 hombres armados y, al tener solo un pequeño destacamento a su disposición, no tardó en capitular y, finalmente, aceptó como reina a María, que había cumplido los treinta y siete años. Aquello no lo favoreció y en el plazo de un mes ya había perdido la cabeza. Lady Jane Grey, despojada de una corona que le duró solo nueve días, fue encarcelada en la Torre de Londres. Los nobles pro-católicos y los señores rurales retomaron el poder.

María I de Inglaterra[3] (que gobernó entre 1553 y 1558) había crecido bajo la influencia de su maltratada madre española, Catalina de Aragón, y había vivido apartada en el seno de un séquito de mujeres tan conservador como un convento. Buscó el consejo de su primo, el emperador Carlos V de Habsburgo, para afrontar la tarea de gobernar y este le recomendó que devolviera la Iglesia de Inglaterra a la disciplina de Roma y que se casara con su hijo y heredero Felipe, el futuro Felipe II de España. Mary no necesitó muchos estímulos en ese sentido, y dijo que «ya estaba medio enamorada» de Felipe solo por haber visto su retrato. Un matrimonio semejante comprometía seriamente la Reforma de la Iglesia inglesa e implicaba que la corona inglesa se convirtiera en una institución subordinada al estado católico más poderoso de Europa: España.

La llamada Contrarreforma mariana significó que de la corte partieran nuevas instrucciones relativas a los calvarios y cristos, que debían tallarse de nuevo, y a los rituales que debían recuperarse, como las misas cantadas y la celebración de los días festivos o santos. Los obispos fieles a Eduardo, el anciano Cranmer, Latimer y Ridley fueron encarcelados en la Torre y acusados de herejía, igual que Isabel, la hermana protestante de María. Se cree que fue allí donde encontró y se enamoró del vástago del difunto Northumberland, el joven lord Robert Dudley. En 1554, una revuelta comandada por sir Thomas Wyatt contra el inminente matrimonio de la reina fue brutalmente aplastada y lady Jane Grey fue ejecutada por mandato real a modo de acción preventiva. Los principales partidarios protestantes temieron por sus vidas cuando, en 1554, Felipe de España llegó a Londres para la pedida de mano. Felipe era bajito y no hablaba inglés: y María no hablaba español. Las únicas palabras inglesas que dijo en público fueron: «*Good night, my lords all*» (Buenas noches, señores), cuando cogió del brazo a María y se la llevó a la alcoba para cumplir con su deber en la noche de bodas. Un miembro del séquito español dijo que «la reina no es en absoluto hermosa, sino enclenque y bastante débil [...] y no tiene cejas».

La Ley de Supremacía de Enrique VIII fue derogada y María prometió gobernar de acuerdo con la obediencia marital. Prometió ser «complaciente y obediente en la cama y en el trono». Sus hijos entroncarían la monarquía inglesa con la Casa de los Habsburgo, aunque María aseguró ante un Parlamento muy preocupado que sería «incapaz de permitir» la injerencia de Felipe en las decisiones concretas del gobierno inglés. Aunque María declaró enseguida que estaba embarazada, prácticamente nadie lo creyó, y Felipe enseguida supo que era una invención de una imaginación desesperada. A cabo de un año, el heredero español partió hacia Flandes y luego a España, y no volvió jamás, dejando destrozada a su esposa.

La reina procuró liberar a su reino de la herejía. En noviembre de 1555, el anciano Cranmer, que en su momento había dicho que María era una reina ilegítima por culpa del matrimonio «ilegal» de su madre, Catalina de Aragón, con Enrique VIII, fue cesado como arzobispo de Canterbury, e Inglaterra efectivamente quedó en manos del gobierno del legado papal, el cardenal Reginald Pole. El protestantismo se consideró una herejía y la herejía se equiparó a la traición: una reedición de las leyes de traición de Enrique VIII. Latimer y Ridley acabaron en la hoguera, en Oxford, y poco después les siguió Cranmer. Aunque este renunció formalmente al protestantismo, no se salvó. Al final, renunció a su renuncia, alargando dramáticamente hacia las llamas la mano con la que había firmado su retractación, y gritando: «Esta mano cometió el crimen. Oh, esta mano indigna».

María se convirtió en Bloody Mary (María Sangrienta o Sanguinaria) y favoreció la causa protestante con más de trescientos mártires (tantos como católicos había ejecutado su padre durante el Peregrinaje de la Gracia Divina). Todos ellos fueron celebrados más adelante en el famosísimo *Libro de los Mártires*,[4] de John Foxe. El conflicto religioso ahora se desarrollaba en cada parroquia y en cada aldea. El protestantismo podía parecerle a algunos un credo anodino y abstracto, pero había conseguido echar raíces durante las últimas dos décadas hasta convertirse en la Iglesia de Inglaterra. Por muy entrañable que resultara la antigua liturgia católica, había poco entusiasmo a la hora de devolverle la autoridad a Roma. Además, aunque la reina María restableció algunas abadías, incluida Westminster, la Inglaterra monástica había entregado sus riquezas a la nueva clase nobiliaria rural. Podían hacer como que rezaban en misa, pero incluso la propia María era consciente de que jamás devolverían a los monjes sus propiedades recién adquiridas.

En 1558 llegaron muy malas noticias del norte: la reina María de Escocia se había casado con el delfín de Francia, Francisco, que en aquel momento tenía catorce años, y se hablaba de escenas de gran esplendor en la catedral de Notre Dame de París. Edimburgo se sacudió con algaradas protestantes y Francia se adueñó de la última posesión inglesa en suelo francés: Calais. María, en Londres, estaba destrozada, y maldecía: «Cuando me muera y me abran, encontraréis el nombre de Calais grabado en mi corazón». El país protestante fundado por Enrique VIII frente a la tenaz oposición de Europa ahora afrontaba un terrible destino: Inglaterra podía tener un rey español y católico y Escocia un rey católico y francés.

Antes de que semejante perspectiva pudiera hacerse real, el juego de las herencias volvió a desempeñar un papel decisivo en la historia. En noviembre de 1558 María cayó enferma y siguió a su hermano a la tumba, concediendo la sucesión, a regañadientes, a su hermana Isabel. El obispo católico de Winchester, orando frente a su tumba, advirtió a todos los presentes que la Contrarreforma estaba en peligro. «No tardarán los lobos en salir de Ginebra [...] con sus libros, abarrotados de pestilentes doctrinas, blasfemias y herejías para infectar a los pueblos». Y tenía razón.

LA REINA ISABEL DE INGLATERRA: *GOOD QUEEN BESS*
~
1558-1603

El reinado de Isabel I (1558-1603) se considera a menudo como la Edad de Oro de Inglaterra.[1] Fue la Buena Reina Bess, o Gloriana, y representó una era de tolerancia, triunfo, amoríos y buen humor, fue la cuna de Shakespeare y del Renacimiento inglés. Es el momento en el que la historia de Inglaterra adquiere profundidad y se mueve desde un cuadro estático a una película en movimiento. Nos parece que conocemos a los isabelinos porque no conocemos a sus predecesores. Conocemos el interior de las casas y el estilo de sus ropajes. Su modo de hablar ha cambiado, y las fórmulas de Chaucer se han convertido en el glorioso estilo de Shakespeare, de los farragosos dialectos locales a una única lengua nacional. Mientras los monarcas anteriores se presentaban a menudo como caricaturas, ahora adquieren personalidades completas y complejas.

Isabel tenía veinticinco años cuando ascendió al trono. Su aspecto era impresionante: tenía unos ojos grandes, la piel blanca y un brillante pelo rojo. Empleaba abundante maquillaje y vestía con una extravagancia que encantaba a los retratistas e impresionaba a todos los que visitaban la corte. Su coronación, el 15 de enero de 1559, se llevó a cabo con un ritual protestante que ella misma confeccionó. Con cuidado e inteligencia, dejó abierta la cuestión relativa al tipo de Reforma que pretendía imponer. ¿Iba a ser la que dejó su padre en su último mensaje, una reforma de conciliación, o la reforma que exigían los extremistas y evangélicos que María había ahuyentado hacia la Europa calvinista y que ahora estaban regresando para renovar el puritanismo de Eduardo VI?

La respuesta inteligente de la reina fue que el pueblo inglés preferiría no tener una respuesta a esa pregunta antes que tener una que no le gustara en absoluto. Isabel se convirtió en la reina del equívoco, enfureciendo a menudo al Parlamento y a su consejero más cercano durante casi todo su reinado, William Cecil. Mientras que su padre había sido un gobernante activo, Isabel gobernó de un modo pasivo. Él dirigió una revolución, ella la consolidó. Pero conseguirlo exigía una férrea disciplina y dirimir una lucha personal. A lo largo de casi todo su reinado, Isabel estuvo en peligro y, a menudo, en guerra. Sin embargo, sigue estando junto con su padre entre los más grandes monarcas de Inglaterra. Añadió al trabajo del monarca una cualidad rara entre sus predecesores: una inteligencia natural.

Sobre un asunto concreto Isabel sí que fue clara. No habría vuelta atrás en lo que tocaba a la autoridad de Roma y reactivó las leyes de Enrique VIII sobre supremacía y uniformidad. Se iba a permitir la tolerancia en lo tocante a la ornamentación, las indumentarias y las ceremonias, pero la doctrina eclesiástica iba a ser el protestantismo, cuya redacción iba a encomendarse a un nuevo arzobispo, Matthew Parker, y que culminaría en los «Treinta y nueve artículos de fe anglicana» de 1563. Isabel era una mujer piadosa y conservó entre sus accesorios religiosos algunos de la vieja religión, como la cruz, pero estaba decidida a ser tolerante solo mientras su seguridad lo permitiera.

La siguiente cuestión para controlar la opinión pública era, ¿con quién debería casarse la reina? La bombardearon con ofertas, desde el emperador del Sacro Imperio hasta Eric de Suecia o el viudo de María, Felipe II de España, aparte de muchos otros pretendientes menores. Aunque era evidentemente una mujer apasionada, a la que le encantaba bailar y la compañía de jóvenes varones, veía el matrimonio como algo peligroso. Contaba con la advertencia que le proporcionaba la experiencia de su padre y de su madre. Un marido extranjero no haría más que embrollar las relaciones exteriores, mientras que con un inglés corría el riesgo de excitar las facciones y la rebelión. Isabel sabía que Inglaterra ya había tenido suficiente de lo uno y lo otro.

Ahí seguía el hombre al que había conocido en la Torre de Londres durante el reinado de María, lord Dudley. Tales eran los rumores sobre la pareja que, cuando en 1560, la mujer de Dudley, Amy, fue encontrada muerta a los pies de la escalera en su casa de campo, todos sospecharon de un complot. La reina se limitó a nombrar a Dudley conde de Leicester y caballero de la Jarretera, y cuando fue presionada por el Parlamento para que buscara marido de una vez, como ocurría frecuentemente, dijo que «gobernaría y moriría virgen». Inglaterra tendría «una amante, no una ama». En todo caso, se la escuchó decir que si en algún momento cambiara de opinión, escogería a Dudley, y él, sabiamente, se hizo con un chaleco a prueba de espadas. Él no se volvió a casar en los siguientes dieciocho años, y cuando lo hizo, se casó con Lettice Knollys, lo cual enfureció a la reina: prohibió a la mujer que se presentara en la corte. Dudley permaneció al lado de Isabel hasta su muerte, en 1588.

En 1559, Escocia desplegó toda su capacidad para crear problemas. Estalló una guerra civil religiosa entre el divino protestante, John Knox, recién regresado del exilio de Ginebra, y la católica María de Guisa, madre de María, reina de los escoceses, que tenía por aquel entonces diecisiete años y que estaba viviendo con su marido, el rey de Francia, en París. Los «Señores de la Congregación» de Knox llegaron a un acuerdo para «mantener, impulsar y afirmar la palabra de Dios y su congregación». La Reforma iba a imponerse al norte de la frontera de Inglaterra, aunque Knox disgustó a Isabel con una célebre referencia a los peligros de ser gobernados por «un monstruoso regimiento de mujeres». El conflicto culminó en 1560 con la expulsión de María de Guisa, seguida de la renuncia a Roma por parte de la primera asamblea eclesiástica de Escocia. Apenas habían tenido lugar todos estos acontecimientos, María, Reina de los Escoceses, se quedó viuda: habían pasado solo dos años de matrimonio con el rey de Francia, y regresó a Escocia para ocupar su puesto en Edimburgo.

María era bisnieta de Enrique VII y una de las pretendientes firmes al trono de Inglaterra; en los cuarteles de su escudo de armas se veían los leones y la flor de lis de Inglaterra y Francia. Fue una adolescente preciosa, y le encantaban los amoríos y las conspiraciones, para angustia de sus cortesanos y delicia de sus biógrafos. Primero se casó con un aventurero de los Estuardo, lord Darnley (de quien tuvo un hijo, James), que inmediatamente se postuló como el varón con más posibilidades a la hora de pretender los tronos de Escocia e Inglaterra. Un año después, Darnley fue asesinado y María se casó con su supuesto asesino, lord Bothwell. En el transcurso de los tres meses siguientes, la corte, desesperada, exigió que abdicara en favor de su hijo de un año y que huyera al exilio. Lo que hizo fue trasladarse al sur con la esperanza de que su prima Isabel le proporcionara algún refugio.

Isabel no se atrevió a rechazar a un familiar de la realeza, por mucho que el Parlamento lo considerara espantoso. Si le ocurría algo a la reina, María de Escocia, abiertamente católica y romana, conseguiría su objetivo, y eso era un imán para todo tipo de problemas y tensiones. Bajo la influencia de Cecil, el Parlamento le rogó a la reina que juzgara a María como sospechosa de traición. Fue arrestada pero permaneció cómodamente prisionera en el castillo de Sheffield, donde mil conspiraciones la rondaron. En 1569, los elementos procatólicos del norte, liderados por los condes de Northumberland y Westmorland, instigaron un complot contra Isabel y en favor de María. Su aliado, el duque de Norfolk, procatólico también, le ofreció imprudentemente su mano a María en matrimonio. La revuelta fracasó y Norfolk acabó en la Torre, donde, después de muchas dudas por parte de Isabel, fue ejecutado.

En 1570, Isabel fue excomulgada por el papa.[2] Un velo de sospecha se tendió entonces sobre los católicos ingleses cuando sus elementos más agresivos empezaron a jugar al gato y el ratón con el jefe del espionaje de Isabel, sir Francis Walsingham. Los católicos eran conocidos como disidentes. Fue una época de contraseñas y sociedades secretas, de los «cinco símbolos en tu puerta», paredes falsas y contubernios de jesuitas. Una casa de disidentes, la de Harvington en Worcestershire, tenía tantos escondrijos y agujeros como un queso holandés (y aún los tiene). Los ideó un carpintero, Nicholas Owen, tan astuto que solo lo pudieron atrapar en la casa en la que se escondía cuando la quemaron hasta los cimientos.

Isabel gobernó en parte como un monarca sajón, ostentando su persona y la fuerza de su gabinete mediante la táctica de realzar la figura y el poder real. Ella y sus cortesanos viajaron por los condados de Inglaterra, sobre todo por el sur, que era una zona más segura, obligando a sus súbditos adinerados a adornarse con una lujosa hospitalidad con el fin de tener en el futuro algunas prebendas. En Kenilworth, en julio de 1575, Leicester, su favorito, le proporcionó diecinueve días de poemas, obras de teatro, fuegos artificiales, luchas sangrientas de osos y jaurías de perros, caza y batallas acuáticas en el lago. Durante esos días pararon el gran reloj del castillo. Cuando la reina visitó a sir Thomas Gresham, un banquero de la City, en su casa de Osterley, en Middlesex, la reina sugirió después de cenar que el patio «estaría más hermoso» con una pared que lo dividiera por la mitad. Cuando la soberana se despertó por la mañana, el muro ya estaba construido.[3] Otros nobles menos ricos se excusarían con fallecimientos, obras en los palacios, enfermedades, o cualquier otra cosa con tal de evitar el desastre financiero de una visita real.

Durante diez años la reina y su siempre prudente Cecil mantuvieron a Inglaterra libre de las guerras dinásticas y religiosas que se extendieron por toda Europa. Aunque Isabel simpatizaba con los protestantes del norte, era muy reacia a enviarles ayuda y a enfrentarse con los estados católicos, con los que Inglaterra no mantenía ninguna disputa. En 1572, semejantes cautelas no iban a servir de nada ante la masacre del día de San Bartolomé, en Francia. Alrededor de 40.000 hugonotes fueron asesinados por instigación de Catalina de Medici y miles tuvieron que buscar refugio en un Londres donde corrían como la pólvora las historias de las atrocidades católicas.

Los protestantes de Europa suplicaron ayuda a Inglaterra. Isabel se negó, decidida a mantener las buenas relaciones tanto con Francia como con España. Su única concesión, egoísta e interesada, fue hacer la vista gorda a las fanfarronadas de los capitanes marinos ingleses, tales como Francis Drake o John Hawkins, que mezclaron la autorización real para la exploración con el pirateo lucrativo contra los galeones españoles procedentes del Nuevo Mundo. Todo aquello culminó con el épico viaje de Drake, que comenzó en 1577, rodeando la costa oriental y occidental de América y cruzando el Océano Índico en una vuelta al mundo durante la cual, de paso, fue robándole el oro a los españoles.

Poco a poco Inglaterra se vio enredada en los conflictos europeos que tanto Isabel como Cecil, ahora elevado a la noble dignidad de lord Burghley, habían intentado evitar. A la vista de las alianzas antiprotestantes que se conformaron contra ella, Isabel aceptó en 1577 un tratado con Holanda y, abandonando todas las promesas anteriores, aceptó la idea de un matrimonio diplomático con el heredero al trono de Francia, el duque de Anjou. La estrafalaria proposición se tambaleó cuando le dijeron al duque que tendría que olvidarse de la misa católica, a lo que él educadamente sugirió que Isabel se casara con su hermano menor, el poco atractivo duque de Alençon. El duque tenía la mitad de años que Isabel y fama de ser «la rana que quería ir a cortejar».[4] Cuando se publicó un panfleto ridiculizando el matrimonio, la reina ordenó que le cortaran la mano al autor. Solo dos años después reconoció que semejante alianza habría sido intolerable para su consejo y para su pueblo. Desde entonces, las opiniones se han dividido entre los que piensan que aquella aventura matrimonial fue producto de la abnegación diplomática y los que creen que fue la fantasía sexual de una solterona de cuarenta y seis años.[5]

La Europa católica se consumía ahora con una nueva versión del problema que en su momento planteó Enrique II: ¿quién y cómo librarse de esa reina hereje? «Es solo una mujer, es solo la dueña de media isla», protestaba el papa Sixto V. En 1584 las relaciones de Inglaterra con España habían degenerado hasta convertirse en una incesante cascada de conspiraciones procatólicas en el interior y ataques piratas contra barcos españoles en los mares. En medio de un terror histérico a una invasión, miles de ingleses se adhirieron al documento llamado Vínculo Común (Bond of Association) que pretendía defender a la reina y al protestantismo contra todos los católicos. Un año después, Isabel abandonó su política de no intervención y permitió que el siempre ambicioso duque de Leicester comandara un ejército en los Países Bajos para luchar contra los españoles, aunque se enfureció cuando Robert Dudley aceptó de inmediato ser gobernador general de los estados holandeses, con lo cual Inglaterra se implicaba definitivamente en su defensa contra España. La reina solicitó formal y públicamente que dimitiera de ese cargo.

En 1586, cuando se supo que España estaba preparando una Armada, Isabel se vio obligada finalmente a afrontar la amenaza que representaba María. El diligente Walsingham descubrió un complot orquestado por Anthony Babington para asesinar a Isabel en favor de María, supuestamente con la connivencia de la propia María: todo acontecería coincidiendo con la invasión española de la isla. Ambas cámaras del Parlamento solicitaron la condena a muerte de María, porque «perdonarla es arruinarnos». Incluso después de que hubieran considerado culpable a María y la reina hubiera firmado una autorización para ejecutarla, Isabel no se atrevió a ordenar que semejante castigo se llevara a cabo. El consejo real decidió actuar en su nombre. María fue declarada convicta de traición en el castillo de Fotheringhay y subió al patíbulo colocado en el fabuloso salón, mientras recitaba dramáticamente un salmo; iba vestida de terciopelo negro con los forros rojos del martirio católico. Después de que le cortaran la cabeza, hubo que separar a la fuerza a su perro, que solo quería refugiarse bajo su vestido. Isabel cayó en un estado de dolor y delirios, y acabó metiendo en prisión al desafortunado burócrata que había activado su autorización.

Aquel ultraje a la Europa católica incitó a Felipe II de España a lanzar su «empresa de Inglaterra», un intento de quedarse con el trono (como viudo legítimo de María I). Irlanda estaba preparada para levantarse en rebelión y Escocia seguía dispuesta a «dejar que los extranjeros entraran en Inglaterra por la puerta de atrás». En abril de 1587, Drake navegó hasta Cádiz y se internó audazmente en su puerto para destruir sistemáticamente buena parte de la flota de guerra de Felipe II, hasta treinta galeones; fanfarroneó diciendo que le había «chamuscado la barba al rey de España». Felipe II tuvo que esperar otro año para reparar los daños antes de enviar a la Armada bajo el noble (pero inexperto) duque de Medina Sidonia. Se echaron a la mar en julio de 1588: fue el ataque a Inglaterra más importante desde la época de los vikingos, con 151 barcos, 8.000 marineros y 18.000 soldados.

El plan de la Armada era llegar hasta los Países Bajos para recoger allí al ejército del príncipe de Parma, que aguardaba en Flandes con 30.000 soldados. Cuando se dirigía a Flandes por el Canal de la Mancha, la armada inglesa, que aguardaba con sus barcos más pequeños pero también más rápidos, «desplumaron»[6] a los españoles, pero no hicieron más que obligarlos a apartarse de la costa. En Calais, Medina Sidonia descubrió que Parma no estaba en disposición de embarcar a sus hombres y tuvo que amarrar la flota en una posición de mucha vulnerabilidad frente al fuego de los barcos ingleses cargados con pólvora. Las naves inglesas se abalanzaron contra las líneas españolas y obligaron a la Armada a romper amarras y huir. Los perseguidores ingleses alcanzaron a las naves españolas frente a las costas de Gravelinas, donde las masacraron: se dijo que los galeones llevaban más curas que artilleros. Entretanto, Isabel, ataviada con una coraza de plata, fue a Tilbury para arengar a su armada reunida bajo el mando de Leicester. Se asegura que dijo: «Tengo el cuerpo de una mujer débil y vulnerable, pero tengo el corazón y los redaños de un rey, y de un rey de Inglaterra además [...]. Antes que tolerar que el deshonor recayera sobre mí, me levantaría en armas: yo misma seré vuestro general, vuestro caudillo y vuestro galardón». Lo cierto es que en esta ocasión no fue necesaria semejante intervención. El duque de Medina Sidonia huyó hacia el Mar del Norte, perdiendo aún más barcos en las costas de Escocia y de Irlanda. Apenas sesenta naves pudieron regresar a España. Inglaterra no había perdido ni un barco. La Armada Invencible, a pesar de toda la gloria que le proporcionó a Isabel I, reveló que Inglaterra era vulnerable a los ataques exteriores, que sus defensas costeras eran prácticamente inútiles y que su armada estaba casi tan mal equipada como la española. Fue una suerte que la Armada Invencible no volviera a intentarlo.

El año 1588 marcó un punto de inflexión en el reinado de Isabel. La reina María de los Escoceses murió, España fue repelida y Enrique de Navarra, protestante, se convirtió en el heredero del trono francés. La reina recibió el encomio público, ensalzada como *Gloriana* por el poeta Edmund Spenser en su saga *La reina de las hadas:* «Oh, diosa de brillo celestial / espejo de gracia y majestad divina, / excelsa dama de la Isla gloriosa…».[7] La corte asistió entonces a una repetición de las extravagancias caballerescas de Eduardo III, expresadas en la glorificación del soldado-poeta sir Philip Sidney, muerto en combate con los españoles. También habían comenzado a asentarse, gracias a su riqueza, una aristocracia terrateniente y una pudiente clase de comerciantes, surgidas tras el desmantelamiento monástico: los palacios ya no se construían a expensas del monarca, sino a expensas de los ricos y para complacer al monarca. Las casas que se hacían para vivir se convirtieron en casas para enseñarlas. Longleat, Hardwick, Burghley o Wollaton mostraban el esplendor del renacimiento Tudor, simétrico y adornado con torres, barandas con celosías, columnas y decoración de intrincada lacería. El cortesano Christopher Hatton construyó Kirby y Holdenby en los Midlands, para honrar a una reina que jamás fue a visitar esos lugares. Otro admirador, Edmund Harman, hizo adornar su monumento funerario en la iglesia de Burford con figuras de indios americanos para mostrar el orgullo de haber triunfado en el negocio de lana de Cotswold.[8]

En 1588 Isabel perdió a su amado Leicester, a quien ella llamaba «mis ojos». Se encerró durante días al saber de su muerte, hasta que Burghley echó abajo la puerta de su habitación. Isabel guardó hasta su muerte la última carta de Leicester. Robert Dudley, conde de Leicester, compartió con Burghley la preeminencia en la corte de Isabel, pero mientras este último se consideraba un consejero inteligente y desinteresado, sobre Leicester caben algunas dudas. Vanidoso en muchos sentidos, intrigante y temerario, pudo sobrevivir y pudo ingeniárselas para aprovechar la apasionada naturaleza de la reina sin desestabilizar el reino. Con su fallecimiento, algo de la brillantez de Isabel se apagó. El «retrato de la Armada» la presenta con un estilo imperial, con la mano reposando en un globo terráqueo, como si fuera suyo, y luciendo un collar de seiscientas perlas que le regaló Leicester. Se estaba acercando a los sesenta años y había perdido su prudencia política. En 1589 envió a Drake a acabar con los restos de la Armada Invencible y regresó habiendo fracasado. También fracasó en su negocio paralelo de la piratería, en el que la reina había invertido su caudal personal. Otros fiascos parecidos, debidos a Hawkins y sir Walter Raleigh,[9] aumentaron el enojo de la reina con los imprudentes jóvenes galantes que atestaban su corte.

Sin embargo, los consentía. El nuevo favorito era ahora el impulsivo hijastro de Leicester, el conde de Essex, que en 1591 la convenció para que lo enviara a ayudar al rey de Francia, Enrique II, aliado con los calvinistas, frente a la Liga Católica. La empresa, teóricamente esencial para la defensa del reino tras lo ocurrido con la Armada Invencible, acabó en fiasco y la reina juró que jamás volvería a enviar a Essex fuera del país. En 1598 murió Burghley, con lo cual desapareció la prudencia que había contrarrestado la influencia belicosa de Walsingham y Leicester en el consejo real. Un año después, la sagacidad cada vez menor de la reina permitió que se rindiera a la petulancia del conde de Essex y le dejara capitanear el ejército más grande jamás enviado a Irlanda, 16.000 hombres, para enfrentarse a Hugh O'Neill, conde de Tyrone y monarca sin corona de Irlanda.

Pero Essex era un militar muy torpe. Aprovechó el permiso de la reina para repartir honores entre sus favoritos. Se decía que «nunca había desenvainado la espada, salvo para ordenar caballeros», y cuando se vio superado por Tyrone, suplicó la paz. En una conversación privada con el líder irlandés, Tyrone le prometió toda Irlanda, mientras él regresaría y se haría con el control de Inglaterra «en nombre de la reina». Abandonó a su ejército sin un capitán y regresó a Inglaterra para defender el acuerdo ante la reina; se atrevió a molestarla cuando aún estaba en camisón, en Nonsuch. Isabel I no podía aceptarlo. Fue arrestado por deserción y destituido; al final, en 1601, acabó conspirando y urdiendo un golpe de estado en alianza con los católicos y otros disidentes. Su enemigo, Robert Cecil, hijo de Burghley y en esos momentos primer ministro, intentó darle el golpe de gracia. En el juicio por traición a Essex, Cecil cargó contra los cortesanos de la reina anciana, por su «gusto por las trivialidades, su falsa nobleza y su aire de espadachines», y condenó su deshonestidad y traición. A Essex le cortaron la cabeza.

Mientras todos estos acontecimientos tenían lugar, el crepúsculo del reinado de Isabel se vio iluminado por la deslumbrante estrella de Shakespeare. Igual que Beda el Venerable había abierto una ventana en la Edad Oscura y Chaucer en la Baja Edad Media, así el «bardo de Avon» mostró la Inglaterra isabelina como un espectáculo de sensibilidad humanística. Aunque escribía poesía para clientes particulares, sus obras se representaron sobre todo en los teatros londinenses para un público que pagaba por asistir. Fue un genio teatral que, en la mayor parte de Europa, solo se habría codeado con una élite, pero que en Inglaterra compartió su talento con todos aquellos que se permitían ir al teatro. Shakespeare escribió sobre la política en el medievo inglés como una metáfora del reino de Isabel I, y utilizó el pasado para glorificar o expiar el presente, sobre todo en los personajes de Enrique IV, Enrique V y Ricardo III. Los personajes ficticios, como Hamlet, Shylock, Malvolio o Falstaff parecen tan cercanos que perfectamente pueden representarse con atuendos actuales y modernos. A través de ellos, todo el mundo hasta nuestros días está familiarizado con las voces, las emociones, la imaginación y las turbulencias del espíritu humano que se dieron en la Inglaterra isabelina.

Al doblar el siglo XVII, la reina Isabel aparece como una figura solitaria. Sus favoritos habían muerto, o la habían traicionado, o ambas cosas. Sus empresas en el extranjero habían agotado las arcas del Tesoro y sus capitanes, a pesar de aquella fanfarronería de piratas, habían tenido muy poca trascendencia y un mínimo impacto en el crecimiento de los imperios de España y Portugal. Para la mayor parte de Europa, Inglaterra era una enorme molestia, más que una gran potencia. Cuando en 1601 el Parlamento lamentó que la reina estuviera vendiendo monopolios comerciales a sus cortesanos, la monarca —entonces tenía ya sesenta y siete años— replicó en su «discurso dorado» que ella no era una «aprovechada codiciosa de migajas», sino que detentaba una corona muy onerosa. Concluyó el último discurso de su reinado con las siguientes palabras: «Aunque habéis tenido, y podréis tener, muchos príncipes más poderosos y más sabios en este trono, jamás tuvisteis, y jamás tendréis, ninguno que os ame más». El amor fue la palabra mágica de Isabel para asegurar la aceptación mutua.

El 24 de marzo de 1603, Isabel I de Inglaterra murió en el palacio de su abuelo en Richmond, diciendo que «nadie, salvo» Jacobo, hijo de María, reina de los escoceses, de treinta y seis años de edad, y protestante, debería sucederla en el trono. Aunque su reinado se había agotado ya, murió siendo una reina adorada y llorada. Su oración privada fue un epitafio muy adecuado: «Mientras que las guerras y las sediciones, y las dolorosas persecuciones han amargado a todos los reyes y países de mi alrededor, mi reino ha estado en paz, y mi país ha sido un refugio para la Iglesia perseguida». Había fijado para siempre la supremacía de la corona en la imagen de su padre y había unido a la nación inglesa con esos lazos. Había traído paz y esplendor a su país. Isabel I fue seguramente la gobernante más importante de Inglaterra.

LOS PRIMEROS ESTUARDO
~
1603 – 1642

La mayoría de la gente que conoció a Jacobo I (1603-1625)[1] cuando se trasladó al sur en el verano de 1603 solo había conocido a una monarca: Isabel I. La lealtad a la reina había conseguido suavizar los conflictos derivados de la Reforma de Enrique VIII. Superando los límites conocidos de la aldea y la ciudad a los que solía aferrarse el ciudadano inglés, la reina había conseguido encarnar a una Inglaterra unida y una nación en paz, al menos consigo misma. Isabel disfrutó de lo que Macauley[2] llamaba «la adoración a los reyes de Inglaterra», un acuerdo entre el pueblo y el monarca que la reina inteligentemente identificó como una alianza de amor entre ella y su país.

¿Cómo iba a compararse Jacobo con ella? Él era un hombre bajito, provinciano, un estudioso acomplejado y de escasa disciplina. Su infancia había sido espantosa. Su padre fue asesinado, probablemente por su propia madre, María, reina de los escoceses, que a su vez había sido ejecutada por los ingleses a los que ahora él iba a gobernar. Fue rey de Escocia siendo niño y había sobrevivido a cuatro regentes que murieron violentamente a su lado, eso por no mencionar un atentado contra su vida, el sádico que tuvo como tutor y una conspiración de brujas contra su persona.[3] Para los ingleses, Jacobo era un intruso de un estado extranjero. Cecil, temeroso de los complots españoles, le aconsejó vivamente que se trasladara al sur.

En su traslado hacia Londres, Jacobo fue alojando a su séquito «de escoceses groseros y pordioseros» en los palacios de los nobles ingleses, dispensando sus nuevos privilegios a voluntad. Hizo colgar a un hombre sin juicio en Newmark y nombró caballero a todos los anfitriones que se lo pidieron. En Londres, el nuevo rey señaló una ruptura respecto al pasado. Tras los últimos y desastrados años del reinado de Isabel, él hizo de Londres una gran fiesta. La celebrada compañía de Shakespeare quedó bajo la protección y el patrocinio real y sus miembros se convirtieron en los Actores del Rey. Jacobo I también fue mecenas de John Donne, de Ben Jonson y del compositor Orlando Gibbons. Se organizaron mascaradas de asuntos clásicos a cargo de Inigo Jones, como la que se celebró en la exquisita Queen's House de Greenwich, de estilo italianizante (Jones fue también su arquitecto), un regalo de Jacobo a su esposa danesa Ana.[4] Lo que se acabó llamando arquitectura jacobina se difundió por todas las mansiones y casonas del campo, con amplias galerías acristaladas que daban a parterres de jardines formales.

El nuevo reinado comenzó con la mejor de las intenciones. En una reunión celebrada en Somerset House, un año después de la coronación, Jacobo logró lo que Isabel no había podido conseguir: la paz con España. El acuerdo acalló las exigencias españolas de una restauración católica en Inglaterra a cambio del final de los ataques ingleses a intereses españoles en Europa y América. Ese mismo año, Jacobo declaró una monarquía única para Inglaterra y Escocia, cuya unión sería conocida como «Gran Bretaña», con una bandera distintiva cuyo nombre se puso a partir de la abreviatura de su nombre latino, la Union Jack;[5] sin embargo, el rey fue incapaz de reunir a las dos naciones en un solo Parlamento, igual que tampoco pudo conseguir hacer entrar en vereda a Irlanda.

Finalmente, en 1604, el rey convocó a los representantes de los obispados y a los puritanos en Hampton Court con la esperanza de poner fin al conflicto existente entre ellos. El monarca no era desde luego un juez completamente imparcial. A pesar de haber tenido una educación calvinista, era un «episcopaliano», es decir, reconocía la autoridad de los obispos. Advirtió claramente a todo el que le quiso oír que si los obispos eran reemplazados por asambleas, «Fulano, Zutano y Mengano se reunirían en cualquier parte y, a su antojo, podrían censurarlo a él y a su consejo real». Eso sería lo mismo que estar en una república parlamentaria. En todo caso, la conferencia de Hampton Court reconstituyó una Iglesia de Inglaterra que se ha mantenido inamovible desde entonces. Los obispos anglicanos también consolidaron su posición. Asuntos tales como el bautismo, la ordenación y el papel civil de la Iglesia también se acordaron. Jacobo también exigió una nueva traducción de la Biblia, que acabó publicándose en 1611, en la que participaron al menos cincuenta y cuatro eruditos y que fue revisada por una comisión especial de doce especialistas. Aunque estaba basada en las traducciones anteriores, las biblias de Tyndale y Coverdale, la de Jacobo I (King James Bible) sigue siendo una de las obras maestras de la literatura inglesa y una apoteosis del trabajo compartido. «Sus palabras resuenan en nuestros oídos», dijo el teólogo victoriano Frederick Faber, «como una música que no puede olvidarse, como el sonido de las campanas de la iglesia, al que el hombre piadoso nunca podrá renunciar».

En lo que se refiere a la diplomacia eclesiástica, Hampton Court tuvo menos éxito. Mientras que Isabel convenció a ambas partes de su apoyo, Jacobo dejó descontentos a unos y a otros. Sus modales intimidatorios y bravucones sobrepasaron los asuntos teológicos para alcanzar aspectos relativos al bienestar de la nación, con un tratado en el que se oponía a la costumbre de fumar tabaco, un hábito «repugnante a la vista, asqueroso al olfato, dañino para el cerebro». La intolerancia de Jacobo también alcanzó a los católicos, que fueron excluidos de la conferencia de Hampton Court. En 1605, un grupo de ellos reaccionó a la negativa real de escuchar sus súplicas y dio el drástico paso de conspirar para volar el Parlamento. Solo cuando uno de los conspiradores advirtió a un amigo que permaneciera alejado de allí la noche del 5 de noviembre, se registró todo el edificio del Parlamento y se descubrió a Guy Fawkes con cuarenta barriles de pólvora escondidos en los sótanos. Hay pocas dudas de que, si hubieran explotado, el rey y la clase dirigente de Inglaterra habrían volado por los aires. Se evitó una espantosa matanza.

La venganza fue feroz. El juicio contra los conspiradores concluyó que «por la admirable Clemencia y Moderación del Rey [...] le ha complacido graciosamente proporcionarles, además de un enjuiciamiento ordinario, un castigo ordinario mucho menor al que merecerían sus delitos». Este castigo ordinario significaba que cada condenado iba a ser arrastrado por un caballo, y luego colgado, que se le despedazaría vivo, que «se le cortarían sus partes privadas y se quemarían en su cara, como símbolo de que eran seres indignos de engendrar y demasiado viles para traer hijos al mundo. Se le sacaron las entrañas y las vísceras y se quemaron [...], y después se le cortó la cabeza». Luego, se descuartizó el cuerpo. Si este era un castigo ordinario, solo cabe preguntarse en qué consistiría un castigo «extraordinario».

La bomba de Fawkes no explotó, pero se encendió una espoleta distinta: la del frenesí anticatólico. Para demostrar su supuesta imparcialidad, Jacobo persiguió a los católicos y a los puritanos radicales del mismo modo. La Iglesia de Inglaterra identificó la «uniformidad» con la seguridad nacional y trató la disidencia como traición. Como consecuencia, se produjo una ola de emigración hacia el Nuevo Mundo. Comenzó en 1607 con la desgraciada colonia de John Smith en Jamestown (Virginia), a la que se le puso el nombre del rey; culminó el éxodo trece años después, con los llamados Pilgrim Fathers y el *Mayflower*.[6] Cuando estaba a punto de concluir el reinado de Jacobo, al menos 80.000 ingleses habían cruzado el Atlántico en una de las migraciones más importantes de la historia.

Jacobo consideraba el Parlamento como un derrochador compulsivo consideraría a un fastidioso director de banco, al que se ignora siempre, salvo en tiempos de necesidad, y aun en ese caso, se le trata de malos modos. Y los tiempos que corrían eran de gran necesidad. El rey sufría la maldición de la Casa de los Estuardo: extravagancia y frivolidad unidas a un antagonismo visceral hacia el Parlamento cuando este le negaba fondos económicos. Le dijo al Parlamento que los privilegios de la institución dependían de él y que eran una «cuestión de gracia». Su derecho divino a gobernar no era tema negociable. ¿O acaso no había escrito un libro sobre el tema en el que sentenciaba explícitamente que «a los reyes se les llama dioses, y son elegidos por Dios y responden solo ante Dios»? Aquellos que le planteaban incomodidades o impedimentos estaban «escupiendo a la cara de Dios». El Parlamento se disculpó por opinar de un modo distinto, con una nota de descargo en la que se explicaba que los mencionados privilegios «son fruto de un pacto indefinido [...] y una vez que se pierden no se recuperan sino con mucho sufrimiento».

Después de 1614, un Jacobo enfurecido con la institución ni siquiera lo convocó durante los siete años siguientes, y volvió a fuentes de ingresos que no dependieran de los Comunes. Vendió honores igual que Enrique VIII vendió monasterios. Se inventó algunos títulos hereditarios menores (como el *baronet*) que vendía por 1.095 libras, diciendo que dicho dinero servía para sufragar a las tropas de Irlanda. Al final de su reinado estaba vendiendo títulos de caballero por solo 200 libras. Pero no pudo escapar a sus censores. El lord procurador general y juez primero del Tribunal Supremo de Inglaterra, sir Edward Coke, uno de los primeros grandes exponentes de la ley civil frente al absolutismo real, declaró que incluso el rey estaba sometido a la ley: «El rey no puede sacar ninguna causa de los tribunales y juzgarla por su cuenta [...]; el rey no debe estar por debajo de ningún hombre, pero ha de estar por debajo de Dios y de la Ley». En 1616, Jacobo lo destituyó, pero no pudo refutar su argumentación.

Robert Cecil, consejero real desde 1590, había muerto en 1612, igual que el aclamadísimo heredero al trono, Enrique Estuardo, que falleció de fiebres tifoideas a la edad de dieciocho años. El sucesor de Enrique fue su hermano menor Carlos. La corte, por aquel entonces, estaba dominada por el bello George Villiers, duque de Buckingham, que hipnotizó completamente al rey, el cual lo llamaba «mi dulce y querido Steenie».[7] Las costumbres cortesanas adquirieron un glamur extravagante, tal y como las pintó el artista William Larkin, con indumentarias de elegancia y brillantez insólitas. Los hombres ingleses jamás fueron vestidos con unas indumentarias tan adornadas y deslumbrantes, con cuellos de puntillas como alas, bombachos voluminosos, medias bordadas y zapatos con gigantescos pompones. Obligado a reunir al Parlamento para obtener fondos en 1621, el rey se encontró con una asamblea intransigente y que le exigía unirse a la alianza protestante europea contra España. Jacobo buscó imprudentemente la ayuda del país católico, jugueteando abiertamente con el embajador español. A petición de España, el rey ya había ordenado ejecutar a Walter Raleigh, que llevaba en la Torre de Londres desde el reinado de Isabel I, en teoría por traición.

En 1623, Jacobo dio el visto bueno a una idea descabellada de su hijo y del duque de Buckingham: viajar a Madrid con la idea de casar al heredero Carlos con la infanta española María Ana, hija menor de Felipe III. Los dos jóvenes ofrecieron a la monarquía española una conversión general de Inglaterra al catolicismo, o al menos garantizar que los siguientes monarcas serían católicos, una sugerencia extraordinaria en un lugar donde aún se recordaba vivamente lo que había ocurrido con la Armada Invencible. A la infanta le repugnó de inmediato el príncipe inglés, al que el rey español acabó diciéndole que tendría que asistir a misa durante un año y residir en Madrid en periodo de prueba si quería tener la mano de su hija. Los dos ingleses huyeron de Madrid.

El rey Jacobo ya estaba enfermo y el duque de Buckingham, con Carlos firmemente sometido a su influencia, estaba jugando con fuego. En un giro sorprendente, optó por defender una guerra contra España, volvió la mirada hacia Francia y encontró para Carlos una mujer en la figura de la hija del rey francés, Henrietta María, de quince años, una niña presumida de metro y medio de altura cuyos dientes, según se decía, «salían de su boca como colmillos». Antes de poder arreglar cualquier matrimonio del príncipe, Jacobo I murió en 1625, llevándose consigo el comentario de un cortesano francés, según el cual el rey había sido el «loco más sabio de la Cristiandad». Al principio había actuado como un intelectual sobrio y había intentado resolver los conflictos propios del estado heredado de Isabel, pero un país plagado de variedades religiosas requería a un estadista más sutil que Jacobo. El país tampoco podía tolerar ya su creencia en una monarquía divina que no tardaría en colisionar con el Parlamento y con el pueblo.

El hijo de Jacobo, Carlos I (1625-1649) fue un hombre culto aunque irresoluto.[8] Compensaba su escasa estatura y su tartamudeo con un apasionado amor por el arte y una adhesión inquebrantable a la creencia de su padre en el designio divino para ser rey. Fue mecenas de Rubens y de Van Dyck, y acumuló una de las colecciones de arte más grandes de Europa. Rubens decía que, de todos los príncipes del mundo, Carlos I era «el mayor amante de la pintura». Se casó por poderes con Henrietta María de Francia, pero hasta muy poco antes de su coronación los londinenses no pudieron ser testigos (con gran pesar) de la llegada de la nueva reina, con un enorme séquito de doscientos curas y papistas franceses. La prometida consiguió enfurecer al detenerse en Tyburn para rezar por las almas de los mártires católicos. En calidad de católica practicante, ella y su comitiva no podían estar presentes en la ceremonia de coronación, y Carlos ordenó a sus guardias que limitaran a siete el número de consejeros de la reina destinados a funciones de estado.

Cuando el nuevo rey se dirigió al Parlamento, los reunidos recibieron con alivio la brevedad del rey, después de su locuaz padre, pero les sorprendió que exigiera una subvención mucho mayor. Los comunes tenían fuertes convicciones protestantes y estaban controlados por independientes como John Pym o John Eliot. Ellos fueron los que denegaron la renta que recibía el rey procedente de los derechos comerciales más de una vez al año y debatieron la destitución oficial del duque de Buckingham, que aún conservaba su influencia sobre rey. La confrontación acabó con la redacción del documento constitucional sobre libertades políticas más explícito desde la Carta Magna: la llamada Petición de Derechos de 1628. Fue avalada por el indomable Coke, que declaró que «la Carta Magna es un individuo tal que no tendrá soberano». La Petición de Derechos decía que el rey no podía encarcelar a nadie sin juicio ni recaudar impuestos sin la conformidad de los Comunes. Tampoco podría imponer su prerrogativa sobre el Parlamento ni mantener un ejército permanente. La petición sirvió como piedra angular de todas las declaraciones posteriores de derechos civiles, incluida la de la independencia americana. Carlos despreció la Petición argumentando que «los reyes no están obligados a rendir cuentas de sus acciones ante nadie, solo ante Dios».

Ese mismo año de 1628, el duque de Buckingham fue apuñalado hasta la muerte en Portsmouth, un episodio que al parecer impulsó al rey, después de cuatro años de matrimonio, a prestarle un poco de atención a la reina. Le dio un heredero, llamado también Carlos. En 1629 el rey disolvió el Parlamento y no volvió a convocar otro hasta once años después, un periodo que algunos denominan «gobierno personal» y otros «tiranía». En cuanto a los consejos políticos, Carlos confiaba en el arzobispo de Canterbury, el conservador William Laud, y en un antiguo parlamentario, Thomas Wentworth, conde de Strafford. Este último fue enviado a pacificar Irlanda y regresó, como muchos a los que encomendaron esa tarea, con la reputación de ser un sanguinario, y con un apodo: Black Tom.

El episodio de «la tiranía» fue el último intento firme de demostrar la soberanía monárquica inglesa. Carlos podía vivir sin el Parlamento, pero no sin dinero. En 1635 el rey empleó su prerrogativa para imponer uno de los pocos aranceles que quedaban fuera del control parlamentario, el «impuesto naval» a las ciudades costeras a cambio de su defensa. El rey lo declaró un impuesto nacional. Un antiguo parlamentario por Buckinghamshire, John Hampden, se negó a pagarlo. «Entréguese esto [al rey]», escribió el radical Milton en su momento, «y el Parlamento no tendrá más libertad que si se pone una soga al cuello». Cuando en el juicio que hubo a continuación el tribunal falló a favor del rey, Henrietta María reaccionó con gran alborozo, organizando un complicado ballet en el que ella bailaba interpretando a Luminalia, es decir, la luz que vence a la oscuridad.[9] Aquellos fastos no aumentaron precisamente la popularidad de la reina ni la de los impuestos. El impuesto naval resultó finalmente imposible de recaudar; en 1639 solo se había conseguido reunir el 20 por ciento de lo previsto.

En 1637, cuando el rey Carlos intentó imponer el nuevo breviario reformado de William Laud[10] a los súbditos escoceses, la medida desembocó en algaradas callejeras en Edimburgo y en un «conciliábulo» presbiteriano *(the Covenant)* contra los obispos. A pesar de las súplicas de Thomas Wentworth, el conde de Strafford, Carlos declaró una «guerra de los obispos» en Escocia. Pero tuvo que ver cómo su ejército mal pertrechado era derrotado a las puertas de Newcastle, que tuvo que cederse a los escoceses. Carlos buscaba fondos desesperadamente y al final convocó el llamado Pequeño Parlamento[11] para que le concediera el dinero. Pero también se lo denegó. Se eligió un nuevo Parlamento y 399 de 493 miembros, liderados por Pym y Hampden, se declararon firmemente en contra de «los consejeros del rey». El llamado Parlamento Largo de 1640 se convirtió en una de las grandes instituciones de la historia de Inglaterra. Resistió, de un modo u otro, y permaneció abierto durante la Guerra Civil de Inglaterra, con sucesivos periodos (radical, republicano o conservador) hasta que finalmente llegó a validar la Restauración veinte años después. Su composición reflejaba el giro económico crucial que había tenido lugar en la Inglaterra rural y en Gales durante la época Tudor, donde se había pasado de una iglesia medieval y potentados terratenientes a una clase media emergente de pequeños propietarios, burgueses de ciudades medianas, comerciantes y profesionales liberales. A medida que se discutía en las sesiones y aumentaba su confianza, el Parlamento Largo se iba convirtiendo en la llave que abriría la puerta a la moderna Inglaterra.

La institución actuó con rapidez para afirmar su control sobre el rey, destituyó al arzobispo Laud y ejecutó a Strafford. Cuando se obligó al rey a firmar la sentencia de muerte de este último, el conde dijo: «Nunca confíes en los príncipes», un remedo patético del lamento de Wolsey un siglo antes. En 1641, la Cámara de los Comunes refundió la Petición de Derechos en una Gran Declaración *(Grand Remonstrance)* con doscientas cláusulas. En ella se exigía que el tribunal especial de la Cámara de la Estrella (Star Chamber) en Westminster quedara abolido, que los impuestos de defensa naval se acabaran y se regularizaran otros tributos. Se debería elegir cada tres años libremente un nuevo Parlamento y, si había que disolverlo, se disolvería por decisión del mismo. Se debería controlar a la Iglesia, y el Parlamento designaría a los ministros y a los jueces, y el modo de actuar de los ejércitos y la armada. No debería haber obispos en la Cámara de los Lores y el rey debería gobernar solo nominalmente. Semejante afirmación de soberanía parlamentaria fue la más radical de todos los estados europeos en aquel momento y pasó la votación por un estrechísimo margen (159 a favor y 148 en contra). Ni siquiera en el siglo XXI se ha conseguido completar el programa de la Grand Remonstrance en su totalidad.

Carlos I tuvo que pelear para salvar la corona. Su reacción a la Gran Declaración fue dubitativa, pero Henrietta María lo incitó a actuar diciéndole: «O sacas de aquí a esos insolentes por las orejas o no volverás a ver mi cara jamás». Carlos hizo lo que ningún monarca había hecho jamás. El 4 de enero de 1642 intentó, personalmente, arrestar a los cinco parlamentarios más radicales, incluido el puritano John Pym, y acusarlos de traición: con ese fin, entró en los Comunes con un grupo de hombres armados. Los miembros del Parlamento se quedaron estupefactos, mientras el presidente, William Lenthall, dejaba su estrado para dejárselo al rey, aunque se negó a entregar a los cinco parlamentarios. Son famosas sus palabras: «Sepa su majestad que yo no tengo ojos para ver ni lengua para hablar en este lugar salvo lo que la Cámara tenga a bien ordenarme, pues es a quien estoy sirviendo aquí». Comprendiendo que los parlamentarios ya habían huido, Carlos declaró de un modo infame que «los pájaros han volado» y se batió en ignominiosa retirada. Ningún monarca ha vuelto a poner un pie en la Cámara desde entonces.

En el plazo de unas pocas semanas, bandas armadas de la City invadieron Westminster: se decía que lo que querían era arrestar a la reina. La familia real huyó a Hampton Court y luego a Greenwich, donde Carlos y Henrietta María pasaron una desgarradora noche en Queen's House. Incluso en la actualidad, el palacio parece un lugar triste y la doble escalinata curva parece dos lágrimas bajando por la fachada. La reina reunió a sus hijos, cogió las joyas de la corona y huyó en dirección a Dover y las casas de empeño de Francia. El rey se fue al norte, a Nottingham, donde, aquel mes de agosto, convocó a sus súbditos más fieles para defender sus derechos en el campo de batalla. El contrato social había revelado la patraña de la monarquía divina y, después de un siglo y medio, el horror de la guerra civil regresaba a Inglaterra.

LA GUERRA CIVIL
~
1642 – 1660

La monarquía que surgió de la Edad Media gobernaba con el consentimiento de barones, obispos y burgueses, afianzado en un contrato secular con el Parlamento, según el cual este votaría a favor de determinados impuestos a cambio de compensaciones y prebendas. Cuando este contrato se rompía, como ocurrió con Eduardo II, Ricardo II y Ricardo III, el monarca era derrocado pero la monarquía sobrevivía. En el siglo XVII la monarquía también fue derrocada. Un rey Tudor se había declarado cabeza de la Iglesia y un rey Estuardo había interpretado eso como un privilegio para mandar sobre el Parlamento. Incluso Enrique VIII había tenido el cuidado y la previsión de granjearse la aprobación parlamentaria para ejercer su tiranía. La verdadera revolución inglesa fue del rey contra el Parlamento y no, como se cree habitualmente, al revés.

Durante el verano de 1642, la disputa no solo enfrentaba al rey y al Parlamento sino a los protestantes contra los católicos, el norte contra el sur, e incluso a los padres contra los hijos. Las tumbas de los St. John en la pequeña aldea de Lydiard Tregoce, en Wiltshire, demuestran un distanciamiento familiar que se resolvió con tres hijos ejecutados por el rey mientras otros dos sobrevivieron luchando a favor del Parlamento. Incluso en la actualidad la gente se pica diciéndose: «Y tú, ¿de qué lado estás en Marston Moor?», una pregunta con la que se confronta a los parlamentaristas (Roundheads o Cabezas Rapadas) con los Caballeros Realistas, en una especie de metáfora que supuestamente enfrentaría la democracia racionalista contra un romántico apego a la autoridad real.[1]

Desde el principio, el Parlamento tuvo la logística de su parte. Tenía acceso directo a los impuestos, a los puertos marítimos y a la City de Londres, así como el apoyo de la opinión ilustrada, con John Milton; los derechos humanos también estaban de su parte. Con todo, eso no les aseguraba la victoria. Los ingleses amaban la monarquía y, cualquiera que fuera el problema, se resistían a verla derrotada. Sentían un antiguo horror ante la idea de la usurpación.

La primera batalla, en Edgehill (Warwickshire), en octubre de 1642, fue una guerra de nervios. El abanderado realista, sir Edmund Verney, había sido parlamentario pero se manuvo fiel a su rey. Su cadáver se encontró tras la batalla: su mano yerta aún se aferraba al pendón real. La caballería realista, comandada por el príncipe Rupert, el apuesto sobrino del rey, que solo contaba veintidós años, hizo retroceder a la caballería parlamentarista y la persiguió por todo el campo de batalla; pero luego los realistas no consiguieron reagruparse y continuaron en una persecución indisciplinada y caótica. La infantería realista, torpemente comandada por un rey que no tenía experiencia en el campo de batalla, luchó a duras penas por mantenerse en pie, hasta que regresó Rupert. El resultado del combate se consideró un empate. El general parlamentarista, el conde que Essex, regresó a Londres y el rey no consiguió darle alcance: prefirió instalar su corte en Christ Church, en Oxford. La ciudad universitaria iba a ser su capital durante toda la guerra.

En el norte, en York, los Caballeros del príncipe Rupert mantenían a raya a los Cabezas Rapadas de sir Thomas Fairfax, y a mediados de 1643 el rey ya estaba en condiciones de preparar un asalto a Londres por tres puntos distintos, desde el norte, desde el oeste y desde el suroeste: el ataque iba a tener lugar a comienzos del año siguiente. La capital estaba angustiada ante una previsible guerra larga, sobre todo contra un rey al que profesaban respeto. Los Comunes siempre fueron muy cuidadosos en este aspecto y siempre trataron al monarca como si fuera un reo de sus consejeros, aunque eran menos tolerantes respecto a la reina. La mayoría del pueblo daba por sentado que las batallas esporádicas de 1643 habían sido solo demostraciones de fuerza para obligar al rey a aceptar un nuevo planteamiento político. Algunos condados y ciudades no participaron de ningún modo ni tenían nada que ver con el conflicto. Coventry dijo que le negaría la entrada al rey a menos que se presentara sin soldados; la ciudad fue más adelante firme defensora de los parlamentaristas y se usó para albergar a los prisioneros realistas (de ahí proviene, probablemente, la expresión «ser enviado a Coventry»).

El cabecilla parlamentarista, Pym, iba a jugar la baza escocesa. En agosto de 1643, después de largas negociaciones, la asamblea de Edimburgo envió al sur a no menos de 18.000 hombres y a 3.000 soldados de caballería, a cambio de que el Parlamento acordara permitir el regreso de los conspiradores presbiterianos *(the Covenant)* a Inglaterra y destituyera a los odiados obispos. Se fijó una bonificación de 31.000 libras por cada mes que el ejército escocés estuviera en el campo de batalla. Pym murió poco después, pero en el verano de 1644 este ejército —básicamente mercenario— se encaminó al sur y se unió a los Cabezas Rapadas en las afueras de York. Allí recibieron los refuerzos de la caballería de Anglia Oriental, que se encontraba bajo el mando de un parlamentario de Cambridgeshire perteneciente a la pequeña nobleza rural, un hombre llamado Oliver Cromwell. El 2 de julio de 1644 acorralaron al ejército de Rupert en Marston Moor, cerca de York, cuando estaba a punto de amanecer. Los disciplinados hombres de hierro (Ironsides) de Cromwell atacaron a la caballería de Rupert inmediatamente. Aquello resultó ser la gran batalla de la guerra: Cromwell y los escoceses superaban en número a los del príncipe Rupert y no les dieron cuartel. Tres mil realistas fueron masacrados en el campo de batalla. Cromwell aseguró que «Dios los convirtió en rastrojos para nuestras espadas». La guerra se encontraba en un momento decisivo.

En Marston Moor el rey perdió el norte de Inglaterra y los puertos de la costa oriental. Rupert tuvo que retirarse al sur, a Shrewsbury, y Carlos, presionado duramente por el conde de Essex, se encaminó hacia Worcester, al sur de Birmingham y cerca de la frontera de Gales. Una serie de maniobras y contraataques en el suroeste permitieron ganar algún terreno a los realistas, e incluso llegaron a forzar una rendición de los parlamentaristas en Cornualles. Otro general parlamentarista, el conde de Manchester, con el apoyo de Cromwell, se enfrentó al rey en Newbury, en octubre de 1644. Gracias a la manifiesta incompetencia del conde de Manchester, la batalla no quedó resuelta para ninguna de las dos partes, y el rey pudo forzar la retirada a Oxford. Cromwell, furioso, se dirigió de inmediato a Londres para protestar firmemente en el Parlamento contra la incompetencia de sus generales aristócratas, los condes de Essex y Manchester. Dijo que esperaba vivir «para no ver jamás a un noble en Inglaterra». Los Comunes destituyeron a los dos capitanes y los reemplazaron con Fairfax, un soldado modesto pero más profesional. Se aprobó también la propuesta de Cromwell de un Nuevo Modelo de Ejército (New Model), una fuerza de caballería, una infantería y una artillería reclutadas y pagadas adecuadamente; Cromwell se encargaría de dirigir la caballería. Hasta entonces, los ejércitos ingleses habían estado siempre ansiosos por regresar a casa. El Nuevo Modelo demostró que ahora, bien pagados, solo deseaban seguir en el campo de batalla.

Cromwell tenía una presencia abrumadora en ese momento; era uno de esos líderes ingleses que dominan la escena durante un breve lapso de tiempo y se lo llevan todo por delante. Era un hombre de fuerte complexión, un religioso independentista,[2] arisco y honrado; le dijo a su retratista que lo pintara «con las verrugas y todo lo demás». Era enemigo declarado de los católicos, de los obispos y de los puritanos extremistas en la misma medida. Decía que guiaba a hombres que no perseguían riquezas, sino que se quedaban «con lo que pudieran coger con el fin de favorecer la felicidad pública, que era su objetivo». Lo apodaban *God's*

Englishman (el inglés de Dios) y se consideraba a sí mismo un enviado del Creador para salvar a su país de la superstición. Entre sus seguidores estaban Milton y Andrew Marvell, que lo llamaba «flamígera llama del Cielo furioso».³ A veces resultaba difícil distinguir la idea cromwelliana de misión divina de la monarquía por designación divina de los Estuardo, contra los que luchaba.

El ejército recién reclutado por el Parlamento pasó el invierno de 1644 adiestrándose y preparándose para la campaña decisiva que previsiblemente tendría lugar al año siguiente. La confrontación tuvo lugar en junio de 1645, en Naseby (Northamptonshire). Una vez más, la caballería realista de Rupert fue muy eficaz, pero no así la infantería, que fue diezmada por los *ironsides*. La batalla fue tan feroz que al mismísimo Carlos tuvieron que retenerlo para que no se abalanzara personalmente en medio del combate multitudinario. Pudo escapar de la carnicería, pero Naseby fue el final para él. El rey escapó, pero tres meses después cayó la ciudad de Bristol y Carlos se encontró asediado en Oxford. Al año siguiente apareció disfrazado a las afueras de Newark, en Escocia, pidiendo protección y refugio a quienes aún consideraba compatriotas. No favoreció su causa el hecho de que se desvelaran las cartas que había enviado a la reina en las que suplicaba que un ejército francés o irlandés le ayudara a cambio de devolver a Inglaterra a la disciplina religiosa de Roma. Los escoceses pasaron casi un año regateando con el Parlamento el dinero que obtendrían a cambio antes de entregar al rey a Fairfax y volver a casa.

El país, agotado con la guerra, saludaba al rey con extraño afecto mientras hacía el trayecto hacia el sur, en febrero de 1647. Se esperaba un nuevo acuerdo político. El llamado Parlamento «largo» ordenó al ejército basado en el Nuevo Modelo que se disolviera y sancionó a la nobleza realista a pagar los costes. De manera imprudente, se persiguió a independentistas religiosos y baptistas, que eran un grupo fuerte en el ejército, y se les negaron a los soldados los atrasos y el retiro. Una mayoría de miembros del Parlamento entendió que habían derrotado la posición del rey, pero no querían un ejército permanente, y mucho menos uno de tendencias fuertemente «niveladoras» *(leveller)* o «igualitaristas».[4]

Cromwell volvió a encolerizarse y sus soldados se negaron a disolverse, argumentando que ellos no eran unos mercenarios sino que estaban imbuidos de un deseo de proteger los «derechos legítimos y libertades» del pueblo. Liderado por Henry Ireton, el diestro lugarteniente de Cromwell, el ejército consiguió atrapar al rey en su camino hacia el sur y lo llevó en calidad de rehén a Hampton Court. Londres estaba en pleno caos, con los presbiterianos moderados del Parlamento rabiando contra Cromwell y su consejo militar, el cual, a su vez, combatía a los igualitaristas que había en sus filas. Aquellas luchas culminaron en una serie de debates improvisados en la iglesia de Putney, desde el 28 de octubre al 9 de noviembre de 1647, en los que se discutió el destino del rey y el curso futuro de la revolución. Se airearon todos los argumentos filosóficos posibles, incluidos los derechos individuales frente al estado, la propiedad contra la comunidad y el derecho al voto para todo el mundo, incluidas las mujeres. En un asunto estaban todos los portavoces de acuerdo: «Que un hombre no puede estar atado a un sistema de gobierno sobre el que no tiene poder de decisión en absoluto». El acuerdo social no era un asunto sobre el que se pudiera regatear, sino un imperativo absoluto. Aunque tuvieron poca influencia en lo sucesivo, los debates de Putney se convirtieron en un icono del socialismo inglés.

En noviembre, el rey consiguió escapar de Hampton Court y pudo refugiarse en el castillo de Carisbrooke, en la Isla de Wight. Allí, cómodamente instalado y agasajado por la nobleza local, recibía informaciones de un renacer de su popularidad e imprudentemente solicitó apoyo en Escocia para reanudar la guerra civil. En 1648, una invasión de los díscolos e imprevisibles escoceses contó con el apoyo de levantamientos en el norte y en el oeste. Cromwell y Fairfax se desplegaron por Inglaterra y vencieron allí donde se presentaron. Los rebeldes fueron en su mayor parte ejecutados, aunque a algunos, como en Burford (cerca de Oxford), se les ofreció la penosa alternativa de que unos capellanes puritanos les estuvieran sermoneando durante varias horas.

Cromwell siempre fue partidario de ser clemente con el rey Carlos, pero a esas alturas del conflicto el rey era una amenaza demasiado grande. Se le trasladó a Londres. En diciembre de 1648, una selección de representantes del Parlamento Largo fue purgada por un soldado, el coronel Pride, que eliminó a unos 370 presbiterianos y simpatizantes realistas, dejando a los Comunes con solo 154 delegados, la mayor parte radicales y ratificados por el ejército. Se designó una comisión para juzgar al rey por traición. Temiéndose lo peor, Carlos demostró en esos momentos una solidez y una coherencia de la que había carecido a lo largo de todo su reinado. Observó todo el procedimiento en Westminster con desprecio, y se negó incluso a quitarse el sombrero. El juicio fue todo un drama. Los cargos eran que el rey, «habiéndosele confiado de buen grado un poder limitado para gobernar gracias y de acuerdo con las leyes del país [...], había emprendido traicionera y maliciosamente una guerra contra el Parlamento aquí presente». La defensa del rey Carlos era sencilla e irrebatible: decía que al rey no se le podía juzgar porque no existía jurisidicción superior en el mundo: «Inglaterra nunca fue una monarquía electiva, sino una monarquía hereditaria durante estos últimos casi mil años [...]. El rey no puede equivocarse jamás». Derróquesele y el resultado será la tiranía o la anarquía.

Pero la argumentación no sirvió de nada. La comisión condenó a Carlos II de Inglaterra por traición y exigió que «se le separe la cabeza del cuerpo». El 30 de enero de 1649 tuvo lugar la ejecución en un cadalso situado en el exterior del Banqueting House de Whitehall; el rey llevaba dos jubones para que no se le viera temblar. Porque se dijo que Carlos «No hizo nada mejor en su vida que morirse».[5] En el momento de la ejecución, de acuerdo con las impresiones de un joven Samuel Pepys, la multitud no lanzó vítores, sino que dejó escapar un murmullo de desaprobación, tal vez dándose cuenta del hecho terrible que se había cometido. Se rumoreó que incluso Cromwell había ido a ver el cadáver al día siguiente y había lamentado aquella «cruel obligación».

El Parlamento Purgado (Rump Parliament) declaró entonces la República con las siguientes palabras: «El pueblo temeroso de Dios es el único y verdadero depositario del poder [...]. Los comunes, reunidos en asamblea parlamentaria, elegidos por el pueblo y representándolo, ostentan el poder supremo de la nación». La imagen del monarca fue eliminada del sello que se empleaba para aprobar las actas del Parlamento. La Cámara de los Lores fue eliminada. Se instauró la censura. Inglaterra iba a ser gobernada por un consejo de estado de cuarenta y un miembros con Cromwell como indisputado y más prominente ciudadano. Cromwell liquidó al ejército, llevando a parte del mismo a Irlanda para desatar allí una campaña de represión. Aquello culminó en una carnicería contra los ciudadanos de Drogheda en pago por la masacre antiprotestante de 1649 (en la que dicha ciudad no participó). Alrededor de unos 80.000 irlandeses fueron acusados de traición y miles fueron desposeídos de todas sus pertenencias, o enviados como esclavos a América, para despejar tierras para los soldados ingleses. Lo que sucedió en Drogheda fue un acto de extraordinaria brutalidad, incluso en aquella época. Cromwell se unió a Strafford en la demonología irlandesa.

Entretanto, los escoceses, que habían contribuido a acabar con Carlos I, agasajaban a su hijo de dieciocho años Carlos Estuardo, e incluso lo coronaron como Carlos II. En el verano de 1651, se animaron a invadir Inglaterra por dos razones: por defender la causa del rey y por su deseo de imponer el presbiterianismo en Inglaterra, un argumento claramente contradictorio. Aquel ejército cayó derrotado finalmente a manos de Cromwell en Worcester. Carlos II huyó del campo de batalla y se escondió durante una noche en un roble, en los terrenos de Boscobel, en Staffordshire, antes de huir definitivamente a Francia disfrazado de criado. Miles de bares y pubs se llamaron más adelante Royal Oak por esta razón.

Cromwell estaba harto de celtas. Había impuesto su voluntad en Escocia e Irlanda y había reforzado la unión política con Inglaterra. Lo que

Enrique VIII y Jacobo I solo habían podido intentar, Cromwell lo había conseguido. Así pues, estaba gobernando un estado con los parlamentarios en los Comunes que iban a ser elegidos en todos los territorios de las Islas Británicas. Al final iba a resultar una unión bastante precaria y de corta vida. Las relaciones entre Cromwell y el Parlamento purgado de cuatro años empezaron a deteriorarse hasta que, el 20 de abril de 1653, decidió presentarse con el ejército en los Comunes: estuvo escuchando un rato los rebuscados discursos de los parlamentarios y luego hizo lo que muchos han deseado hacer antes y después de esa fecha. En uno de los discursos parlamentarios más desabridos que jamás pronunció («Vosotros, repugnantes putas [...], os habéis hecho odiosos a toda la nación; el Señor os desprecia [...]; ¡marchad, fuera, apresuraos, vosotros, esclavos viciosos, largo de aquí! ¡Yo acabaré con vuestra cháchara!»), cogió la maza de sesiones como si fuera una mera baratija y envió a todos los miembros del Parlamento a casa.

Cromwell tenía ahora que comprobar hasta qué punto era real su poder. Su república[6] había decapitado a un rey y había derrotado a otro en la batalla. Había clausurado la Cámara de los Lores, había despedido a los obispos y a los Comunes, y tenía los versos admonitorios de Marvell tintineando en sus oídos: «Las estratagemas que te dieron / el poder, deben mantenerse».[7] En primer lugar, Cromwell convocó una asamblea religiosa de miembros «piadosos» elegidos en las congregaciones locales independentistas. Aquello se conoció como el Barebones Parliament (por un predicador y curtidor llamado Praise-God Barebon).[8] Les dijo: «Verdaderamente habéis sido llamados por Dios para gobernar con él y para él». Cuando el Parlamento propuso la abolición de prácticamente todas las instituciones del estado, rápidamente lo cerró.

Cromwell había llegado más lejos que los Estuardo. Aceptó ser nombrado Lord Protector y se le nombró, como tal, en diciembre de 1653, mientras reflexionaba que «tal vez algo de poder monárquico podría resultar muy efectivo». Así comenzó la existencia de un reino unido, siquiera brevemente, bajo una constitución escrita o «un instrumento de gobierno». Los nuevos parlamentarios electos fueron convocados por Cromwell y despedidos por mostrarse radicales en distintos grados, mientras el Protector se esforzaba por equilibrar su tolerancia con la necesidad de mantener a raya a un pluralismo cada vez mayor. Los *levellers* (niveladores o igualadores) que creían en el igualitarismo social se enfrentaban a los *diggers* (excavadores o zapadores), que perseguían una especie de comunismo agrario. Los baptistas se oponían a los anabaptistas, a los cuáqueros e incluso a los escandalosos *ranters* (los que gritan o vociferan), que no creían en ningún tipo de disciplina religiosa o moral en absoluto. Cromwell también tuvo que dar la bienvenida a los judíos que regresaron del continente. No resulta extraño que la Cámara de los Comunes fuera un lugar histórico y problemático.

En 1655 Cromwell implantó un régimen prácticamente castrense en provincias, dividiéndolas en once regiones militares bajo el mando de tenientes generales.[9] Se les ordenó que impusieran normas de tendencia puritana, incluidas la ejecución por adulterio, la supresión de representaciones teatrales y juegos, la clausura de tabernas y burdeles, la persecución de juramentos y blasfemias, y la prohibición de los rituales eclesiásticos. La censura fue enorme. La Revolución se implantó en cada casa de cada pueblo en todo el país, pero reflejando un sentimiento que no guardaba relación con la libertad personal, sino con la opresión. La destrucción total de los ornamentos eclesiásticos, iniciada por William Dowsing en Anglia Oriental en 1643, se reactivaba de tanto en tanto. Las sectas extremas fueron gradualmente suprimidas. Nada hizo más por la causa de la Restauración que la imposición en todo el país del régimen revolucionario de Cromwell.

Cada día se escribían nuevas constituciones. En 1653 un grupo de abogados y parlamentarios decidieron proponerle a Cromwell una «humilde petición y consejo» para elaborar una nueva constitución, restaurando a un monarca como garante de la misma ante un nuevo parlamento bicameral. Cromwell se negó a asumir el título de rey, aunque percibiendo un cierto deseo público por algún tipo de símbolo —«soy escoria y estiércol comparado con Cristo»—, aceptó sentarse en el trono de Eduardo el Confesor, vestir una túnica púrpura y que se le llamara Su Alteza Lord Protector. Esto no duró mucho. El 3 de septiembre de 1658, Cromwell murió, con cincuenta y nueve años, y habiendo nombrado sucesor a su hijo Richard.

Richard Cromwell, un hombre bienintencionado pero irresoluto, asumió el cargo durante ocho meses antes de que el ejército volviera a reunir el Parlamento purgado para votar en mayo de 1959 el final del protectorado. Inglaterra se encontraba a merced de oficiales del ejército enfrentados en un supuesto «comité de seguridad». El estado del bien común, carente de autoridad, había caído en la anarquía y suspiraba por un líder. Y el único que había a mano con un ejército consolidado era el gobernador de Cromwell en Escocia, un general de la región meridional de Devon llamado George Monck. Monck había servido tanto al rey como al Parlamento y había establecido la autoridad en Irlanda y en Escocia. Exigió que el comité parlamentario purgado se hiciese con el control y se dirigió al sur con sus tropas. Toda Inglaterra estaba en ascuas. Monck guardaba silencio y esperó el momento oportuno. A Londres no llegó hasta febrero de 1660. Tenía a mano hacerse con la dictadura. Si Monck hubiera tenido las mismas ambiciones que Cromwell, la historia de Inglaterra podría haber sido muy diferente. Pero Monck fue capaz de captar el ánimo del país y del Parlamento, y llegó a la conclusión de que la humilde petición de restauración de la monarquía que se había planteado en 1657, curiosamente dirigida a Cromwell, era el único fundamento sólido para avanzar en el estado constitucional. Solo había un rey disponible, Carlos II, y estaba en los Países Bajos. ¿Aceptaría reinar de acuerdo con las estrictas condiciones parlamentarias?

Monck fue muy meticuloso en este sentido. Ordenó que se convocara el Parlamento completo de 1640 y se le solicitara la disolución mientras se elegía a una nueva asamblea que negociara el regreso del rey. El nuevo Parlamento designaría un rey, y no al revés. Apenas se difundió la noticia, las campanas de las iglesias de Londres repicaron y los ciudadanos brindaron y bebieron en torno a las hogueras callejeras. Los emisarios que Monck envió a Holanda para negociar el regreso de Carlos II tuvieron que trabajar con Edward Hyde, un auxiliar tan sabio y moderado como el propio Monck. Hyde era abogado y había ejercido en su momento como parlamentario; su hija Anne se había casado recientemente con el hermano del rey, Jacobo. Era una joven sencilla y juiciosa, que había tenido dos niñas a las que educó en el protestantismo. Ambas, Mary y Anne, ascenderían en el futuro al trono.

Hyde comprendió perfectamente cuál era la situación en Londres. La Declaración de Breda de 1660, firmada por un rey ansioso y un Parlamento exhausto, ofrecía un perdón general para todos aquellos que habían participado en la guerra. En la declaración se acordaba tolerar a la gente «de buena voluntad», saldar las cuentas con el ejército y aceptar la autoridad política del Parlamento. El veterano general Fairfax fue enviado para que acompañara a Carlos desde La Haya. Pusieron pie a tierra en Dover el 25 de mayo de 1660 y se dirigieron a Londres en medio de un gran regocijo popular. La caballería de Cromwell incluso desfiló como guardia de honor en Blackheath. En palabras de la época, el pueblo inglés sintió que había transitado por el Valle de las Sombras de la Muerte y que ahora por fin veía la esplendorosa luz. Fue un momento de reconciliación nacional.

LA RESTAURACIÓN
~
1660 – 1688

Pero ¿qué fue lo que se restauró? Los sucesos de 1660 habían sido el primer acto de sensatez colectiva acaecido en Inglaterra. El país había hecho cosas espantosas. Había ido a la guerra contra sí mismo y había decapitado a su rey. Después había asistido a dos décadas en las que se sucedieron una tiranía teocrática, un gobierno parlamentario, un estado de regiones asociadas y una dictadura militar, como si Inglaterra estuviera probando modelos estatales para saber cuál le convenía. Y ahora, después de ese monumental ejercicio de prueba y error, decidió que quería volver a la monarquía, y no con cualquier monarca, sino con el hijo del que acababa de matar. Pero si bien iba a ser un monarca parecido, ya no iba a ser la misma monarquía.

El reinado de Carlos II (1660-1685)[1] no pudo ser más distinto del que ejercieron los lúgubres ministros de Cromwell. El rey recién restaurado, con su metro ochenta de altura y su cortesía extrovertida, proyectaba la alegre promiscuidad —en todos los sentidos del término— de la corte de Luis XIV, donde había pasado buena parte de su exilio. Volvieron a abrirse los teatros, los hipódromos, los burdeles y las tabernas. Las bandas y las orquestas volvieron a los coros de las iglesias y las fiestas de los pueblos se celebraron con la alegría de antaño. En Drury Lane se fundó el Theatre Royal. El «monarca feliz» paseaba por los jardines de Londres con sus spaniel epónimos,[2] conversando con la gente.

El comportamiento sexual del rey era también bastante expansivo. La esterilidad de su esposa, Catalina de Braganza, fue su pobre excusa para contar con unas diecisiete amantes, de las cuales tuvo al menos quince hijos, la mayoría de los cuales fueron agasajados con un título nobiliario. Entre dichas damas, las principales fueron Lucy Walters, Barbara Villieras y la actriz Nell Gwynne, todas ellas retratadas por el pintor sir Peter Lely, con sus característicos ojos saltones y sus largas narices. Cuando Carlos II visitaba Winchester, el deán le prohibía que se alojara allí con Nell, así que el monarca galantemente se quedaba con ella en una casa de los alrededores. Las últimas palabras del rey, en su lecho de muerte, fueron: «No dejéis que la pobre Nell se muera de hambre».

El rey financió y protegió la nueva Royal Society, una sociedad de científicos fundada en noviembre de 1660, con una ponencia de Christopher Wren sobre astronomía y un grupo de afiliados entre los que se encontraban el propio Wren, Isaac Newton, Robert Hooke y Robert Boyle. Carlos II construyó un laboratorio en Whitehall y pidió consejo a la sociedad en materias de gran trascendencia nacional, como la erección masculina. Del continente se llevó a Inglaterra la manía de construir palacios y ejecutó extravagantes proyectos en Whitehall, Greenwich, Hampton Court y Winchester: la mayoría se encomendaron a la tutela de Wren. Las viviendas de Windsor aún se encuentran entre las más espléndidas de Inglaterra.

El llamado Parlamento Cavalier (caballero, pero también arrogante), repleto de monárquicos, como su predecesor, el Parlamento Largo, se reunió en 1661. Y también estaba lleno de censores de la monarquía. Para desasosiego de Carlos II, el Parlamento anuló rápidamente las amnistías de Breda y ordenó que los cadáveres de los regicidas, incluido Cromwell, fueran desenterrados y colgados en una ceremonia repugnante. De acuerdo con una normativa redactada por Edward Hyde, conde de Clarendon, los anglicanos volvieron a admitir a los obispos partidarios de William

Laud y el antiguo misal: *The Book of Common Prayer*. También renunciaron al compromiso de Breda de favorecer la «libertad de pensamiento piadoso». Fue, en fin, el Parlamento y no el rey el que purgó la Iglesia de puritanos y prohibió las sectas inconformistas. A partir de 1664, aproximadamente una quinta parte de los religiosos anglicanos fueron desahuciados de sus viviendas y los inconformistas fueron encarcelados. Entre ellos estaba el baptista John Bunyan, que escribió la obra más importante del moralismo protestante, *The Pilgrim's Progress*,[3] cuando estaba en la prisión de Bedford. Igual que los obispos católicos defendieron en su momento una organización cerrada y exclusiva, ahora lo hacían sus sucesores anglicanos. Durante los siguientes doscientos años iban a ser una vigorosa fuerza dentro del reaccionarismo parlamentario.

En una cuestión sí que no había vuelta atrás: la soberanía del Parlamento que tanto había costado lograr. Los miembros del Parlamento no tardaron en estar en desacuerdo con Carlos II, igual que lo habían estado con su padre, sobre sus extravagancias, en particular sobre el asunto de las amantes. Durante un tiempo se mantuvo la concordia gracias al truco tradicional de una guerra en el extranjero. Los comerciantes londinenses, con el agresivo y decisivo apoyo de Cromwell, habían solicitado con impaciencia que se rompiera el monopolio del comercio con América y las Indias que ostentaban los holandeses, y habían tenido lugar algunos enfrentamientos ocasionales con este motivo. Carlos II estaba encantado de luchar contra los holandeses, pero por una razón bien distinta: las buenas relaciones que quería seguir manteniendo con su antiguo anfitrión, el rey Luis XIV de Francia. Así pues, el Parlamento votó en consonancia a favor de entregar la enorme suma de 2,5 millones de libras para organizar una flota de 150 barcos. A partir de 1664 se produjeron ciertos enfrentamientos navales que ocasionaron grandes pérdidas por ambos bandos: una de las consecuencias importantes y definitivas fue que pasara a manos inglesas la colonia holandesa de New Amsterdam en la isla de Manhattan, cuya ciudad fue rebautizada honrando al hermano del rey, el duque de York.

La guerra quedó interrumpida por el devastador brote de peste de 1665. De repente, Londres volvió a enfrentarse a los horrores de la Edad Media mientras las ratas enfermas campaban a sus anchas por las alcantarillas abiertas y por los sumideros de la ciudad hacinada. Aparecieron cruces en las puertas de las casas. Las parroquias tenían la espantosa tarea de hacer féretros y fosas comunes. En las calles se oía una y otra vez el grito de «¡Sacad a vuestros muertos!». Se estima que al menos cien mil londinenses murieron, una quinta parte de la población. El diarista Samuel Pepys escribió: «Señor, qué vacías están las calles, y cuánta melancolía». Apenas había pasado aquel espanto, en septiembre de 1666 se declaró un incendio en una panadería de Pudding Lane, cerca del Puente de Londres. Gracias a un fuerte viento, el fuego adquirió fuerza y en el plazo de cinco días el 90 por ciento de los edificios del Londres medieval intramuros quedaron destruidos. Los ciudadanos huyeron a los barrios periféricos o se apiñaron en los barcos del río. El duque de York se granjeó grandes elogios por capitanear las acciones de rescate, sobre todo haciendo volar edificios antes de que los alcanzaran las llamas.

A raíz de semejante devastación se entabló una disputa entre la corte y los funcionarios municipales por ver quién reconstruía la ciudad. El arquitecto Wren ofreció al gobierno un plan para una nueva ciudad, con calles rectas, amplias avenidas y *piazzas* al estilo clásico. Los comités parroquiales no tenían tiempo para tanta grandiosidad ni dinero para la compra de terrenos. Los negocios tenían que volver a abrir. Las nuevas reglamentaciones se limitaron a exigir calles más amplias y menos materiales inflamables en las fachadas de los edificios. Los ricos decidieron abandonar la vieja City. Con Londres liberada de la necesidad de murallas defensivas, sus ciudadanos colonizaron los nuevos terrenos de Covent Garden y St. James's Square hacia el oeste, beneficiando a las familias que poseían terrenos en esa parte, como los Jermyn, los Berkeley, los Audley y los Grosvenor. Por todas partes se levantaron en la ciudad nuevas iglesias en un sobrio estilo barroco, mientras por encima de todos los tejados se levantaba la nueva catedral de San Pablo, de Wren.[4] La sensación de estar ante una Inglaterra «restaurada» en todos los sentidos debió de resultar evidente, pero eso no iba a durar.

Un año después del incendio de Londres, los holandeses aprovecharon la oportunidad y se atrevieron a subir por el Támesis hasta Chatham, donde quemaron trece barcos y se llevaron el buque insignia de la armada, el *Royal Charles*. Fue una humillación. Para el secretario de la Marina, Samuel Pepys, «el reino entero está hundido». Se acusó abiertamente de la derrota al licencioso estilo de vida del rey Carlos. Clarendon fue destituido y enviado al exilio, al tiempo que el poder derivaba en un nuevo grupo de consejeros del rey: sus nombres eran Clifford, Arlington, Buckingham, Ashley y Lauderdale, que dieron la palabra «cabal» al diccionario inglés (por las iniciales de los ministros). La irresponsable política exterior del rey se desintegró en el caos. Un aceptable acuerdo al que se había llegado con Holanda (frente a Francia), tras la debacle de Chatham, se quedó en nada en 1670 por culpa de otro tratado contradictorio con Francia y frente a Holanda, firmado en secreto por Carlos II y los emisarios de Luis XIV en Dover. Este acuerdo estipulaba que Inglaterra combatiría a los holandeses a cambio de una contribución de Francia al monarca inglés, con lo cual Carlos II se evitaría la incomodidad de convocar al Parlamento. Además, y para contar con más apoyo, Carlos prometió que conseguiría que la Iglesia anglicana volviera al catolicismo «en cuanto el bienestar del reino lo permita». Era una flagrante reedición de la oferta secreta que su padre le había hecho a España en 1623, y un desafío igualmente flagrante a los acuerdos de Breda y de la soberanía del Parlamento en tales materias.

Ahora en Inglaterra solo se hablaba de un héroe protestante de veintidós años, Guillermo de Orange, que en 1672 había aguantado un ataque francés a los Países Bajos con la estrategia de inundar todos los diques, al tiempo que prometía «morir en el último canal». A medida que fueron filtrándose detalles del acuerdo secreto de Dover, el Parlamento, enfurecido, lo denunció y en 1673 aprobó la ley llamada Test Act, por la que se excluía a todos los católicos de los cargos de la administración pública. Las cosas se caldearon cuando el hermano y heredero del rey, James, duque de York, dimitió de su cargo como lord gran almirante antes de abjurar de su catolicismo por culpa de la Test Act. Su esposa, Anne Hyde, había muerto y James se había casado con la católica María de Módena. Uno de los prebostes del Parlamento, el conde de Danby, había estado manipulando las relaciones entre Carlos II y el Parlamento, y había negociado un matrimonio favorable entre la hija protestante de James, María, con el heroico Guillermo de Orange. Supuestamente, aquello aseguraría que la sucesión de James sería protestante. Pero ¿y si María de Módena tenía un hijo?

La ebullición anticatólica reavivó los complots papistas de la época de Guy Fawkes. En 1678, un eclesiástico trastornado, Titus Oates, informó al Consejo privado del rey de una conspiración católica para matar al monarca, incendiar Londres, organizar un ejército católico y hacerse con Inglaterra para mantenerla sometida a Francia. Al final, Oates resultó ser un impostor, pero la histeria ya estaba desatada y el Parlamento exigió una ampliación de la Test Act que específicamente excluiría a James y a cualquier heredero católico de cualquier pretensión al trono. Aquello fue demasiado para Carlos II. En 1679 disolvió el Parlamento, y convocó y disolvió otros tres en los dos años siguientes, a cada cual más hostil con la monarquía y exigiendo que firmara la ley que desheredaría a su hermano. Carlos se negó a hacerlo y la ley finalmente se desestimó. Aquellos fueron tiempos frenéticos en los que comenzaron a surgir los llamados «partidos» en el Parlamento. Los realistas de Danby, que en general simpatizaban con el rey, fueron llamados «*tories*», por el nombre de un grupo de bandidos papistas irlandeses. Los oponentes del rey, y favorables a los holandeses, se apoderaron «*whigs*», por un grupo de fundamentalistas escoceses. Los nuevos parlamentos contaban con una mayoría tan claramente *whig* que, desde 1681, el rey furioso decidió gobernar personalmente, como lo habían hecho Enrique VIII, Jacobo I y Carlos I, con la ayuda de un Consejo personal de seguidores y aliados. Consiguió sufragar sus gastos con ayudas pecuniarias del rey de Francia. Sus amantes estaban tan asustadas que llegaron a plantearse un sindicato, para exigir una pensión por los servicios prestados.

A pesar de todas aquellas maquinaciones, Carlos se esforzó en seguir pareciendo un hombre jovial y tolerante. Le disgustaba el fanatismo de cualquier tipo y, aunque sospechaba de las amabilidades católicas, se guardó muy mucho de expresar sus ideas. En 1681 incluso dio sus bendiciones a la colonia de Pensilvania, del cuáquero proscrito William Penn. Cuando se invitó a Penn a reunirse con el rey, el cuáquero se negó a quitarse el sombrero, ante lo cual el rey, con buen humor, se quitó el suyo, alegando que era costumbre «que uno de los dos tenga la cabeza descubierta» en tales ocasiones. En 1683 el rey y James evitaron el asesinato a manos de los llamados conspiradores de Rye House cuando regresaban de unas carreras en Newmarket. Se rumoreó que los *whigs* andaban enredados en el complot, y eso le dio a la pareja real algún respiro político, pero dos años después Carlos murió repentinamente de un ataque al corazón. Aunque solo tenía cuarenta y cuatro años, había tenido una vida llena de irresponsabilidades y libertinaje, pero su reinado fue una lucha para mantener la tolerancia religiosa. Su fallo, como el de todos los Estuardo, estuvo en sus extravagancias y en los medios que buscó para sufragarlas, siempre recurriendo a la Europa católica. El cepo de hierro parlamentario que impedía los impuestos sin compensación —una premisa restablecida con la Restauración— fue su perdición. Carlos se convirtió al catolicismo en su lecho de muerte y cedió la corona a James, pero no confiaba mucho en las habilidades políticas de su hermano. Predijo que James no duraría mucho en el trono. Y no se equivocaba.

Jacobo II (1685-1688)[5] llegó al poder tras una distinguida carrera militar, pero era un individuo hosco y de una endeble personalidad. Nell Gwynne lo llamaba *«dismal Jimmy»* (el deprimente Jimmy). El Parlamento votó para concederle más ingresos, pero no tardó en gastárselos para sofocar una rebelión de un supuesto pretendiente, el protestante duque de Monmouth, el mayor de los hijos ilegítimos de su hermano Carlos. Al principio la rebelión tuvo cierta popularidad y adquirió cierta fuerza en el oeste del país en 1685, respaldado por un ejército mal equipado de antiguos «cabezas rapadas». Todo aquello acabó en una carnicería generalizada en Sedgemoor, en Somerset. El segundo al mando en el ejército del rey era el joven John Churchill, un oficial apuesto y ambicioso que había disfrutado de las atenciones de Barbara Villiers, amante de Carlos II. Se había casado con una dama igual de ambiciosa que él, una dama de honor de la reina: Sarah Jennings.

Monmouth fue ejecutado y a sus seguidores se les trató con una increíble crueldad. El «tribunal sanguinario» del juez Jeffreys acabó ejecutando a trescientas personas y azotaron o deportaron a otros centenares más, lo cual asqueó incluso a los simpatizantes *tories* de Jacobo. Después de lo de Sedgemoor, Jacobo se negó a disolver su ejército, completándolo con tropas irlandesas y cien oficiales católicos. Cuando el rey exigió al Parlamento que se pagara a su ejército y se derogara la Test Act anticatólica, el Parlamento se negó y, en consecuencia, fue disuelto de inmediato. Jacobo llenó la administración judicial y su consejo real con simpatizantes católicos e incluso llegó a despedir a los profesores del Magdalen College, de Oxford, por negarse a aceptar a un recomendado como presidente católico. No sabía lo que eran el tacto ni las tácticas.

En 1685, Luis XIV no le puso las cosas muy fáciles a su amigo inglés al revocar el Edicto de Nantes, que había asegurado la tolerancia a los protestantes franceses. Londres se llenó de refugiados procedentes de lo que no tardó en anunciarse como una persecución católica y una purga contra protestantes. A pesar de la censura del rey Jacobo, todos los púlpitos clamaron y denunciaron las atrocidades católicas, aparte de reunir a anglicanos e inconformistas contra el rey. Jacobo ofreció una «declaración de indulgencia» (declaración de libertad de conciencia) dirigida a todos los protestantes, para que se leyera en todos los púlpitos, pero lo que complacía a los católicos enfurecía a los anglicanos. Cuando siete obispos se negaron a leer públicamente la indulgencia desde el púlpito, Jacobo los hizo arrestar y los juzgó por sedición, pero fueron absueltos. Los ingleses empezaron a sospechar que Jacobo quería poner a la Iglesia católica al mismo nivel que la Iglesia de Inglaterra, si no por encima de ella. Uno de los consejeros más próximos de Jacobo era el padre Petre, un jesuita.

Los prebostes *whig* comenzaron a negociar abiertamente con Guillermo de Orange, cuya esposa protestante, Mary, aún se mantenía como heredera al trono. En este aspecto, ambos sufrían los apremios del hábil representante de Guillermo en Londres, Hans William Bentinck. El camino a un posible traspaso de poder al siguiente en la línea sucesoria quedó saboteado en junio de 1688, cuando la mujer del rey, María de Módena, dio a luz a un niño, James Stuart. Fuera o no concebido al calor de un brasero jesuita, como se rumoreó de modo poco convincente, lo cierto es que el muchacho se colocó el primero en la línea de ascensión al trono, por delante de María y como sucesor de Jacobo II. Para la Inglaterra protestante, aquello era un desastre. Como en 1660, todas las partes —*whigs, tories*, anglicanos e inconformistas— se unieron para evitar una sucesión católica y lo que parecía ser, con total seguridad, una reanudación de la guerra civil. El acuerdo de la Restauración se había desintegrado y necesitaba reestablecerse de algún modo.

Desde la corte de Guillermo de Orange en La Haya se sugirió a seis nobles —incluido el *tory* Danby— y a un obispo, conocidos luego como los Siete Inmortales, a enviar una carta, probablemente esbozada por Bentinck, solicitando una intervención militar. La carta decía que «diecinueve de cada veinte ingleses deseaba un cambio [de monarca]». Guillermo necesitaba pocos incentivos más. Estaba muy preocupado y deseaba evitar cuanto antes una posible alianza entre Jacobo y Luis XIV contra los Países Bajos, al tiempo que necesitaba asegurarse la sucesión de su esposa al trono de Inglaterra. En este sentido, los acontecimientos de 1688 fueron una conquista dinástica similar a la de su tocayo Guillermo en el año 1066. La asamblea de Holanda se negó a sancionar la expedición y a que se emprendiera en nombre de los Países Bajos. Tampoco Guillermo quiso arriesgarse a una invasión de Inglaterra, que podía ser perfectamente repelida, a menos que supiera que Francia se iba a mantener al margen y no aprovecharía la oportunidad para atacar a su país.

Los rumores durante todo el otoño de 1688 indicaban que Luis estaba, por el momento, satisfecho con ver a Inglaterra lanzarse a una cruenta guerra civil.

Tras unos preparativos frenéticos, la enorme flota de Guillermo, con 463 barcos, incluidos 53 buques de guerra, y alrededor de 40.000 hombres, finalmente se echó a la mar el día 1 de noviembre. Era una fuerza tres veces mayor que la de la Armada Invencible. Cuando pasaba junto a los acantilados de Dover prácticamente ocupaba todo el Canal, y los cañones del castillo de Dover lanzaron salvas de saludo. Un «huracán protestante» arribó cuatro días después en Torbay (Devon), en el extremo occidental de la isla. El Parlamento no había solicitado semejante invasión y el rey, desde luego, tampoco. La invitación que recibió Guillermo de Orange de los nobles ingleses era constitucionalmente irrelevante. Inglaterra fue atacada por un gobernante extranjero con el fin de usurpar un trono legítimo. La invitación era claramente una traición pero, como dice el dicho, «si una traición prospera, a nadie se le ocurre llamarla traición».

LA REVOLUCIÓN GLORIOSA
~
1688 – 1714

Mientras Guillermo de Orange avanzaba con toda su panoplia bélica por el sur de Inglaterra durante el otoño de 1688, el ejército de Jacobo II se evaporó. Entre los que cambiaron de chaqueta estaba el cabecilla de las tropas del rey, el oportunista triunfador en Sedgemoor, John Churchill. La llegada de Guillermo de Orange a Londres, el 18 de diciembre, estuvo cuidadosamente planificada y calculada. A las multitudes se les suministraron cintas de color naranja y los soldados holandeses escoltaron el camino del rey por Knightsbridge. Durante dos años, las tropas holandesas estuvieron acuarteladas en la capital. En las calles de Londres, las posadas y los salones de la corte se escuchaban los extraños tonos de la lengua holandesa. No había duda: Inglaterra había sido ocupada por una potencia extranjera.

Jacobo huyó a Francia con la connivencia del propio Guillermo de Orange. Incluso llegó a arrojar al Támesis el Gran Sello de Inglaterra al pasar, y al Parlamento le dio la excusa perfecta para suponer que estaba asumiendo una abdicación simbólica en favor de su hija. En todo caso, al usurpar el trono, Guillermo no tenía ninguna intención de actuar como mero consorte de María Estuardo. La pareja tenía previsto reinar conjuntamente y, aunque María tuviera precedencia en el trono antes de tener un heredero, lo cierto es que un miembro de la Casa de Orange sería el siguiente en la línea de sucesión. Los dos fueron entronizados conjuntamente como Guillermo III (1689-1702) y María II (1689-1694)[1] en Westminster en el mes de abril siguiente. Guillermo, de profundas convicciones calvinistas, se burló de «la comedia de la coronación», pero de todos modos juró gobernar de acuerdo con los «estatutos del Parlamento».

Los historiadores liberales posteriores valoraron mucho el derrocamiento incruento de Jacobo II, un episodio conocido como la «Revolución Gloriosa». Para ellos, los revolucionarios defendieron una revolución pragmática, sin derramamiento de sangre, en contraste con las convulsiones contemporáneas y futuras que se darían en toda Europa. Sin embargo, fue incruento solo porque Jacobo se rindió. La verdad era que tanto la Guerra Civil como la Restauración habían sido un fracaso a la hora de curar a Inglaterra de la autocracia religiosa, y habían fracasado a la hora de afianzar el poder parlamentario y convertirlo en algo más sólido que en un precedente un tanto difuso. Jacobo II había preferido huir a luchar, pero aún había un considerable porcentaje de la opinión pública que lo consideraba el monarca legítimo de Inglaterra. Los holandeses de Guillermo de Orange habían invadido ilegalmente el país y con una clara fuerza militar, desde un estado con el que Inglaterra prácticamente acababa de estar en guerra.

Esta vez el Parlamento prefirió no correr riesgos. No quería más católicos al frente del país. La Ley de Tolerancia (Toleration Act) de 1689, la Carta Magna de la libertad religiosa, rehabilitó la libertad de culto firmada en Breda, pero solo para disidentes protestantes como baptistas, independentistas y cuáqueros, siempre que admitieran la Trinidad. Se excluía a los católicos y unitarios, aunque de todos modos abrió la puerta a una tolerancia más amplia que la que proponía estrictamente la Ley de Tolerancia. El mismo año se aprobó un Decreto de Derechos que restablecía las libertades previamente confirmadas por la Carta Magna y la Petición de Derechos. El Parlamento reclamaba ahora la potestad única y el derecho a cobrar impuestos, organizar un ejército y financiar guerras.

Los jueces iban a ser independientes. Y, sobre todo, la ley afirmaba: «Por experiencia se sabe que no es coherente con la seguridad y el bienestar de este reino protestante el ser gobernado por un príncipe papista, o por cualquier rey (o reina) casado con un papista». Jamás la palabra «experiencia» se había cargado con tanta razón. Posteriormente se añadió una Ley Trienal que estipulaba que el Parlamento debería durar tres años, independientemente de los gustos y deseos del monarca. El Parlamento se había declarado nuevamente soberano, en este caso en el cuerpo de una legislación que se encontraba en el corazón de la constitución británica. Esta vez sí resistió.

Guillermo de Orange tuvo que afrontar la rebelión organizada por el exiliado Jacobo II. El antiguo rey llegó a Irlanda en marzo, cuando pudo tener soldados franceses y dinero a su disposición para instigar una guerra civil que su amigo Luis XIV tanto había anhelado. Churchill, ahora convertido en conde de Marlborough y famoso capitán en el campo de batalla, fue enviado a defender las fronteras holandesas de Guillermo mientras el usurpador se concentraba en Irlanda. Le costó todo un año derrotar a Jacobo, en una guerra que culminó en la batalla del Boyne, en 1690. Como ocurrió en Bosworth dos siglos antes, dos reyes pretendientes al trono de Inglaterra se enfrentaban en el campo de batalla. Aunque Guillermo resultó herido por una bala de cañón, fue Jacobo el que salió derrotado y el que se vio obligado a regresar a Francia. Para los irlandeses protestantes, Guillermo se convirtió en el heroico Rey Billy y el celebrado mito de los «orangistas» *(orangemen)* a partir de entonces.

Convertido en un militar experimentado, el nuevo rey ya no parecía el juvenil héroe de la resistencia flamenca. Para los ingleses, era sobre todo un extranjero que prefería la compañía de sus cortesanos holandeses. Era asmático y malhumorado, estaba siempre enfadado con todo el mundo, y prefería el aire puro de Kensington al ambiente urbano de Westminster. No estaba de acuerdo con Marlborough en lo que tocaba a la dirección del ejército y discutía con su cuñada Ana, una amiga íntima de Sarah Marlborough. Las dos cortesanas lo apodaban King Caliban, por la monstruosa creación de Shakespeare en *La tempestad*.² En cualquier caso, la reina María era muy querida y la pareja real no tardó en desplegar la típica extravagancia de los Estuardo. Encargaron a Wren que diseñara unos palacios idénticos, de «la misma categoría», a Kensington y Hampton Court. Años después, un mural de sir James Thornhill en el Painted Hall del Greenwich Royal Hospital presentaba a Guillermo como Alejandro Magno, aplastando al tirano rey Luis XIV. El principal objetivo de la Casa de Orange estaba claro: que no quedara ni rastro de Jacobo II.

El reinado de Guillermo estuvo plagado de constantes conflictos entre los *wighs* y los *tories* en el Parlamento, un ambiente que le recordaba las continuas y agotadoras disputas de los estados generales (asambleas parlamentarias) en los Países Bajos. Los *whigs*, encabezados por el llamado Junto³ de dirigentes conservadores, había jaleado la usurpación del trono pero estaban atentos ante cualquier indicio de que el rey quisiera rehabilitar la autocracia. Los *tories*, aún dirigidos por Danby, se mostraban tranquilos ante el poder real, pero se oponían ferozmente a financiar la guerra de Guillermo contra Francia, lo cual obligaba a que el rey regresara a los Países Bajos todos los veranos, mientras María se quedaba en Inglaterra gobernando sola. En 1694 se alcanzó un compromiso parcial para organizar un nuevo Banco de Inglaterra, a través del cual el rey podía obtener préstamos para financiar al ejército. Pero ese mismo año Guillermo sintió la angustia de ver a María con viruela: tuvo que abandonar la alcoba conyugal para que no lo vieran llorar. Cuando la reina murió, poco después, se sentía tan abatido que pensó muy seriamente en regresar a los Países Bajos.

En 1701, seis años después de la muerte de la reina María y con su hermana Anne, protestante, sin dar señales de tener un heredero varón, el Parlamento se enfrentó al probable final del protestantismo de los Estuardo. Finalmente, se aprobó la Ley de Instauración (Act of Settlement), por la que se traspasaba la sucesión desde los Estuardo a la Casa de Hanover, atendiendo a la descendencia de la hija de Jacobo I,

Anne de Bohemia. La ley insistía en que los monarcas tenían que jurar adhesión a la Iglesia anglicana, no involucrarse en guerras externas sin el consentimiento parlamentario, vivir en Inglaterra y no viajar al extranjero sin permiso, una referencia clara a las ausencias de Guillermo de Orange. El Parlamento estaba siendo cada vez más puntilloso respecto a sus derechos.

En este sentido, sin embargo, otro incidente monárquico convulsionó Europa. Carlos II de España había muerto sin sucesión en el año 1700, lo cual de inmediato convirtió el conflicto abierto de Guillermo con Francia en una guerra generalizada por la sucesión de la Corona española. El anciano Luis XIV pretendía la Corona de España para su nieto Felipe de Anjou, lo cual permitiría unir en un estado inmenso los imperios de Francia y España, junto con buena parte de Flandes e Italia. Aquello uniría a toda la Europa católica y desestabilizaría el equilibrio de poder en el continente. Como dijo el rey Luis XIV: «Ya no existen los Pirineos». Guillermo recelaba de cualquier rey francés que estuviera preparado para la guerra. Su preocupación era compartida ampliamente cuando, también en 1701, el rey exiliado Jacobo II murió en Saint Germain, en los alrededores de París, y el monarca francés, provocadoramente, reconoció a su hijo Jacobo, el «Viejo Pretendiente» como rey de Inglaterra. El Parlamento se unió en la ira contra el francés y aprobó una partida para que Guillermo pudiera entrar en combate. A pesar del disgusto que Marlborough le provocaba a Guillermo, reconoció su preeminencia como jefe militar y admitió su nombramiento para liderar una gran coalición de Holanda, Prusia y Austria contra Francia. La guerra con Francia, que inicialmente era una disputa por la Corona de España, iba a alargarse en distintas formas durante más de cien años. Este conflicto iba a revertir las deprimentes consecuencias de su precedente medieval. Antaño Francia había contenido el expansionismo inglés mientras que esta vez Inglaterra contuvo el de Francia. El conflicto relegó a Francia a una posición internacional menor, mientras que recompensó a Inglaterra con el mayor de todos los imperios globales.

Apenas habían comenzado las hostilidades cuando el caballo de Guillermo se tropezó en una topera en el parque de Richmond: el rey se cayó y se rompió la clavícula. La fractura derivó en una neumonía que lo llevó a la tumba en marzo de 1702. Los jacobitas, favorables a la causa de Jacobo II, brindaron durante muchos años después a la salud del «pequeño caballero con abrigo de terciopelo negro» y chocaban sus vasos. La hermana de María, vulgar, minúscula y enferma de gota, ascendió al trono como la reina Ana (1702-1714).[4] Angustiada por dieciocho abortos y muertes de bebés, Ana se apoyó en su favorita, Sarah Marlborough, teniéndola siempre a su lado, y en el encantador lord Godolphin, que dirigió el gobierno. Alexander Pope escribió a propósito de su palacio en Hampton Court: «Ahí estás, gran Ana, a quien tres reinos obedecen, / a veces tomas consejos... y a veces té». El té y la «china», la porcelana que adoptó el nombre del país de procedencia, eran ahora toda una moda.

En el continente, Marlborough barrió a los franceses en el valle del Meuse, al norte de Francia, y en 1704, escenificó una de las marchas militares más imponentes en la historia bélica. Avanzó a gran velocidad por el Rin hasta reunirse con su aliado, el príncipe Eugenio de Saboya, en Blenheim, cerca del Danubio. Allí se encontraron y derrotaron a un gran ejército francés, una victoria que se debió en gran medida al talento de Marlborough, al colocar a la caballería y a la infantería en el campo de batalla y hacerlos maniobrar con rapidez. El pueblo de Blenheim mantuvo a los franceses alejados de las puertas de Viena y la opinión pública inglesa, habitualmente tibia con los asuntos bélicos, estalló de júbilo. La reina Ana le concedió a Marlborough un ducado y tierras en Woodstock, cerca de Oxford, donde el arquitecto John Vanbrugh comenzó a construir la gran mansión que recibió el nombre de la victoria (Palacio de Blenheim), la única casa privada en Inglaterra que obtuvo el privilegio de llamarse palacio. Dos años después, Marlborough volvió a derrotar a los franceses en Ramillies, cuando más de 40.000 soldados de a caballo dominaron el campo de batalla. Aun así, Luis de Francia se negó a admitir la derrota.

Pero volvamos a Inglaterra: Ana deseaba unir las dos coronas de los Estuardo, Inglaterra y Escocia, y ese deseo se convirtió en una unión formal. En parte el acuerdo se estableció por la acuciante y constante necesidad de Inglaterra de mantener la seguridad frente a lo que siempre había sido un peligro: la «puerta trasera» de Inglaterra, reforzada por la amenaza de excluir a los comerciantes escoceses de los mercados ingleses en las nuevas colonias americanas. En Londres y Edimburgo tuvieron lugar feroces debates sobre la unión: la mayoría de los escoceses estaban claramente en contra. Enviaron a Daniel Defoe al norte para explorar las posibilidades y para que informara al gobierno; Defoe dijo que «por cada escocés que está a favor, hay noventa y nueve en contra». Las casas de los escoceses unionistas fueron saqueadas por alborotadores. Pero los sobornos y las promesas zalameras al final depararon los suficientes votos como para llevar el proyecto de la unión al Parlamento escocés.

La Ley de la Unión (Act of Union) de 1707 asignaba a Escocia cuarenta y cinco miembros del Parlamento en lo que se denominó Parlamento del Reino de Gran Bretaña. Por otra parte, la reina Ana era monarca también de Irlanda y, en buena medida, de Francia. El día 1 de mayo, la reina fue a la catedral de San Pablo para dar gracias a Dios por la Unión, vistiendo la insignia de la Orden de la Jarretera junto a la de la Orden del Cardo (Order of the Thistle).[5] La monarca expresó su deseo para las dos naciones, «que ante los ojos del mundo parezca que tienen los corazones dispuestos a ser un solo pueblo». La idea de que «pareciera» que eran un solo pueblo era muy adecuada. Los escoceses, como los galeses y los irlandeses, iban a desempeñar un papel muy importante en el ejército británico, el imperio británico y la revolución industrial, eso sin contar con el propio renacimiento intelectual de Escocia en el siglo XVIII. A lo largo del siglo siguiente se forjó algo llamado Gran Bretaña, formado por los pueblos que componían las Islas Británicas y se consideró normal y razonable utilizar esos términos para el gobierno británico y el pueblo británicos, excepto cuando se hacía referencia explícita a Inglaterra. Pero la invención de Gran Bretaña descansaba muy especialmente en la percepción que se tuviera de ella en el escenario mundial, sobre todo cuando se entraba en conflicto o durante la expansión imperial. Incluso en el siglo XX aún se sigue hablando de Inglaterra en vez de Gran Bretaña: los soldados luchan «por Inglaterra» y la tierra extraña del poeta Rupert Brook era «siempre Inglaterra».[6] La reina podía hablar de «corazones dispuestos a ser un solo pueblo», pero no había muchos de esos al norte y al oeste de la frontera inglesa. Puede que los ingleses se refirieran a Gran Bretaña como Inglaterra, pero los escoceses, los galeses y los irlandeses desde luego no lo hacían. El Parlamento escocés cerró sus puertas en 1707, pero fue reabierto tres siglos después.

En 1708, las primeras elecciones angloescocesas llevaron claramente al poder a los *whigs*. Aquello deprimió enormemente a Anna, ferviente *tory*. Seguía siendo una Estuardo y desconfiaba profundamente de los *whigs*, que habían derrocado a su padre. Su dolor fue aún más profundo cuando, ese mismo año, perdió a su amado esposo, Jorge.[7] Ana fue la última monarca en presidir las reuniones ministeriales en su gabinete personal y le disgustaba tener que admitir en él a políticos que detestaba. Pero en un asunto la reina estaba completamente de acuerdo con los *whigs*: la continuación de lo que ahora se consideraba «la gran guerra de Marlborough». La campaña bélica había adquirido un carácter medieval, con batallas en verano que daban paso a inviernos de descanso y recuperación. En 1709 ya estaba claro, incluso para Luis XIV, que habría que buscar una manera de firmar la paz, pero los *whigs* se negaron, exigiendo imprudentemente que Luis apartara a su nieto, Felipe, del trono de España. El rey de Francia no lo hizo y las hostilidades se reanudaron.

En 1709 las dos partes, reforzadas con nuevas tropas, regresaron al campo de batalla en Malplaquet, cerca de Mons. Allí, Marlborough y Eugenio de Saboya desplegaron una potencia militar imponente, con más de 30.000 efectivos de caballería. El resultado fue otro gran triunfo de Marlborough, pero las bajas (hasta 20.000) de las tropas aliadas escandalizaron a la opinión pública. La carnicería de Malplaquet enfureció a los *tories* y liquidó a los *whigs*. Desde todos los púlpitos se clamaba por la paz y la reina Ana acabó disolviendo el Parlamento. Como resultado de las elecciones de 1710, los antibelicistas *tories* se aseguraron una mayoría y accedieron al poder con Robert Harley, un disidente anglicano, bibliófilo y astuto negociador político.

Harley se convirtió en ministro de Hacienda, mientras que su colega Henry St. John (más adelante lord Bolingbroke), testarudo y abiertamente jacobita, se hizo cargo de los asuntos exteriores. El nuevo gobierno coincidió con una espantosa ruptura entre la reina y Sarah Marlborough, que iba a ser reemplazada en los afectos reales por una protegida de Harley, Abigail Hill, que acabó acusando a Sarah de lesbianismo. Marlborough, que durante tanto tiempo se había presentado como el gran campeón de la guerra, ahora perdió tanto su influencia política como su influencia en la corte. Sus corruptelas en las concesiones militares fueron censuradas con saña por el satírico Jonathan Swift, que lo presentó como un rey Midas británico que «ahora descuidaba a sus tropas, / con orejas de burro y las manos sucias».[8] Los *tories* emprendieron unas negociaciones secretas con Luis de Francia que acabaron con el cese de Marlborough y el nombramiento, como jefe militar aliado, del duque de Ormonde, abiertamente jacobita. Las órdenes que recibía de Bolingbroke se mantuvieron en secreto para los aliados y consistían en evitar el combate a toda costa y buscar la paz. Los franceses estaban encantados. El rey Luis XIV, muy alegre, apuntó que el cambio de los acontecimientos «nos traerá todo lo que deseamos».

El resultado fue el armazón diplomático del Tratado de Utrech de 1713. Aunque conseguía frenar la ambición del rey de Francia, recompensaba a los aliados con bastante menos de lo que podrían haber obtenido tras las victorias de Marlborough cuatro años antes. Se acordó el control austríaco de lo que hoy es Bélgica y los intereses británicos se pudieron ampliar en el Mediterráneo y en Norteamérica sin mayores inconvenientes. Como parte del acuerdo, España cedió Gibraltar a los ingleses. Utrech fue un triunfo de la negociación, más que una conquista. Aunque los *tories* de los Comunes apoyaron el tratado, la Cámara de los

Lores, controlada por los *whigs*, no lo hizo y la reina Ana tuvo que ordenar caballeros a doce *tories* para asegurar que se aprobara el tratado en el Parlamento. Fue la primera vez que se utilizaba ese procedimiento para forzar la voluntad de una cámara (no electa) sobre una cámara elegida. Marlborough se autoexilió en Hanover, con el Palacio de Blenheim aún sin concluir.

La reina se puso enferma. Sentía que le había usurpado el trono a su medio hermano, el «Viejo Pretendiente» Jacobo, y animó a un grupo de emisarios jacobitas y *tories* a que fueran a Francia y le aconsejaran que abandonara su catolicismo para poder sucederla en el trono. El pretendiente se negó en redondo. Bolingbroke siguió trabajando para formar una facción jacobita en el Parlamento, oponiéndose a su compañero de partido, Harley. Se dispararon todas las alarmas. Los *whigs* advirtieron al sucesor legal al trono de Ana, el príncipe Jorge de Hanover, que, como Guillermo de Orange antes que él, podría tener que amenazar con la fuerza para asegurarse la corona. El veterano Marlborough, que ya se encontraba en su exilio autoimpuesto en la corte de Jorge de Hanover, al parecer estaba dispuesto a liderar un nuevo ejército para la invasión.

El 27 de julio de 1714, en la alcoba donde agonizaba la reina, en Kensington, estalló una discusión personal muy enconada entre sus dos principales ministros, Harley, ya conde de Oxford, y Bolingbroke. Mientras ambos se hacían reproches mutuos, la reina se puso del lado de Bolingbroke y le exigió a Harley que dimitiera en su favor. Existe mucha confusión respecto a lo que ocurrió a continuación. Bolingbroke, que mantenía comunicación habitual con Jacobo en París, abandonó el palacio para buscar de inmediato un apoyo parlamentario a una sucesión jacobita. En cualquier caso, al día siguiente, un grupo de consejeros particulares apremiaron a la reina moribunda a nombrar a un viejo hombre de estado, el duque de Shrewsbury, como jefe de un gabinete para que se respetara la Ley de Instauración (Act of Settlement) y se apobara la sucesión de los Hanover.

Si la reina hubiera sobrevivido otra semana más, Bolingbroke podría haber conseguido el apoyo parlamentario para ofrecerle la corona a Jacobo, aunque esto hubiera supuesto una violación de la ley. El riesgo habría sido la reanudación de la guerra civil. Al final, tal y como escribió el realista Jonathan Swift, «la fortuna se pudrió en el mismo momento que maduró» y la muerte de la reina Ana marcó el final de la era de los Estuardo. Aunque se dijo que había cincuenta y cinco personas de la línea de los Estuardo cuyas pretensiones al trono tenían más fuerza que la de Jorge de Hanover, el hecho es que, en general, fue reconocido como rey. Con su ascenso al trono, la monarquía inglesa perdió su protagonismo en la historia de Inglaterra. Los reyes se apartaron del centro de la escena y dieron paso a los políticos partidistas.

WALPOLE Y PITT EL VIEJO
~
1714 – 1774

Los Hanover no habían nacido monarcas, sino más bien príncipes menores. Llegaron al poder no por la espada o por la política, sino por descendencia de una lejana princesa protestante. Eran en su mayoría advenedizos, nulidades de relumbrón, que ni sabían manejar a sus hijos ni asustar al más tonto de los parlamentarios. Por esta razón, los Hanover dieron sin querer un espaldarazo colectivo a la causa del gobierno parlamentario, más que cualquier otro monarca desde Enrique III. A «los Jorges» les importaban principalmente sus amantes y sus naipes, y permitieron que el entramado político respirara y madurara. En consecuencia, los políticos ya dejaron de bailarle el agua a los reyes, y, por consiguiente, vivieron como sujetos políticos independientes y por derecho propio, en un tira y afloja de partidos, opiniones, votantes y fuerzas económicas, todo lo cual adquirió una nueva significación.

Jorge I (1714-1727)[1] llegó a Londres en 1714. Era un hombre de cincuenta y cuatro años y se le recibió con más alivio que entusiasmo. Hablaba poco inglés y había visitado su nuevo reino solo en una ocasión, y entonces declaró que «no le gustaba». Consideraba que le estaba haciendo un favor a Inglaterra al salvarla de la presencia de los Estuardo. Era un autócrata alemán y se sabía que había encarcelado a su mujer en un castillo durante treinta años por haber tenido una aventura con un cortesano, al que habían asesinado y descuartizado. En lugar de su esposa, Jorge se llevó a Inglaterra a dos amantes, una gorda y una flaca, conocidas como la Elefanta y el Mayo,[2] que jugaban con él a las cartas en noches alternas. Se decía que los nuevos cortesanos tenían «nombres que parecían una tos grave». Estos se construyeron casas en la nueva Hanover Square con fachadas prestadas de los modelos de su tierra natal. El hijo del rey, George Augustus, odiaba a su padre y organizó una corte paralela con su animada esposa, Caroline, en Leicester House, en Londres. Caroline se refería a Hanover como «una mazmorra». Si la majestad —por no hablar de la divinidad— de los reyes aún conservaba algún atractivo entre los ingleses, lo perdió todo con los electores de Hanover.

La incapacidad del rey para hablar inglés y sus frecuentes ausencias de Londres confirieron independencia y estatus al gabinete ministerial. Los ministros más veteranos presidían los consejos y de aquellos surgió como «primer ministro» lord Stanhope, junto con un terrateniente, un diamante en bruto procedente de Norfolk, Robert Walpole, como ministro de Hacienda. Ambos tuvieron que afrontar un desafío que se les planteó enseguida, una revuelta provocada en Escocia, en 1715, por el Viejo Pretendiente, Jacobo Estuardo. El duque de Argyll, en nombre del gobierno, detuvo a los insurgentes antes de que pudieran desplazarse al sur de Stirling; y Jacobo, apenas puso el pie en suelo escocés, tuvo que huir rápidamente a Francia. La llamada «rebelión del 15» se acabó antes de haber empezado.

Como Guillermo de Orange, Jorge de Hanover entendió la Corona en parte como una invitación a involucrar a Inglaterra y su apoyo en los conflictos particulares de su tierra. Tras las elecciones de 1715, posteriores a la coronación, los *tories* se hundieron por sus supuestas simpatías jacobitas y los *whigs* volvieron al poder. Aunque eran tradicionalmente el partido de la guerra, plantearon la cuestión de cómo pagar las guerras pasadas y si había que apoyar los conflictos actuales del rey Jorge. Walpole dimitió del gobierno cuando la deuda nacional alcanzó los cincuenta millones de libras. En 1720, se ideó un plan para amortizarla, mediante la explotación de un monopolio comercial que se le concedía a la Compañía de los Mares del Sur (South Sea Company), de acuerdo con algunos privilegios que se habían conseguido en el Tratado de Utrecht. Aquello provocó una frenética especulación en la compra de acciones de la compañía y los ministros del gobierno favorecieron descaradamente su valor para llenarse los bolsillos. En el plazo de unas cuantas semanas, una participación de cien libras había adquirido un valor de mil, y otras compañías subsidiarias sufrieron una inflación parecida. Se decía que era imposible comprar un carruaje en Londres, tal era la supuesta prosperidad.

La llamada «burbuja de los Mares del Sur» estalló en septiembre de aquel mismo año y sorprendió a todo el país. Miles de personas, sobre todo en Londres, se arruinaron y la Ley de Disturbios[3] tuvo que activarse mediante una lectura en el vestíbulo del Parlamento. A Stanhope le dio un ataque en la Cámara de los Lores y murió. El director del servicio postal se envenenó y el ministro de Hacienda (ya no era Walpole) acabó en la cárcel. Se propuso que a los banqueros que habían hecho préstamos con el aval de las acciones «los metieran en sacos llenos de serpientes y los arrojaran al fondo del Támesis».

En 1722 Walpole regresó como líder de los *whigs* y encabezó un gobierno antibelicista que iba a ser el más largo de la historia de Inglaterra. Era un hombre muy gordo, pesaba más de ciento veinte kilos, bebía muchísimo, comía aún más, y compartía con los *tories* la oposición a dar dinero para costosas aventuras militares. Eso le permitió reducir los impuestos a los propietarios de tierras y tranquilizar a todas las partes, convenciéndolos de que el rey de Hanover, prácticamente ausente, guiado convenientemente por un gobierno *whig* no iba a ser una amenaza para el orden establecido. En calidad de lord primero del Tesoro, Walpole fue el primer político en recibir el apelativo de *«prime minister»* y en ser recompensado con una modesta casa en un barrio que por aquel entonces estaba creciendo gracias a la especulación, muy cerca de Whitehall, cuyo nombre era Downing Street. Muy inteligentemente, Walpole insistió en que esa prebenda se asociara a partir de entonces con el trabajo de primer ministro.

El lema político de Walpole era «No despiertes a los perros dormidos». La deuda del gobierno se puso en un fondo de amortización y la política se dictó de acuerdo con un programa para evitar a toda costa la guerra y promocionar el comercio. «La Paz de Walpole» se consideró una edad dorada. La política fue objetivo del ingenio y la sátira de Pope, Swift, Defoe y Johnson. Las opiniones liberales fueron terreno abonado para la filosofía de Locke y Berkeley. El debate político comenzó a ampliarse, desde los estrechos límites de la corte y el Parlamento, a una élite intelectual más amplia. En el aspecto religioso, un anglicismo letárgico, protegido por las leyes de control religioso (Test Acts), estimuló la predicación metodista de John Wesley, que se describía a sí mismo como «un tizón sacado del fuego» destinado a agitar la Iglesia de Inglaterra. Las nuevas clases medias estaban encantadas con la creciente movilidad social que puso en práctica Beau Nash[4] en las asambleas públicas que celebraba en los elegantes alrededores del Bath georgiano. Entretanto, los pobres podían ahogar sus penas en ginebra bastante barata. En la década de 1730, en Londres, había un bar de ginebra por cada once casas, y una persona «podía emborracharse por un penique y emborracharse hasta perder el sentido por dos». Las décadas de 1720 y 1730 fueron la única época en que la población de Londres se estancó en torno a las 700.000 habitantes, hasta que la Ley de la Ginebra (Gin Act) de 1736 impuso gravámenes y licencias a los bares de ginebra y se pudo reducir el consumo.

Los aristócratas regresaban del Grand Tour[5] cargados con obras de arte que estimularon un debate entre estilos. De un lado estaba el barroco inglés de Vanbrugh, Hawksmoor y Gibbs, desplegado desde Blenheim y Castle Howard hasta «las iglesias de la Reina Ana» del este de Londres. Por el otro, el estilo italianizante y palladiano de lord Burlington y sus protegidos, Colen Campbell y William Kent, representado en Burlington House, en Picadilly, y en Chiswick House, junto al Támesis. Este último estilo fue objeto de la sátira del «bulldog inglés», William Hogarth, que lo tachó de extranjero y decadente, pero acabó dominando la arquitectura británica a lo largo de todo el siglo XVIII. Del mismo modo, el mundo de la música se vio especialmente animado con la llegada de un inmigrante alemán, Frederick Handel, uno de los grandes favoritos del monarca de Hanover.

Tras la muerte del rey en 1727, la asociación de Walpole con el viejo régimen podría haber acabado en un cese a cargo del nuevo monarca, el apóstata Jorge II (1727-1760).[6] Pero la amistad del primer ministro con la nueva reina, Carolina, y su manipulación de la Lista Civil[7] para recompensar a los aliados políticos lo convirtieron en un jefe de gobierno casi inamovible. El rey Jorge II era algo más popular que su padre, pero con el tiempo se volvió indolente e irritable, y detestaba a su propio hijo, Federico, igual que su padre lo detestaba a él. Cuando la reina veía a Federico en la calle, decía: «Ojalá la tierra se abriera en este momento y se llevara a ese monstruo al agujero más negro del infierno». A los de Hanover les resultaba difícil ser agradables, incluso con los suyos.

Jorge II, desprovisto de una conciencia histórica, era sin embargo un monarca prudente. En cuestiones constitucionales «desafío a cualquiera a que me ponga un ejemplo en el que yo me haya excedido de los límites debidos». Llegó a un acuerdo con Walpole, que continuó en el gobierno durante otros quince años más. Walpole encargó al arquitecto William Kent que le construyera el magnífico Houghton Hall en Norfolk, donde fue reuniendo una colección de arte, en parte producto de su cargo y en parte como producto de pagos o créditos. En *La ópera del vagabundo* (1728),[8] un espectáculo popularísimo, se le criticó con dureza, y fue el modelo del tesorero Flimnap en el Lilliput de Jonathan Swift *(Los viajes de Gulliver,* 1726-1735). La fanfarronada de la que estaba más orgulloso se la dijo a la reina en 1734: «Señora, han sido asesinados cinco mil hombres en Europa este año, y ninguno era inglés».

Walpole cayó finalmente por el aventurerismo en el extranjero contra el que había luchado y del que se había declarado enemigo. Los piratas españoles estaban dañando el comercio marítimo de Londres y los comerciantes presionaron a Walpole para que hiciera algo. Un joven orador parlamentario, William Pitt, exigió que se le declarara la guerra a España, lo cual emocionó tanto a la anciana duquesa de Marlborough que le dejó una enorme herencia. Walpole negoció un acuerdo con España en 1738, pero las desavenencias sobre cómo llevarlo a cabo acabaron en el estallido de la guerra en 1739. Fue conocida popularmente como la Guerra de la Oreja de Jenkins. El capitán Robert Jenkins dijo que un español le había cortado la oreja y el apéndice apergaminado se aireó en el Parlamento. A Walpole le disgustaba enormemente el ambiente de beligerancia nacional, y dijo: «Ahora suenan las campanas, pero no tardarán en tirarse de los pelos». La guerra apenas consiguió nada más que renovar la tradicional hostilidad de Francia y España contra Inglaterra. Las elecciones generales de 1741 certificaron que la larga supremacía del primer ministro comenzaba a decaer. En 1742 Walpole perdió una moción de confianza y se retiró a la Cámara de los Lores, y supuestamente su caída fue el fundamento de la cancioncilla infantil «¿Quién mató a Cock Robin?», que se publicó por vez primera en aquella época.

El nuevo gobierno aún estaba controlado por la maquinaria de clientelismo de los *whigs*, ahora dirigida por los hermanos Pelham, duques de Newcastle. Se decía de ellos que tenían todo el talento necesario para «conseguir un ministerio, y ninguno para gobernar el reino». El rey, que disfrutaba de un poder absoluto en Hanover, se quejaba de su falta de autoridad en Londres: «Los ministros son los reyes en este país», decía. «Aquí no soy nadie». Y había alguien que ni siquiera quería que fuera rey. En 1745, el hijo del Viejo Pretendiente, Bonnie Prince Charlie,[9] volvió a izar de nuevo la bandera de la rebelión en Escocia. Los *higlanders* respondieron a la llamada y se organizó un ejército escocés que avanzó hacia el sur, contra el rey de Inglaterra, que supuestamente era también el suyo. El gobierno envió al duque de Cumberland[10] para enfrentarse al príncipe, que había llegado en su avance hasta Derby, donde la ausencia de un levantamiento a su favor le hizo caer en el desánimo. Cumberland lo hizo retroceder a Escocia, hasta el extremo norte de Inverness. En 1746 se entabló un combate en Culloden, en las afueras de la ciudad, pero el Estuardo rebelde huyó del campo de batalla, lo cual le valió el apelativo que le pusieron sus guardaespaldas: «Maldito italiano cobarde».

En Culloden, los escoceses rebeldes eran muchos menos. Lucharon «como gatos salvajes», pero fueron aplastados y no se les dio cuartel. Fueron masacrados, los derechos de los clanes se cancelaron, los tartanes se prohibieron, y sus jefes fueron ejecutados o encarcelados. Charlie (Carlos Estuardo) huyó «por mar a la Isla de Skye», para vivir después una vida disoluta en el exilio de Francia e Italia. El duque de Cumberland fue apodado «el Carnicero» por su conducta implacable, pero la mayoría de los ingleses y escoceses se sintieron aliviados ante ese fin definitivo del eterno litigio de los Estuardo.

La oposición de los Comunes al gobierno *whig* de los Newcastle se concentró ahora en torno a William Pitt. Era un hombre brillante, elocuente y reservado. A pesar de la popularidad de su retórica antifrancesa en las calles de Londres, su relación con Federico, príncipe de Gales, y el grupo de la Casa de Leicester, no favoreció precisamente que el rey se apresurara a nombrarlo jefe de gabinete. Pitt también se había ganado la inquina del rey por oponerse a mantener económicamente las interminables guerras de los Hanover contra Francia. Durante uno de aquellos enfrentamientos, en Dettingen, en 1743, Jorge llegó incluso a comandar a sus tropas en la batalla, siendo el último rey inglés en hacer semejante cosa, y ganándose cierto renombre a la edad de cincuenta y nueve años por ir sin caballo y cargar contra el enemigo, espada en mano.

Hacia 1746 la presencia de Pitt ya no se podía ignorar. Fue nombrado administrador tesorero del ejército y enfureció a sus colegas al no aceptar sobornos. Aunque lord Newcastle seguía siendo jefe de gobierno, Pitt se convirtió en el alma del mismo y se adueñó de los Comunes. Su política estaba clara. Aunque se había opuesto a la pasividad de Walpole, él también era completamente contrario a participar en las guerras continentales. Le disgustaba mantener ejércitos permanentes por el gasto que conllevaban y por la beligerancia que destilaban en la comunidad política. «Deberíamos apoyar a nuestros aliados en el continente con nuestro dinero y nuestros barcos», dijo en cierta ocasión, pero «es peligroso para nuestras libertades y destructivo para nuestro comercio animar a grandes cantidades de personas a que sus vidas dependan de la profesión de las armas».

Más allá de Europa, el mundo era un asunto distinto y en este punto Pitt era muy agresivo. La pérdida de Menorca a expensas de Francia, en 1756, provocó manifestaciones en las calles, exigiendo que Inglaterra luchara para recuperarla. Pitt ascendió a lo más alto a caballo de una ola de sentimientos belicistas. Se le apodó «the Great Commoner» (el Gran Plebeyo), el primer político verdaderamente popular. El doctor Johnson apuntó que «Walpole era un ministro que el rey le había dado al pueblo; pero Pitt fue un ministro que el pueblo le dio al rey».

La Guerra de los Siete años (1756-1763) implicó a todo el planeta y se considera como la primera y verdadera «guerra mundial». El conflicto se había enraizado en el continente europeo, esencialmente entre Inglaterra (aliada con una Prusia emergente bajo el mando de Federico el Grande) y una alianza de Francia, España y Rusia. El conflicto no tardó en extenderse a los prósperos emplazamientos comerciales de dichas potencias en América y Asia. La opinión pública británica, apoyada por el rey, era decididamente favorable a Prusia, y eso podía verse en el gran número de bares cuyos nombres eran King of Prussia o Marquis de Granby (un general aliado). Pitt se esforzó en mantenerse al margen del escenario continental, entregando dinero y unos cuantos batallones a la causa prusiana, pero con la atención puesta en la armada y en los territorios de ultramar.

En la India, el colapso del imperio mogul permitió que un general francés, Joseph Dupleix, se apropiara de Madrás, un lugar decisivo para la Compañía Británica de las Indias Orientales, y así pudo controlar la mayor parte del sur de la India. Dupleix se lo llevó todo por delante hasta que le paró los pies Robert Clive, un inteligente administrador de la compañía, de veintitrés años, reconvertido en soldado. En 1756, un príncipe indio *(nawab)*, en connivencia con los franceses, se adueñó del centro comercial de la Compañía en Calcuta, donde encarceló y asfixió a 123 europeos en un sótano que se conocería en el futuro como el «Agujero Negro de Calcuta». Clive se presentó allí para vengar aquellas muertes, con 3.200 hombres, y derrotó a un ejército indio de más de 40.000 soldados en la batalla de Plassey, sobre todo aterrorizándolos con disparos de cañón. Tras un ataque francés que se repelió en 1759, Calcuta, Bombay y la propia ciudad de Madrás quedó en manos de la Compañía. Aquel embrión de Imperio Británico se obtuvo, como dijeron los victorianos, «en un ataque de inconsciencia». Se logró gracias al arrojo personal de Clive, más que gracias a una estrategia ideada en Londres, y cuando más adelante se acusó en el Parlamento a Clive por corrupción generalizada, su contestación fue que, a la vista de sus logros, «por Dios, señor presidente, que en este momento me asombra mi propia moderación».

En el continente americano, las escaramuzas con los franceses comenzaron en 1754 con un ataque fallido de un joven militar británico llamado George Washington contra un baluarte de «Nueva Francia». Este territorio se extendía desde Canadá hasta el sur, junto a los ríos Ohio y el Mississippi, hasta Luisiana, y amenazaba con acorralar las trece colonias de «Nueva Inglaterra» en la costa este. Pitt reanudó las hostilidades en esa frontera en 1758, cuando unas unidades británicas avanzaron hacia el valle del Ohio, donde pudieron romper las líneas francesas y el fuerte principal, Duquesne, se rebautizó como Pittsburgh. Hacia el norte, el general James Wolfe avanzó hasta el río San Lorenzo y en 1759 se hizo con la colonia francesa de Quebec. Esto se logró mediante un ataque ascendiendo con escalas los acantilados, hasta los llamados Altos de Abraham,[11] donde se dice que Wolfe recitó la famosa *Elegía en un cementerio campestre* de Gray. El general murió en la batalla que se desató, honrando el verso de Gray que dice: «Los caminos de la gloria solo conducen a la muerte».[12] Para entonces, los franceses habían sido ya expulsados de la mayor parte de Canadá y prácticamente de todo lo que hoy son los Estados Unidos de América.

Horace Walpole apuntó, después del llamado *annus mirabilis* de 1759, que «nuestras campanas están desgastadas y extenuadas de cantar victorias». En 1760 la estrategia de Pitt había acabado con los sueños de Francia de extender su imperio desde Bengala a Montreal. Su política de guerras en el extranjero y las financiaciones extrañas —sobre todo a Federico de Prusia— para combatir a Francia en Europa habían dado sus frutos. Decía que «he ganado Canadá en las riberas del Rin» y que había humillado a una nación que siempre había sido más grande, más rica y más espléndida que Inglaterra. Los logros de Pitt fueron un brillante ejemplo de una política exterior activa, un capítulo épico de la historia de Inglaterra que no se ha vuelto a repetir.

Jorge II murió en 1760, pero no fue sustituido por su hijo, Federico, que había fallecido antes, sino por su nieto, Jorge III (1760-1820),[13] que en aquel momento tenía veintidós años. Al nuevo rey le disgustaba Pitt tanto como a su abuelo y consideraba que tenía «el corazón más negro del mundo», así que Pitt se retiró sin que la nación pudiera agradecerle sus servicios; se convirtió en un parlamentario jubilado y cascarrabias, y en un héroe popular. El Tratado de París de 1763 confirmó los logros de Pitt y, por tanto, reconoció a Gran Bretaña como dueña de la India, Canadá y la mayor parte de las Indias Occidentales. Pero el Imperio no resultaría barato, porque duplicó la deuda nacional y se comió la mitad de los ingresos anuales solo en intereses.

El joven Jorge III intentó, imprudentemente, aunque por poco tiempo, revitalizar las prerrogativas monárquicas de los Estuardo. Presumía de no ser un inmigrante alemán, sino «un verdadero inglés» y organizó un gobierno de camarilla con su antiguo tutor, el conde de Bute, y el marqués de Rockingham. Dio por hecho que podía controlar a los Comunes, como había hecho Walpole, dispensando prebendas. Su gobierno intentó aliviar la herencia financiera de Pitt, introduciendo nuevas tasas e impuestos de timbre (Stamp Acts) que levantaron una feroz indignación en la oposición de las colonias americanas, a lo que se añadió una retahíla de nuevos impuestos sobre el grano, el papel y el té. Estos impuestos, pensados para aliviar la deuda pública en Inglaterra, iban a dañar claramente la idea principal de las nuevas colonias: la promoción del comercio.

A mediados del siglo XVIII la industria y el comercio se habían convertido en elementos cruciales de la historia de Inglaterra. La población de Inglaterra, Gales y Escocia casi se había duplicado respecto a los cinco millones que tenían al comenzar el siglo. La productividad manufacturera estaba subiendo como la espuma gracias a la Revolución Industrial, con fábricas impulsadas por la fuerza de ríos con grandes corrientes y materias primas comercializadas gracias a una nueva red de canales. Las primeras patentes sobre las máquinas de hilar, los motores a vapor y el hierro forjado quedaron liberadas en 1780. Como resultado, las máquinas de hilar algodón y las máquinas de vapor proliferaron enormemente, con la ayuda del abundante suministro del nuevo oro de Inglaterra: el carbón. Semejante producción necesitaba mercados inmunes a las políticas europeas, en otras palabras: un imperio.

Con Pitt medio jubilado en el Parlamento, el rey no pudo dar con un partido coherente o un grupo comprometido con el que componer un gobierno. Obligado a tener que elegir a los ministros por sí mismo, en vez de que los Comunes le ofrecieran los nombres, el rey iba cambiando de gabinete año tras año, mientras Pitt mantenía su cáustica oposición y recibía los vítores diarios en las calles de Londres. Esta situación no podía durar y en 1766 el rey por fin le rogó a Pitt que volviera al gobierno. Pero el estadista ya se encontraba enfermo y gotoso, y con frecuencia hablaba en la Cámara de los Comunes envuelto en algodones y apoyado en muletas. Asumiría el cargo solo si podía pasar a la Cámara de los Lores como conde de Chatham. Aquella decisión del «Gran Plebeyo» escandalizó al poeta Thomas Gray, que lo consideró «la cosa más deplorable que haya hecho jamás un hombre tan grande». El conde de Chatham no tardó en hundirse y en mantenerse virtualmente recluido, hasta el punto de esconderse durante días en su alcoba y recibir la comida por una ventanilla. Al final dimitió, dos años más tarde, en 1768, alegando razones de salud.

Por esa época, cuando William Pitt abandonó, empezaron a entrar en juego nuevas formas de políticas populistas, ajenas a los auspicios y vigilancias de la realeza o la aristocracia. Un parlamentario populista y agitador de Middlexex llamado John Wilkes acabó encerrado en la Torre de Londres en 1763 por atacar al gabinete ministerial, aunque se argumentó que había difamado «el discurso del rey». Más adelante fue reelegido por sus votantes, rechazado por el Parlamento, elegido alcalde de Londres y respaldado por el ministro de Justicia, entre otros. Incluso Pitt hizo un famoso discurso en su defensa, declarando que independientemente de su carácter, Wilkes era un «súbdito inglés, con ciertos derechos que las leyes le conceden y que solo las leyes le pueden arrebatar». El poder ilimitado, dijo el conde de Chatham, «solo sirve para corromper el espíritu de quienes lo ostentan, y de una cosa estoy seguro, señorías: que allí donde termina la ley, comienza la tiranía». Posteriormente, a Wilkes le fue restituido su escaño. Aquel folletín enfureció al rey e hizo disfrutar a la chusma londinense. Wilkes tenía una manera de expresarse agradable y burlona. Cuando lord Sandwich le dijo que «moriría en la horca o de sífilis», Wilkes contestó: «Eso, señor, dependerá de si abrazo sus principios o a su amante».

En 1774, un joven parlamentario de orígenes irlandeses llamado Edmund Burke consiguió un escaño en Bristol. Al dirigirse a sus nuevos compañeros, aseguró que el papel de un parlamentario era ser un representante, no un delegado. Un parlamentario, dijo, «no es un miembro de Bristol, sino un miembro del Parlamento [...]; sus ideas se deben a la insititución; y si sacrifica su juicio a la opinión de otros, no está sirviendo al Parlamento, sino traicionándolo». El radicalismo de Wilkes y Burke afirmó los derechos de los parlamentarios frente al ejecutivo, preparando el escenario para la época de reformas del siglo XIX. Pero antes de eso, su radicalismo tendría que superar una prueba de fuego, cuando un significativo rincón del nuevo imperio de Pitt se desintegrara abrupta y espectacularmente.

DE BOSTON A WATERLOO
~
1774 – 1815

El Parlamento inglés respondió a las protestas americanas contra los nuevos impuestos derogando solo algunos de ellos. A Jorge III le asombraba que se pudiera hacer eso. «Con el asombro más absoluto», dijo, «veo que algunos de mis súbditos están dispuestos a animar la actitud rebelde que desgraciadamente existe en algunas de mis colonias en América». Su incapacidad para entender lo que sucedía la compartía también su primer ministro, el gordo, simpático e incapaz lord North, a quien el rey había descrito implacablemente como «mi ultimísima opción». North era el peor estadista posible para enfrentarse a la Guerra de la Independencia americana.

La guerra empezó casi por nada. Era, fundamentalmente, una discusión entre súbditos lealistas y radicales británicos sobre el comercio y los impuestos que poco a poco fue adquiriendo la retórica de un problema de derechos civiles y libertades. Incluso en la actualidad esa discusión está teñida de chovinismo. Londres se quejaba diciendo que se estaba recaudando la ridícula suma de 1.400 libras en las trece colonias, y que ese era el pago por haber sido rescatados por los británicos de la autocracia francesa en la Guerra de los Siete Años. Decir que ese rescate, como hacían los americanos, se había convertido en un «despotismo absoluto» era absurdo. Las leyes que imponían tasas al papel impreso (Stamp Acts)[1] fueron muy protestadas, pero se impusieron en todo el imperio, al igual que otras restricciones, aunque los colonos disfrutaban de sus propias asambleas y, en su mayoría, eran autónomos. América fue tratada, de largo, mucho mejor que Irlanda.

Aunque la mayoría de las tasas se revocaron, se mantuvo una sobre la importación del té. En 1773, cuando la angustiada Compañía de las Indias Occidentales fue liberada del pago y se le permitió embarcar té libre de impuestos a América, los comerciantes de té rivales, traficantes y contrabandistas en su mayoría, se disfrazaron de hindúes y destrozaron toda la mercancía en el puerto de Boston. El gobierno de Londres, que carecía de buenos informadores sobre el terreno y con una documentación que tardaba semanas en llegar de un lado a otro del Atlántico, sobreactuó en su reacción y aprobó cinco de las llamadas leyes coercitivas, cerrando el puerto de Boston y confirmando en el mando absoluto al gobernador de Massachusetts. En 1774, aquellas leyes propiciaron una asamblea en Filadelfia, donde se redactó una declaración de derechos, boicotearon a los importadores británicos y exigieron la retirada de las leyes que «penalizaban» el comercio americano.

Cuando Londres rechazó esas exigencias, algunas milicias locales compuestas por los llamados *minutemen* (porque se suponía que actuaban, de inmediato «en un minuto») se atrevieron a tomar las armas. Estaban respaldados por una amplia coalición de colonos, muchos de ellos con motivos diversos. Algunos deseaban verdaderamente una libertad política y comercial, pero otros solo temían que Londres les pidiera cuentas por los impuestos de terrenos, o les exigiera respeto por los tratados con la India o regularan la esclavitud. En abril de 1775, el gobernador británico de Massachusetts intentó hacerse con los cuarteles de la milicia en Lexington y Concord, pero tuvo que ver cómo sus efectivos fueron repelidos y devueltos a Boston con mil bajas. Al año siguiente, en 1776, los mismos representantes enfurecidos que anteriormente habían buscado algún acuerdo con Londres volvieron a reunirse en Filadelfia. Tom Paine publicó un panfleto republicano titulado «Sentido común»,[2] acusando a los lealistas de la corona británica de tener «el corazón de un cobarde y el espíritu de un servil adulador». La Declaración de Independencia, escrita sobre todo por Thomas Jefferson, se publicó el 4 de julio, y en ella se declaraba a Jorge III «incapacitado para ser el mandatario de un pueblo libre». En su pasaje más aclamado, la Declaración afirmaba que: «Sostenemos estas verdades como evidentes: que todos los hombres han sido creados iguales; que están dotados por su Creador de una serie de Derechos inalienables, y que entre estos están la Vida, la Libertad y la Búsqueda de la Felicidad». La fraseología repetitiva y rimbombante era un producto clásico de la Ilustración europea. Por supuesto, esa épica no se aplicaba a los esclavos o nativos americanos. La creación más exitosa de Inglaterra, los Estados Unidos de América, había nacido.

Entre rebeldes y lealistas se entabló un belicoso juego del gato y el ratón en la costa este de América del Norte que duró cinco años. En Gran Bretaña, la opinión estaba dividida. El viejo conde de Chatham echaba chispas contra la locura de ir a combatir contra una América «que no se puede conquistar». Cuando el rey reclutó a mercenarios en Hanover, Burke le atacó acusándolo de utilizar «espadas mercenarias de patanes y vasallos alemanes» para reprimir «a nuestros hermanos ingleses en las colonias». La guerra desestabilizó la política interior: los disturbios anticatólicos de Gordon estallaron al mismo tiempo que la guerra en 1780, instigados por una moderada medida gubernamental que procuraba aliviar los duros momentos por los que pasaba Irlanda. Alrededor de 60.000 personas estuvieron desvalijando Londres durante casi una semana, dejando más de doscientos muertos.

Los rebeldes americanos encontraron aliados en Francia y España, siempre dispuestas a aprovechar una oportunidad para vengar las humillaciones sufridas a manos de Chatham. Los franceses se involucraron en el conflicto después de la victoria americana en Saratoga, en 1777, y su apoyo fue decisivo. Una flota francesa no tardó en dominar la costa americana y entorpecer los movimientos de las fuerzas británicas. En 1781, el general británico Cornwallis se vio obligado a rendirse ante los franceses en Yorktown, en Chesapeake Bay, y a humillarse ante el jefe rebelde y primer presidente americano George Washington. Cuando llegaron las noticias de semejante derrota a Londres, un North desesperado gritó: «¡Oh, Dios, se acabó!». Jorge III estaba abrumado. Para gusto de los radicales, la rendición de Yorktown fue aceptada y considerada definitiva. Con el tratado que se firmó en París en 1783, Gran Bretaña mantenía Canadá e India, pero perdía su joya de la corona: las colonias americanas.

North perdió una moción de confianza después de lo de Yorktown. La vieja cohesión entre *whigs* y *tories* se disolvió y, en 1783, desesperado, Jorge III le pidió al hijo de Chatham (llamado también William Pitt) que aceptara el cargo de primer ministro a la corta edad de veinticuatro años. En las elecciones del año siguiente, Pitt consiguió una mayoría que iba a mantener durante dieciséis años. Aunque él decía que era un *whig* independiente, Pitt era un nuevo *tory*, en sintonía con las nuevas innovaciones técnicas y el mercantilismo de la Revolución Industrial. Era un entusiasta de las ideas de Adam Smith, cuya obra, *La riqueza de las naciones,* apareció en 1776, y hacía hincapié en la división del trabajo y la importancia del comercio. Pitt tenía la habilidad de su padre, su energía y su astucia, pero tenía una personalidad más extrovertida. Como su padre, comprendió el daño que las guerras mal planteadas podían infligir en las finanzas del país. Y como él, también, temía los conflictos europeos y consideró su deber promover una economía fuerte en el interior y un comercio provechoso en el extranjero.

Gran Bretaña había perdido América, y no porque se la hubiera arrebatado una potencia europea, sino por algo menos humillante y más radical: por la independencia. La respuesta en Inglaterra no fue tanto de humillación como de un sentimiento de fascinación resignada. Cuando el nuevo embajador americano, John Adams, llegó a Londres en 1785, Jorge III apuntó amablemente que deseaba ser «el primero en contar con la amistad de los Estados Unidos como potencia independiente». Fueron los vencedores de la guerra los que tuvieron que afrontar el futuro más arduo. Por vez primera, Norteamérica tenía que pagarse su propia protección, y sus ingresos per cápita cayeron un 46 por ciento en los siguientes quince años. Gran Bretaña creció, en parte gracias al comercio con sus antiguas colonias. En Francia, la herencia de las guerras americanas fue espantosa: un populismo revolucionario desatado que el sistema de los Borbones no pudo contener. En 1789, los ciudadanos de París se levantaron en rebelión y tomaron la Bastilla. La Revolución Francesa fue saludada al principio de buena gana por el joven Pitt y los ingleses reformistas. Simplemente parecía que Francia estaba recorriendo con algún retraso el mismo camino que Inglaterra el siglo anterior. Wordsworth dijo: «¡Qué dicha estar vivo aquel amanecer!», y que nacieran «sociedades hermanas» para unirse con otras iguales en Francia.

Por aquel entonces los acontecimientos en América y en Francia fomentaron un nuevo radicalismo en las filas de los *whigs*. Un aristócrata radical, Charles James Fox, entabló una estrecha amistad con el príncipe de Gales, un joven disoluto, pero inteligente y culto, que seguía la inveterada tradición de los Hanover de odiar a su padre. Ambos se unieron a Burke, campeón de los rebeldes americanos y ahora un destacado polemista y orador. Fox dijo que Jorge III era «un alcornoque» y Burke atacó el clientelismo de la corona y los llamados «pueblos podridos», pequeñas circunscripciones con pocos electores que habitualmente estaban al servicio de los nobles terratenientes rurales. Sobre la Revolución Francesa, solo Burke era mordazmente incisivo. Decía que había «subvertido la monarquía pero no había recobrado la libertad», la cual solo se conseguiría no por la revolución, sino avanzando en un amplio cambio social y económico. Francia, predijo sagazmente, no estaba en el camino de la reforma, sino en el de la dictadura. El ataque de Burke iba a ser un texto clásico del conservadurismo británico.[3]

Pitt seguía siendo optimista. En su discurso de presupuestos de 1792, tres años después de la caída de la Bastilla, anunció que habría quince años de paz en Europa. En el plazo de un año quedó demostrado que se equivocaba. Luis XVI subió a la guillotina en enero de 1793 y comenzó el Terror. Los revolucionarios, dirigidos por un orador incendiario,

Georges-Jacques Danton, decidieron que había que derrocar todas las monarquías de Europa, y «arrojar a los pies del pueblo, como trofeo de la batalla, la cabeza de un rey». Los ejércitos llenos de pueblerinos franceses cruzaron las fronteras de Francia y se anexionaron Bélgica, declarando la guerra a los Países Bajos. En el plazo de dos semanas tras la ejecución del rey, Francia se declaró en guerra contra Gran Bretaña y por la causa republicana.

Fue un conflicto europeo ante el que ni Walpole ni ninguno de los Pitt podían permanecer ajenos. Los soldados franceses ahora vagaban por todo el continente arrasando con todo lo que encontraban. En París, el Directorio revolucionario los mantenía alejados por temor a lo que pudieran hacer si regresaban a Francia. En 1797, un joven militar corso, Napoleón Bonaparte, que hacía la campaña de Italia, estaba dando a sus políticos tantas victorias y triunfos que el ministro francés, Tayllerand, temió un golpe de estado militar si Bonaparte decidía ir a París. Así que, en consecuencia, envió a Napoleón a Egipto, para atacar los intereses británicos en el Mediterráneo.

Pitt tuvo que hacerse a la idea de tener que reanudar las hostilidades con Francia igual que lo había hecho su padre en la Guerra de los Siete Años. «Debemos emprender nuevamente la salvación de Europa», dijo. Aprovechó la oportunidad, como muchos otros políticos, de imponer con la excusa de la seguridad nacional una serie de restricciones sobre el *habeas corpus*, «reuniones sediciosas» y «actos de traición», que desataron las quejas de Fox ante el «Terror de Pitt». El carismático capitán Horatio Nelson fue enviado al Mediterráneo donde, en agosto de 1798, se topó con la flota de Napoleón amarrada en el delta del Nilo. Nelson dirigió con todo el descaro sus barcos hacia tierra y prácticamente la destrozó con sus cañones. Solo sobrevivieron cuatro barcos franceses de diecisiete. La victoria de Nelson en el Nilo fue la comidilla de Europa. Para entonces ya había perdido un brazo y un ojo, y su fama era tan absoluta como escandalosos eran sus amoríos con Emma Hamilton. Napoleón huyó de regreso a Francia, donde, en 1799, escenificó el golpe de estado que

Burke había predicho y que Talleyrand temía. La respuesta de Pitt fue implantar el primer impuesto sobre la renta, de dos peniques por libra, elevándolo a dos chelines para rentas superiores a las doscientas libras.

Entretanto, la rebelión americana no pasó desapercibida en la periferia celta de Inglaterra. La difusión generalizada de la patata como producto alimenticio se había unido a las enseñanzas de la Iglesia católica para incrementar la población de Irlanda hasta los seis millones, a punto de sumar un tercio del total de las Islas Británicas, unos veinte millones. El trato continuado que se le había dado a Irlanda, considerándola una colonia inglesa, se estaba viendo cada vez más como algo indefendible. En 1800, tras un debate parecido al que precedió a la unión de Escocia con Inglaterra un año antes, se aprobó una Ley de Unificación (Act of Union) tanto en Londres como en Dublín, mediante la cual se unían los parlamentos inglés e irlandés. Pero el rey se negó a aceptar ninguna concesión de votos a los católicos irlandeses, dejando la reforma prácticamente sin contenido. Dado que Pitt se había comprometido a conceder tales derechos, se sintió obligado a dimitir. Y como ocurrió con la rebelión americana, el imperio se convirtió en el último refugio de las prerrogativas monárquicas inglesas, con desastrosas consecuencias. La maldición irlandesa que iba a recaer sobre los líderes políticos británicos iba a durar más de un siglo.

En 1802 el gobierno firmó la paz con Napoleón, que en ese momento era cónsul general de Francia, provocando una oleada de turistas británicos en París para ver las ruinas de la Bastilla y admirar el saqueo napoleónico de Europa en el Louvre. Entre los tesoros expoliados estaban los caballos de San Marco de Venecia y el Apolo Belvedere del Vaticano. Pero al cabo de un año Napoleón se retractó de aquel compromiso y conmocionó a Europa al reanudar su beligerancia. En las islas se asistió a aquella declaración de guerra como una especie de amenaza mortal. En esas circunstancias, hablar de reforma política se condenaba como acto revolucionario. *Los derechos del hombre* de Paine, que había vendido 200.000 ejemplares, fue prohibido. El *habeas corpus* quedó suspendido y los jueces hicieron un uso abusivo de la deportación a la nueva colonia de Botany Bay, en Australia.[4] Los impuestos sobre la renta, que habían sido abolidos, se volvieron a implantar, a un chelín por libra en rentas superiores a 150 libras anuales.

En 1804 Pitt fue reclamado para el gobierno de nuevo y se lanzó de lleno a los preparativos para la guerra. Mientras Napoleón reunía un fabuloso ejército en Boulogne, destinado a la invasión de la isla, se construyeron las torres vigía a lo largo del litoral y las costas meridionales y orientales de Inglaterra; estas torres se llamaban *martellos* porque eran las torres defensivas que se construyeron en siglos pasados en Mortella, en Córcega. A Nelson se le ordenó que volviera a embarcar, para que fuera a buscar la flota de Napoleón y la hundiera, porque sería necesaria para apoyar una invasión francesa. Pero hasta octubre de 1805 no pudo acorralar a su presa franco-española en el cabo de Trafalgar, cerca de Cádiz. Dirigió allí sus naves, colocándolas en ángulos rectos a lo largo de una amplia línea de combate, reduciendo así el objetivo para el enemigo mientras quebraba la línea enemiga y destruía veintidós de treinta y tres barcos enemigos. Nelson no perdió ninguno, pero murió en el momento de salir victorioso, herido por un francotirador desde la cofa de un barco enemigo. Cuando llevaron sus restos a Londres, los elogios póstumos no conocieron límites. Se celebró un gran funeral en San Pablo, se abrió una nueva plaza en Charing Cross y se erigió una columna. Inglaterra se salvó de la invasión. Y por lo que toca a Napoleón, frustrado por la pérdida de su poder marítimo, decidió enviar a su enorme ejército hacia el este, contra austríacos y rusos, aplastándolos a ambos en la batalla de Austerlitz. Al conocer la noticia, Pitt señaló un mapa de Europa y dijo: «Enrolla ese mapa. No lo necesitaremos en los próximos diez años». Para Pitt, Trafalgar significó el final: murió agotado en enero de 1806.

En mayo de aquel año, un gobierno *whig* impulsó en el Parlamento una ley que prohibía a los súbditos británicos el comercio de esclavos, a lo que siguió una campaña de Fox y un parlamentario independiente de Hull (Yorkshire) llamado William Wilberforce, con la ayuda metodista de John Wesley. Fox declaró que ese tipo de comercio era «contrario a los principios de justicia, humanidad y buena política» y añadió que su prohibición era lo mejor que había hecho en los últimos cuarenta años. Aún costó otro cuarto de siglo que la esclavitud, que era una cosa distinta del comercio, fuera también prohibida en todo el imperio, aunque no en América, cuya recién estrenada independencia evitó las presiones abolicionistas. Fox murió poco después de aprobar la ley. Era una personalidad característica de la última etapa de la era georgiana, un jugador compulsivo y desaforado, bebedor y mujeriego, ridiculizado junto al príncipe de Gales por el caricaturista James Gillray y uno de los orígenes de la expresión *«a right Charlie»* (un perfecto idiota). Sin embargo, era un hombre intelectualmente despierto e ingenioso, un sincero defensor de los derechos civiles, de la emancipación católica, de la reforma electoral y antiesclavista. Junto a Burke y otros políticos, propició un impulso decidido de la corriente principal de los *whigs* hacia el liberalismo. En este momento crítico de la historia política de Inglaterra, el reformismo nunca perdió el contacto con el Parlamento ni el Parlamento con el reformismo. Por muy poco representativo que fuera de la nación, los salones de la Cámara de los Comunes siempre fueron un puente entre el conservadurismo y el radicalismo que cualquiera entendía que podía cruzar.

En 1806 la muerte de Pitt dejó un vacío a la hora de afrontar los conflictos que iba a ser difícil de llenar. Los dos líderes *tories* eran el brillante advenedizo George Canning y el aristócrata irlandés lord Castlereagh, cuyo odio mutuo terminó en un ridículo duelo en Putney Heath en 1809. Como no sabía que el protocolo exigía disparar alto para fallar, Canning apuntó pero falló, tras lo cual, Castlereagh exigió furioso un segundo disparo e intentó matar a Canning, hiriéndolo en el muslo. Los dos tuvieron que dimitir, mientras el país aún estaba en guerra. Al mismo tiempo, Jorge III se hundió en una especie de enfermedad mental y dos años después el príncipe de Gales fue nombrado príncipe regente. No era un buen momento para que el país perdiera al timonel.

En 1808 Napoleón había invadido España y Canning había enviado a Arthur Wellesley, un comandante del ejército en la India, para que atacara a las fuerzas francesas cruzando a la península ibérica desde Portugal. La decisión acabó en una costosa y probablemente innecesaria campaña de cuatro años que se convirtió en una epopeya de la historia militar. Hasta 1812 Napoleón no empezó a retirarse de España, y entonces dirigió toda su atención al renaciente nacionalismo ruso. El resultado fue un avance decidido hacia Moscú y una retirada final tras la batalla de Borodino. El emperador francés emprendió su regreso a París, sufrió la caída en desgracia y el destierro a Elba. En 1814 las potencias aliadas convocaron un congreso de paz en Viena y finalmente dieron por concluido el periodo de la Francia revolucionaria.

En cuestión de meses el congreso fue interrumpido por la noticia de que Napoleón había escapado de Elba. En febrero de 1815 desembarcó en Antibes y avanzó hasta París. Luego reformó su ejército imperial y marchó hacia Bélgica, donde pensaba enfrentarse a una fuerza aliada reunida apresuradamente por Wellesley, ahora convertido en duque de Wellington. El día 15 de junio se celebró un baile en Bruselas, organizado por la duquesa de Richmond, donde se anunció con aire melodramático que el ejército francés estaba al otro lado de la ciudad. Los dos grandes generales, ambos con cuarenta y seis años, entablaron alguna escaramuza en Quatre Bras y luego, dos días más tarde, se enfrentaron en Waterloo. Toda Europa esperaba que aquella batalla pondría fin a todas las batallas. Ambos ejércitos estaban compuestos por cerca de 70.000 hombres, pero los aliados habían convocado a otros 48.000 prusianos más. La batalla se resolvió con un número espantoso de bajas por ambos bandos, pero la caballería francesa arrasó frente a las descargas de las escuadras de la infantería británica. Solo la llegada a última hora de los prusianos consiguió dar la vuelta a la batalla; Wellington admitió que había sido «el lance más disputado que se ha visto en la vida». Cuando la Guardia Imperial de Napoleón decidió entrar en combate finalmente y se vio flaquear, el ejército francés dio media vuelta y huyó en desbandada. Al anochecer, los prusianos apresaron el carruaje del emperador y todos los diamantes que llevaba pasaron a engrosar las joyas de la corona prusiana.

La derrota de Napoleón fue definitiva. Le escribió una carta a Jorge III, diciéndole: «Aquí acaba mi carrera política [...]. Ruego de su Alteza Real la protección de las leyes, y me apartaré del más poderoso, el más firme y el más generoso de mis enemigos». Bonaparte confiaba en poder huir a América, el país que había inspirado la revolución de la cual él era un notable beneficiario. Pero fue capturado y enviado a la remota isla de Santa Helena, en el Atlántico Sur, donde pasaría los seis años que le quedaban de vida. Allí murió, en 1821. La segunda guerra de doscientos años con Francia había tocado a su fin.

EL CAMINO DE LA REFORMA
~
1815 – 1832

Como consecuencia de lo acaecido en Waterloo, el acuerdo de Viena fue concebido como un triunfo de la diplomacia europea, pero era profundamente conservador. Aunque se castigaba a Francia por su revolución y se reforzaban los absolutismos de Austria, España y Rusia, no se pudo eliminar de un plumazo el espíritu revolucionario. El genio americano salió de la botella y había hablado en francés. Había planeado sobre todas las capitales de Europa y parecía evidente que acabaría encontrando una voz que hablara por él en inglés. El gobierno británico estuvo bajo el liderazgo del conde de Liverpool desde 1812 a 1827.[1] Jenkinson era un hombre intuitivo, tan conservador que se dijo que se había opuesto a la Creación para preservar el Caos. Este era el personaje que iba a presidir uno de los periodos críticos de la historia de Inglaterra. ¿Cómo iba a resistir la Constitución, prácticamente inalterada desde la Revolución Gloriosa de 1688, en medio de las tormentas revolucionarias que estaban recorriendo Europa?

El final de la guerra de Francia acabó con 200.000 soldados y marineros inundando el mercado laboral. El gasto público se hundió y la recesión entró en juego, generando un caos generalizado. El Parlamento de 1815 aún representaba los intereses de los terratenientes y había aprobado una Ley de Importación que imponía una tarifa al grano procedente de ultramar como método para mantener las rentas de las granjas. Aquella «Ley del Grano» incrementó el precio del pan y desató disturbios en las ciudades, mientras, en las fábricas, los llamados luditas destrozaban la maquinaria de trabajo.[2] Este malestar, que era generalizado en provincias, aterrorizó a las autoridades, que recordaban los actos recientes de los *sans culottes* de París.

En 1819, una manifestación pacífica en la plaza de St. Peter, en Manchester, fue dispersada por unas tropas enloquecidas; aquello acabó con quince muertos y seiscientos heridos. El incidente se motejó como la Peterloo Masacre, en una irónica referencia a Waterloo. Jenkinson se puso en acción de inmediato y aprobó «seis leyes» tan draconianas como las de Pitt, restringiendo la libertad de expresión, de prensa y de reunión. Cierto poema antigubernamental de Shelley —«Me encontré con el asesino en el camino / tenía una máscara como Castlereagh»— no se pudo publicar por temor a que lo encarcelaran. Las reuniones concebidas para promover la reforma política se consideraban un «acto manifiesto de conspiración y traición». Al año siguiente, un complot de cinco republicanos para asesinar a todo el gabinete en Cato Street, en Londres, fue frustrado en el último minuto.

La clase política británica se resquebrajaba por la tensión. Incluso la monarquía parecía estar tambaleándose. Jorge III, loco, ciego, sordo y prácticamente enclaustrado en Kew, finalmente murió en 1820. Su sucesor, Jorge IV (1820-1830),[3] era un glotón y un despilfarrador, obsesionado con superar a Napoleón en esplendor. En su coronación se presentó ataviado con un vestuario copiado de la indumentaria del emperador y se quedó espantado cuando Carolina de Brunswick, su esposa, de la que se había separado, regresó de Francia para asistir al acontecimiento. Aunque la apariencia de Carolina no era especialmente atractiva, el rey era tan impopular que las masas londinenses se pusieron alegremente del lado de la esposa ultrajada. Jorge IV no podía confiar en sus guardias y tuvo que contratar a unos matones para que sacaran a Carolina de la abadía de Westminster. Ella golpeó las puertas para que la dejaran entrar, y murió poco después, probablemente de una sobredosis de drogas.

La industrialización estaba en esos momentos transformando la demografía de la isla. La población de las Islas Británicas, excluyendo Irlanda, era de cinco millones en 1700, apenas el doble de su total en el medievo y solo tenían cinco ciudades de provincias con más de diez mil habitantes: York, Bristol, Norwich, Exeter y Newcastle. En 1800 la población había ascendido a nueve millones y en el cuarto de siglo siguiente alcanzaría los veinte millones. El aumento de población corrió parejo con la urbanización, que al parecer incrementó la longevidad y la fertilidad, junto con la mejora de la nutrición. Las viejas ciudades catedralicias se vieron relegadas por las nuevas urbes industriales, como Manchester, Birmingham, Leeds y Sheffield. Las chimeneas fabriles empezaron a lanzar humo a la atmósfera y causaron admiración y horror en igual medida.

Aquellos cambios convirtieron a Gran Bretaña en el país más industrializado del mundo, pero también pusieron al Parlamento al borde de la irrelevancia política. Sus circunscripciones y electores de ningún modo reflejaban la nueva Inglaterra y, además, sus líderes se encontraban aún en la oligarquía rural. El gobierno local estaba basado en los concejales municipales, en las asambleas parroquiales y en los jueces de paz. La Iglesia anglicana andaba moribunda, con sus eclesiásticos pluriempleados y apropiándose de grandes cantidades de ingresos de parroquias que luego dejaban al cuidado de coadjutores. Los edificios eclesiásticos estaban medio abandonados, sin reparar desde el siglo XV, con los tejados derruidos y las salas a la intemperie. El inconformismo no tardó en tener tantos seguidores como el anglicanismo. Aunque los sindicatos aún seguían prohibidos por las Leyes de Asociación (Combination Acts) de Pitt, florecieron las sociedades de amigos o mutuas, que proporcionaron un liderazgo alternativo a los de la aristocracia y la Iglesia. El gobierno podía encarcelar a los periodistas molestos, como al antimonárquico Leigh Hunt y a William Cobbett, un radical conservador que atacaba furioso a los «traficantes de concejalías, a los covachuelistas y a los subvencionados», pero la prensa y la opinión pública estaban reventando todas las costuras políticas. El *Manchester Guardian*, el *Leeds Mercury* y el *Scotsman*, que salieron a la calle en la década de 1820, eran diarios que leían ciudadanos sin derechos y financiados por industriales sin derechos.

El ámbito natural para la reacción era el partido Tory, y algunos *tories*, como el duque de Wellington, contestaron acallando cualquier disidencia. Otros, en cambio, eran conscientes de que era inevitable algún cambio en la vida política que reflejara el verdadero y nuevo país. A pesar de su conservadurismo, Jenkinson era un pragmático convencido y se las arregló para formar una coalición con miembros de las dos sensibilidades. En el Ministerio del Interior, Robert Peel recibió la influencia del filósofo Jeremy Bentham y de Elizabeth Fry, comprometidos con la reforma de las prisiones para acabar con lo peor de las barbaridades del sistema carcelario. Redujo drásticamente el número de delitos promoviendo la pena capital y fundó una policía metropolitana desarmada en Londres. Los gendarmes fueron motejados como *bobbies* o *peelers* por su nombre: Robert (Bob) y Peel. William Huskisson, presidente de la Cámara de Comercio, redujo los precios de los alimentos al bajar las tasas de importación. Él fue el primer pasajero que murió en un accidente ferroviario, en la inauguración del tren que iba de Liverpool a Manchester, en 1830.

La estrella del gabinete del conde de Liverpool era Canning, reintegrado al Ministerio de Asuntos Exteriores (Foreign Office) tras el exilio por culpa del asunto del duelo. Lideró el ministerio con una visión liberal del Imperio. En 1823 apoyó la doctrina Monroe[4] de no injerencia en Sudamérica, promoviendo «la existencia del Nuevo Mundo para restablecer el equilibrio en el Viejo». Aquello enfureció a Jorge IV, que detestaba «el nuevo liberalismo». Posteriormente, Canning apoyó la causa de Byron en favor de la independencia griega frente a los turcos.

En 1827, esta política progresista de los *tories* cayó en una profunda crisis cuando el conde de Liverpool sufrió un ataque y Canning, que lo sustituyó como primer ministro, murió casi inmediatamente después. El rey, enfermo, buscó remedio desesperadamente en el duque de Wellington, héroe de la vieja guardia, y lo propuso para el cargo. Pero incluso Wellington, aunque se oponía a modificar ciertos derechos electorales, prosiguió con las reformas, si bien irregulares y fragmentarias. Solicitó el apoyo de los seguidores de Canning en el Parlamento y derogó las leyes penales y de asentimiento religioso (anglicano) de Carlos II que restringían los trabajos en la administración exclusivamente para los anglicanos, un movimiento que abría los gobiernos locales de toda Inglaterra a savia nueva y radical. En 1829 Wellington sorprendió a los conservadores al promover la emancipación católica en Irlanda, una medida que Pitt el Joven había rechazado. El impacto en Westminster fue dramático: al final se creó un bloque sólido de parlamentarios católicos irlandeses que cada vez estaban más comprometidos con la autonomía o la independencia. La reforma provocó un estrafalario duelo entre el viejo soldado y el duque de Winchilsea, que acusó a Wellington de traicionar la causa protestante. A diferencia de Canning contra Castlereagh, ambas partes dispararon para fallar.

El rey murió en Windsor en 1830, embotado, detestado y ridiculizado. Cuando llegó al poder, exigió al gobierno que encontrara 550.000 libras para pagar sus deudas. Encargó a Henry Holland que reconstruyera Carlton House y el Brighton Pavilion, y luego había exigido que John Nash rehabilitara Buckingham House para utilizarla como residencia en Londres, y así nació Buckingham Palace. El rey también le encargó a Nash un plan de manzanas y palacetes que unieran St. James's con Regent's Park, la única planificación londinense que podría rivalizar con las de Roma, Viena o París. Para entonces, el rey, grotescamente gordo, ya se había retirado al castillo de Windsor. Con motivo de su fallecimiento, incluso *The Times* apuntó que «nunca hubo un individuo que fuera menos llorado por sus conciudadanos que el rey que acaba de morir». El trono lo ocupó el hermano mayor del rey, Guillermo IV (1830-1837),[5] de sesenta y cuatro años, un oficial de la marina sin mucho éxito que nunca esperó semejante cargo y mostró muy escaso interés en el mismo. Tenía diez hijos de su amante habitual, una actriz llamada Dorothea Jordan, pero ningún hijo legítimo varón.

En las elecciones de 1830 de lo único que se habló fue de la reforma electoral. Aunque los *tories* aún conservaban la mayoría, Wellington apuntó que el modelo de representación existente era el ideal y, «mientras yo tenga algo que decir [...], pensaré siempre que mi deber es mantenerlo y resistirme» a cualquier tipo de reforma. Aquella intransigencia pública lanzó a las turbas radicales a ocupar las calles. Los ministros del gobierno no podían ir a ninguna parte sin guardaespaldas armados. Wellington perdió al final una moción de confianza y se vio obligado a dimitir.

Ocupó el cargo un aristócrata y líder *whig*, el conde Charles Grey, de sesenta y seis años, con la ayuda del liberal lord Melbourne, el vizconde Palmerston y un abogado talentoso y radical llamado Henry Brougham. Con estos hombres comprometidos con la reforma y los *tories* deambulando entre los ultraconservadores y los *«canningites»* reformistas, la batalla era inevitable. En marzo de 1831, el *whig* lord John Russell presentó una ley de reforma en los Comunes por la cual se suspendían sesenta distritos «podridos» (a los que se les permitía tener representante aun teniendo pocos votantes y cuyos parlamentarios siempre pertenecían a la misma familia), tales como Old Sarum, y redujo la representación de otros cuarenta y siete, de modo que se eliminaron los escaños de 168 parlamentarios de los 658 que había tras el Acuerdo de Unificación con Irlanda de 1800. El censo electoral se ampliaría modestamente, de 400.000 ciudadanos a 650.000, pero por vez primera las grandes ciudades manufactureras, como Manchester, Birmingham o Leeds, estarían representadas en el Parlamento.

La propuesta se aprobó en los Comunes por un solo voto, en una sesión con una participación elevadísima, de 608 miembros, pero luego fue socavada por los *tories* en comisión. Grey dimitió en abril y convocó un referéndum en el que se votaría a favor o en contra de la ley. Se formaron coaliciones políticas por todo el país y en las elecciones ganaron muy mayoritariamente los prorreformistas en los Comunes. En septiembre de 1831 volvió a presentarse la ley Russell y se aprobó en los Comunes, pero fue rechazada en los Lores: los obispos votaron 21 de 22 en contra.

Estallaron algaradas en Bristol, Nottingham y Derby. En Birmingham las campanas tocaron a difuntos. Wellington fue apodado el Duque de Hierro no por Waterloo sino por las contraventanas metálicas que tuvo que poner en su casa. Corrían rumores de que se estaban formando grupos armados, que la gente no iba a pagar impuestos y que se iba a retirar el dinero de los bancos. El «momento 1789 británico», tan temido, estaba a punto de suceder. ¿Cómo reaccionaría el Parlamento, y tal vez el rey?

En diciembre de 1831, la ley Russell se presentó por tercera vez con un contenido atenuado, pero de nuevo fue rechazada en la Cámara de los Lores. Grey exigió entonces que el nombrara a los nobles necesarios para que se aprobara la ley, una táctica que también había usado la reina Ana para aprobar el Tratado de Utrecht en 1713. En mayo de 1832, cuando el rey se negó a semejante ardid, Gray volvió a dimitir, advirtiendo al monarca que «el espíritu de este tiempo saldrá triunfante y resistirse es una ruina segura». En las semanas siguientes, conocidas como «los días de mayo», se asistió a una situación delicadísima en la que la política constitucional pendía de un hilo. Wellington fue convocado por el rey Guillermo y le ordenó formar gobierno, cosa que no pudo hacer. El duque sabía que todo había terminado para él y aconsejó al monarca que concediera inmediatamente a Grey lo que le había pedido. Un noble radical, lord Stanley, llegó a exigir que se nombraran nobles a todos los guardias de una brigada.

Cuando los lores se dieron cuenta de que su Cámara podía quedar reducida a la nada, se rindieron por fin. La gran Propuesta de Reforma se convirtió en ley el 7 de junio de 1832. La mayoría de las circunscripciones «podridas» desaparecieron y en su lugar se añadieron 125 nuevos escaños. Se estima que el censo electoral se elevó hasta un 60 por ciento. Aunque aún estaba basado en la propiedad, no era secreto y solo afectaba a los hombres, el dique ya había estallado. Por vez primera desde la Guerra Civil inglesa se estaba implantando una nueva distribución de poder en el Reino Unido. Grey prometió que las futuras reformas se ajustarían solo «de acuerdo con el incremento de inteligencia del pueblo y las necesidades de los tiempos». Pero lo que se deducía de sus palabras es que ese avance se acabaría produciendo. El año 1832 se encuentra entre los grandes puntos de inflexión de la historia de Inglaterra. Se había conseguido sofocar un violento levantamiento porque el Parlamento británico y la comunidad política, aunque tarde y mal, acabaron acomodándose al discurrir de los tiempos y respondieron al espíritu del siglo. Fue 1832, y no 1688, la verdadera «revolución gloriosa».

EL AMANECER VICTORIANO
~
1832 – 1868

La sardónica reacción de Wellington al primer Parlamento reformado de 1833 fue: «Jamás en la vida vi tantos sombreros horrendos». Sin embargo, iba a ser tan radical como el Parlamento Largo de 1640 y sus reformas iban a ser más duraderas. El ministerio recuperado de Grey hizo honor al mandato del nuevo electorado con una avalancha de legislación liberal que hizo temblar a toda Europa. Abolió la esclavitud en las Indias Occidentales, un paso más contra estas prácticas, porque el comercio de esclavos era ya ilegal. Se limitó el trabajo de niños menores de trece años en las fábricas. Una ley de pobres ofrecía un «empleo de subsistencia» para los más necesitados, aunque el régimen de trabajo era tan duro como para inspirar el *Oliver Twist* de Charles Dickens. Los consejos municipales electos tomaron el control de las antiguas corporaciones municipales corruptas. Cuando los «mártires de Tolpuddle»[1] fueron deportados a Australia en 1834 por actividad sindical, la opinión pública exigió su indulto y su repatriación. Y se consiguió. El antiguo régimen colapsó simbólicamente cuando el Palacio de Westminster se quemó hasta los cimientos en 1834, una escena que J. M. W. Turner registró con gran viveza. El edificio fue reemplazado con el neogótico inglés *(perpendicular gothic)* de Charles Barry y Augustus Pugin, una imponente recreación de lo viejo que escondía lo nuevo.

Aquel mismo año Grey se retiró como primer ministro y fue el amigable Melbourne quien tres años después daría la bienvenida al trono a la sobrina de Guillermo IV, Victoria (1837-1901),[2] en aquel entonces con dieciocho años. Supo de la muerte de su tío por el arzobispo de Canterbury y el lord chambelán, que la despertaron a las cinco de la mañana en el Palacio de Kensington. El consejo real al completo se reunió cuando ella apenas se había quitado el camisón. Alegre, inteligente, curiosa y con apenas metro y medio de altura, Victoria estaba encaprichada de Melbourne. El apuesto viudo se postuló como su secretario personal informal y se reunía con ella dos veces diarias y cenaba con ella tres veces por semana. Tal y como escribió David Cell, biógrafo de Melbourne, Victoria estaba «emocionalmente en una etapa escolar, buscando menos a un amante que a un héroe». Melbourne fue un caballero absolutamente formal e inició a su receptiva alumna en los misterios constitucionales. Luego la dirigió en su feliz matrimonio con un apuesto alemán, el príncipe Alberto de Sajonia-Coburgo. Le explicó cómo debía ser el protocolo exigido para hacerle la proposición de boda al príncipe.

Tal y como algunos esperaban y otros temían, la implantación de la reforma solo sirvió para presionar en busca de más. En 1838 un grupo de radicales publicó un documento constituyente que superaba con mucho la Ley de Reforma y exigía distritos electorales equitativos, sufragio universal (solo para los hombres), el voto secreto, legislaturas y parlamentos anuales y sueldos para los parlamentarios. Aunque estos radicales *(Chartists)* organizaron manifestaciones gigantescas y eran, para algunos, prácticamente un ejército obrero prerrevolucionario, sus líderes y los parlamentarios que los apoyaban consideraban el «cartismo» como un fenómeno que asumía el espíritu de la ley de 1832. En la tensión entre el cambio violento y constitucional, venció la segunda opción. Tampoco eran los cartistas los únicos que ocupaban el ala radical del partido *whig*. En las elecciones de 1841 regresaron los *tories* con Peel, que decía de sí mismo, con un toque de ironía, que era un «conservador». Robert Peel, un hombre formal, hijo de un empresario del algodón, consideraba el progreso industrial, el comercio de ultramar y la reforma política como partes integrantes del nuevo ideario *tory*. Su popularísimo manifiesto de 1834 a los electores de Tamworth declaraba que su partido tenía que «reformar para sobrevivir» y «revisar todas las instituciones, civiles y eclesiásticas». Peel, más que cualquier otro líder, se tomó muy en serio el trabajo parlamentario y consiguió que al final una institución esencialmente reaccionaria se adecuara para gobernar un estado-nación moderno.

Para entonces, la Revolución Industrial había impulsado radicalmente los centros manufactureros textiles del siglo XVIII, asociándolos al carbón, al mineral de hierro y a las corrientes de agua de los Costswolds y las faldas de los Peninos.[3] Y la clave fue el transporte. Cuando los trenes comenzaron a sustituir a los canales como rutas de mercancías en la década de 1830, en los *midlands* y en el norte se desarrollaron núcleos manufactureros interconectados. En los años cuarenta del siglo, la «locura del ferrocarril» favoreció que se tendieran kilómetros y kilómetros de vías, y allí donde los obreros ponían vías luego se quedaban como obreros en las fábricas. De Birmingham se llegaba a Londres en una mañana. La mayor parte del país no tardó en estar en condiciones de recibir mercancías y el correo a diario. Aunque las condiciones de vida de la nueva clase trabajadora podían ser espantosas, una población esencialmente agraria quedó liberada de sus ataduras a la tierra y alcanzó una relativa prosperidad.

La importancia de esta revolución económica y social se reflejó en lo que se convirtió en la obsesión dominante de Peel: el comercio libre. La manufacturación exigía tener puntos de venta en el extranjero, igual que exigía importaciones baratas de materias primas y comida barata para los obreros (la fuerza de trabajo). Las tasas eran el enemigo de las importaciones y las exportaciones. En el gran objetivo de liberar el mercado, Peel se unió a dos industrialistas radicales, Richard Cobden y John Bright, que fundaron una Liga para una Ley contra las tasas de Cereales que se volcó en una campaña a favor de la comida barata. *The Economist* fue el primero en colaborar en la campaña de 1843. Cobden era cualquier cosa menos un *tory*; en realidad, era un pacifista y un feroz opositor a la aristocracia. Pero en el asunto del comercio libre, el radicalismo urbano hizo causa común con el capitalismo. Solo algunos cartistas protestaron y dijeron que aquella doctrina acabaría oprimiendo a los pobres con salarios más bajos.

En 1845, el abastecimiento y el precio de los alimentos se convirtió en una cuestión crítica cuando se echó a perder la cosecha de patatas en Irlanda: entonces regresó un horror que la mayoría pensaba desterrado de las Islas Británicas: la hambruna. A finales de la década, un millón de irlandeses había huido a América, a menudo hacinados en unos mortales «barcos ataúd», plagados de enfermedades y hambre. Algunos de aquellos barcos tenían unas condiciones tan deplorables que perdían hasta un tercio de sus pasajeros en el trayecto, y los cadáveres se arrojaban por la borda para alimentar a los peces. La única solución inmediata fue recortar el precio del pan y suspender los impuestos al grano importado. Con el apoyo de los *whigs* y los radicales, en 1846 Peel consiguió aprobar la derogación de impuestos al grano de 1815. Aunque los efectos no fueron inmediatos, los precios medios del pan cayeron casi a la mitad a lo largo de los siguientes treinta años.

El impacto de la derogación de la Ley de Cereales en el partido de los *tories* y sus intereses agrícolas fue inmediato. La política de Peel tal vez había sido solvente desde el punto de vista económico y astuto al aliarse con los *tories* para impulsar los nuevos intereses comerciales, pero los más tradicionalistas estaban furiosos. Fue acusado violentamente por un joven agitador, Benjamin Disraeli, que catalogó la acción de Peel como «la destrucción voluntaria de un gran partido a manos de su propio líder». En el verano de 1846, con los *tories* divididos a favor y en contra de la derogación y en completo desconcierto, Peel pierde el cargo y los *whigs* recuperan el poder con lord John Russell, dando comienzo así a dos décadas de predominio *whig*.

La impresión que dejaron los años centrales del siglo XIX es de un país en ebullición y en el que se estaban produciendo continuos cambios y avances, comerciales, culturales, espirituales y arquitectónicos: todo lo contrario que había ocurrido durante «la paz de Walpole» el siglo anterior. En 1848, mientras Europa ardía con su «año de las revoluciones» y veía cómo se derrocaban las monarquías de Francia, Austria, Italia o Polonia, lo más próximo a una inquietud política en Inglaterra fue una manifestación cartista mediana en Kennington Common, que culminó con la humilde petición que fue enviada al Parlamento en tres taxis y, posteriormente, rechazada. Al otro lado de la ciudad, en el British Museum, Karl Marx estaba escribiendo su manifiesto comunista sin que nadie lo molestara, mientras en la Cámara de los Comunes los parlamentarios aprobaban una ley de salud pública.

La reina y su marido disfrutaban de una felicidad matrimonial pública, yendo de Windsor a Balmoral y de Balmoral a su residencia campestre favorita: Osborne, en la Isla de Wight. El contraste con los disolutos Hanover resultaba evidente. En el castillo de Osborne, Alberto construyó una casita campestre de estilo suizo, donde se enseñaba a los niños a mantener la casa y el jardín como una familia normal. Las casas de campo suizas florecieron por toda Gran Bretaña. En los barrios de Londres proliferaron palacetes con estucados, donde los nuevos ricos del imperio se podían codear con los aristócratas continentales y los intelectuales que habían huido de los disturbios de Europa. En 1851 se celebró una Gran Exposición en Hyde Park, organizada por el príncipe Alberto, que promocionó el país no como un lugar campestre idílico sino como una firme potencia industrial y comercial. Y de igual manera, una nueva Inglaterra se reflejaba en la vida intelectual de la nación. El novelista Anthony Trollope describió las emociones escasas y rancias de una sociedad plutocrática, pero en términos comprensivos con las reformas eclesiásticas y políticas.

Charles Dickens observaba el mundo de una manera diferente y denunció las necesidades de aquellos a los que las reformas no alcanzaban. Daba conferencias públicas y donaba los beneficios a los albergues para indigentes. El filósofo político John Stuart Mill trazó las dudosas fronteras entre el estado y la libertad individual en *On Liberty (Sobre la liber-*

tad, 1859), advirtiendo contra «la tiranía de las mayorías» y destacó la necesidad de una participación activa en las democracias: «Una persona puede hacer mal a otros no solo por sus acciones, sino por su inacción». Incluso la Iglesia anglicana se despertó de su estupor georgiano gracias a un movimiento evangélico emanado de Oxford y Cambridge. Aquello resultó en un estallido constructor de templos que no se había visto desde el siglo XV, con torres y agujas góticas de piedra elevándose sobre los tejados de villas clásicas. Al final de la década los púlpitos temblaron con el reto de Darwin al dogma religioso: *El origen de las especies* (1859). La investigación científica en el mundo natural era un reflejo de las invenciones mecánicas y de la industria. Incluso el arte entró en una fase de disputa: Pugin y Ruskin protestaban contra la fealdad de la nueva Inglaterra y sollozaban por un regreso a los valores y la artesanía de la Edad Media. El país hervía en polémicas creativas.

Aunque Russell era el primer ministro, el periodo estuvo controlado políticamente por la notable figura de Palmerston, ministro de Asuntos Exteriores durante la década de los años treinta y, de nuevo, de 1846 hasta 1851. Durante todo ese tiempo ejerció el poder desde el Ministerio de Asuntos Exteriores sin apenas preguntar ni consultar a sus colegas. Fue en gran medida el padre del «intervencionismo liberal» en ultramar; Palmerston dijo en la Cámara de los Comunes, en un discurso de cinco horas, en 1848, que «la política real de Inglaterra [...] es ser la defensora de la justicia y el derecho, persiguiendo ese objetivo con moderación y prudencia, sin convertirse en el Quijote del mundo, sino concediendo el peso de su sanción y apoyo moral allí donde crea que esté la justicia». En 1850 envió a la armada a atacar Atenas en defensa de un ciudadano judío gibraltareño llamado Don Pacífico; se dijo que «la mirada vigilante y el brazo de hierro de Inglaterra» siempre protegería a sus ciudadanos, como en los días de la Antigua Roma. Aunque Palmerston apoyaba causas revolucionarias en el continente y era un ferviente defensor de lo que se denominó «diplomacia de buque cañonero», mantuvo al Reino Unido lejos de las trifulcas europeas, concentrándose, como Chatham, en la Royal Navy y en la seguridad del Imperio. De tal calibre era su patriotismo que cuando un francés quiso hacerle un cumplido diciéndole que, si no fuera francés, querría ser inglés, Palmerston contestó: «Si yo no fuera inglés, querría ser inglés».

A Palmerston no le gustaba jugar en equipo y su política era demasiado personal para que sus colegas de gabinete lo pudieran tolerar. Lo trasladaron al Ministerio del Interior en 1852, donde estuvo enredado durante dos años en un furioso torbellino reformista. Promovió la limitación de horas de trabajo infantil en las fábricas y favoreció la vacunación, el aire libre, la reforma de prisiones y reformatorios para jóvenes delincuentes. También fue capaz de evitar implicarse y comprometerse en la impopularísima guerra de Crimea, que comenzó en 1853, aunque defendió una línea dura en favor de Turquía para detener la expansión rusa. La consecuencia de la guerra para los británicos fue leve, marcada principalmente por una campaña del *Times* exigiendo una reforma del ejército y por mejoras notables en el campo de la enfermería, gracias a Florence Nightingale. El fiasco de la carga de la Brigada Ligera se convirtió en gloria gracias al poeta Tennyson, pero la constitución de una comisión de investigación para dilucidar la actuación del gobierno en la guerra fue tan humillante para el primer ministro *whig* lord Aberdeen que se sintió obligado a dimitir. En 1855 Palmerston ocupó su lugar, después de que la reina le hubiera pedido prácticamente a todos sus compañeros de gabinete que formaran gobierno y estos hubieran rehusado. A Victoria le disgustaba profundamente Palmerston, y lo consideraba —justamente— un libertino insaciable y —equivocadamente— un canalla sin principios.

El estilo político de Palmerston, un conservadurismo paternalista, se inspiraba en la herencia radical de Burke y Fox, a través de Grey, Melbourne, Russell y la generación de 1832.[4] En 1859, por supuesto, estuvo presente en una reunión que se celebró en cierto club de St. James donde un grupo de *whigs*, seguidores de Peel y radicales decidideron convertirse en el Partido Liberal. La figura más relevante en aquel encuentro fue el joven ministro de Hacienda, William Gladstone, honrado y fiable, hijo de un comerciante de Liverpool. Había sido *tory* y seguidor de Peel, y al principio se había opuesto a la Reforma Electoral de 1832, e incluso había defendido la esclavitud, pero ahora desplegaba todo el fervor de un converso. Había sido ministro desde 1852 a 1855, y ahora regresaba al mismo cargo para otros siete años (1859-1866); durante este periodo aumentó los ingresos por impuestos y rebajó la deuda. En tiempos de paz, dijo, «nada salvo una apremiante necesidad debería inducirnos a endeudarnos». Siguiendo la estela de la política de libre comercio de Peel, rebajó drásticamente el número de aranceles, de 419 a 48, cancelando los impuestos sobre los periódicos por ser «impuestos sobre el conocimiento». El descenso de los precios de los alimentos lo encumbró como «el héroe del desayuno del obrero».

Aunque era un firme defensor del abolicionismo esclavista, Palmerston se puso del lado de los confederados en la Guerra Civil americana de 1861-1865, sobre todo por la aversión a los sentimientos antibritánicos que abundaban en los estados del Norte y por la preocupación por las exportaciones algodoneras del Sur. Pero el apoyo a los confederados no llegó a ser tanto como para involucrarse en la guerra. Palmerston murió en el cargo, en 1865, después de dos décadas en las cuales Gran Bretaña disfrutó de paz y prosperidad. Fue reemplazado por el anciano Russell, uno de los radicales que presentaron la propuesta original de 1832 y, en esos momentos, obsesionado con sacarla adelante. La reforma política regresó al centro del debate, estimulado, como a principios de siglo, por las revoluciones de otras latitudes, como la de Garibaldi en Italia o la de Lincoln en América. En 1866 Russell presentó una propuesta electoral al Parlamento junto a los seguidores cartistas, en la que se proponía la igualdad de circunscripciones y se consideraban electores a todos los varones adultos con trabajos especializados y con domicilio conocido. La consecuencia sería que el electorado se doblaría hasta llegar casi a los dos millones, y, gracias a un registro de votantes, resultaría bastante más difícil, o al menos más caro, manipular los votos. El sistema, a su vez, reduciría el clientelismo y reforzaría el papel de las organizaciones partidistas. La voluntad política del pueblo empezaba a escaparse de las zarpas de los oligarcas locales y empezaba a implicar cada vez a más gente.

La propuesta resultó excesivamente difícil de digerir en la Cámara de los Comunes, y Russell y su gobierno dimitieron, dando vía libre a los *tories* con lord Derby a la cabeza, con Disraeli como líder en los Comunes. En Londres hubo un nuevo estallido de manifestaciones reformistas, como las que se habían visto en los años treinta. Hubo una manifestación tan grande en Hyde Park que la policía tuvo que pedir ayuda a los soldados para dispersarla. Los *tories* se asustaron y, en agosto de 1867, se apresuraron a aprobar lo que era esencialmente la antigua propuesta de Russell. Ahora era el turno de Disraeli: le tocaba que lo acusaran (Robert Cecil, el futuro lord Salisbury) de «una traición política sin parangón en nuestros anales parlamentarios», casi las mismas palabras que él había empleado para Peel. Pero si Disraeli creía que había hundido a los liberales y que los electores se lo agradecerían en las urnas, estaba equivocado. En las siguientes elecciones después de la reforma, en 1868, sus *tories* fueron derrotados y Gladstone fue elegido para gobernar. El escenario estaba dispuesto para una lucha de titanes.

GLADSTONE Y DISRAELI
~
1868 – 1901

Llegada la hora, no hubo un hombre... sino dos.¹ Los líderes británicos podían hacerse dueños de la escena fueran enanos o gigantes. Entre los Pitts, Peels, Melbournes y Palmerstons estaban otros hombres más tranquilos, en general nobles con títulos civiles como los duques de Liverpool, de Derby o de Aberdeen. Estos pocas veces llevaron su ambición al cargo; más bien, una especie de sentido heredado del deber, como si su tarea fuera conseguir que la nación pudiera descansar un poco. Los dos hombres que ahora daban un paso al frente no estaban hechos de esta pasta. Ni Gladstone ni Disraeli procedían de las clases dirigentes inglesas, y de todos modos tenían muy poco en común entre sí: sus personalidades enfrentadas generaron uno de los grandes combates políticos de la historia de Inglaterra.

Disraeli era el hijo petimetre de un judío no practicante, que lo bautizó como anglicano a la edad de doce años. Educado en leyes, su brillantez oratoria le facilitó el ascenso en lo que él denominaba «la cucaña». Al principio se opuso a las reformas políticas de Grey, Peel y Russell, pero luego las asumió y las aprovechó para obtener ganancias personales y partidistas. Era un novelista talentoso, tenía un encanto deslumbrante y un idealismo nulo, con los que pretendía alegremente «casarse con las dos naciones» de ricos y pobres británicos. Aunque era anglicano practicante, Disraeli era a menudo el blanco de comentarios antisemitas que él manejaba con un gran sentido del humor. En cierta ocasión, insultado por otro parlamentario por ser judío, le contestó: «Soy judío, y cuando los ancestros de su honorable señoría eran unos brutos salvajes en una isla desconocida, los míos eran sacerdotes en el Templo de Salomón».

Gladstone no podía ser más distinto. Su inteligencia se había forjado en el estudio de la Biblia y en los clásicos, a quienes citaba abundantemente. Su aire de superioridad moral enfurecía a Disraeli, que solía comentar que «la posteridad hará justicia a ese maníaco sin principios». Gladstone replicaba que Disraeli «desmoralizaba a la gente, engolosinándolo con ideas enfermizas, pasiones desaforadas, prejuicios y deseos egoístas». Se enfadó muchísimo cuando, después de que el príncipe Alberto muriera en 1861, Disraeli se congració con la desconsolada reina Victoria, a la que dedicaba obsequiosas referencias a «mi queridísima soberana». Victoria dijo que Gladstone siempre le había dado la impresión de que era el hombre más sabio del mundo mientras que Disraeli la convencía de que la más inteligente era ella. La reina Victoria ni siquiera intentó ocultar sus preferencias. Gladstone, decía, «me habla como si yo estuviera en un mitin público».

Gladstone describió su primer ministerio, que comenzó en 1868, como «el instrumento de gobierno más efectivo que jamás se hubiera diseñado». Como había ocurrido en 1832, los nuevos parlamentarios homenajearon a los nuevos electores con una andanada de propuestas reformistas. Lo primero fue la educación. Con una máxima que resumía la época, el ministro de Hacienda, Robert Lowe, declaró que «debemos educar a nuestros maestros». La Iglesia, que había disfrutado desde siempre del monopolio de las escuelas elementales, tuvo que enfrentarse a la idea de que todas las escuelas debían ser seglares. Al final, la Ley de Educación de 1870 legisló la existencia de escuelas públicas locales solo donde las escuelas de la Iglesia se consideraron inadecuadas, sobre todo en los barrios más pobres de las ciudades. Los frontones de estilo holandés construidos con ladrillo rojo, típicos de las nuevas escuelas, empezaron a levantarse en los barrios residenciales, como las catedrales que antaño se habían elevado por encima de las techumbres medievales. Pero la herencia clasista y disgregadora de los colegios religiosos siguió planeando sobre la educación inglesa, y lo sigue haciendo en la actualidad.

En la década de 1860 los británicos vieron cómo el país llegaba a lo más alto, tanto en el interior como en el extranjero. Los ferrocarriles alcanzaban hasta el último rincón de la isla y los barcos con bandera británica navegaban por todos los continentes del mundo. Aunque el campesinado tradicional aún sufría la competencia del comercio libre en alimentación, la industria manufacturera no tenía rival siquiera en Alemania (una fuerza emergente) o en la industria americana. En cuanto a los gobiernos locales, las reformas municipales de los años treinta habían madurado hasta forjar una sociedad con músculo civil. La población de Birmingham se elevó desde los 70.000 habitantes que tenía a principios de siglo hasta los 350.000 de 1870; y Manchester, Liverpool, Leeds, Sheffield y Newcastle conocieron un crecimiento similar. Se convirtieron en ciudades poderosas, con sus ayuntamientos, hoteles, estaciones de ferrocarril y galerías de arte, tan importantes como cualquiera de Europa. La innovación municipal fue liderada por el alcalde de Birmingham, el liberal Joseph Camberlain, elegido en 1873, que dejó la ciudad —eso se decía— «ajardinada, pavimentada, judicializada, comercializada, gasificada y aguada, y *mejorada*». Llamaba alegremente a este tipo de mejoras «socialismo». Por la misma época, Angela Burdett-Coutts y Octavia Hill lideraron la causa de las viviendas para los pobres urbanos. Con el aliento y el impulso del trabajo del filántropo americano George Peabody, ambas intentaron reemplazar los barrios marginales con pisos para los «pobres necesitados». Para ello convencieron a futuros inversionistas de que habría un razonable beneficio con rentas justas, un principio que se denominó «filantropía del cinco por ciento».

El gobierno de Gladstone no tenía un espíritu menos reformista. Los puestos de trabajo en la administración se iban a conseguir no por clientelismo, sino por conocimientos. Las comisiones en la compra de materiales para el ejército se iban a prohibir. Las universidades se iban a abrir a todos los credos. Se iba a derogar el celibato en los colegios universitarios y en los barrios del norte de Oxford florecieron nobles casas góticas para sus familias. La celebración de un Congreso de Sindicatos acabó en 1871 con la legalización de los mismos, aunque con la grave restricción de prohibirles los piquetes. En 1872 se presentó una ley por la cual se aprobaba el voto secreto en las elecciones. Eso ya resultó ser excesivo para el anciano Russell, que advirtió que semejante ley conduciría peligrosamente «desde la cocina al sufragio universal». Los *whigs*, con su proverbial terror a la democracia, no pudieron seguir apoyando a los liberales.

En el exterior, Gladstone siguió manteniendo el cauteloso imperialismo de Palmerston y la aversión a los enredos europeos. Al igual que los británicos habían conseguido mantenerse al margen de los movimientos revolucionarios de la década de 1840, ahora consiguieron mantenerse al margen del surgimiento de una nueva Alemania bajo el mando de Bismarck, y de los horrores del asedio de París de 1870. Irlanda, en todo caso, no podía ignorarse tan fácilmente. La hambruna y la emigración hacia América habían diezmado la población. Mientras la población de Inglaterra se disparaba, la de Irlanda se hundía, desde los ocho millones (un tercio del total de las Islas Británicas) a la mitad en cuestión de dos décadas. Irlanda era un país oprimido, cuyos propietarios eran extranjeros amos ingleses, ordenado dictatorialmente por un gobierno extranjero y obligado a practicar una religión condenada al ostracismo. Pero mientras la Cámara de los Lores, con fuertes intereses anglicanos y anglo-irlandeses, se resistiera ferozmente a una reformas, Gladstone podía hacer muy poco para aliviar el drama que sufría Irlanda, aunque al menos consiguió suprimir la oficialidad de la Iglesia anglicana de Irlanda, y pudo aprobar una serie de leyes sobre las propiedades irlandesas afianzando la seguridad de los arrendatarios.

Tras seis años en el cargo, el gabinete de Gladstone estaba agotado. Disraeli lo ridiculizó como «una cadena de volcanes extintos: no hay ni un destello de llamas en ninguno de esos picos mustios». En las elecciones de 1874, aunque los liberales consiguieron más votos, no pudieron lograr una mayoría de escaños, y los *tories* regresaron al poder con Disraeli como primer ministro; tenía 69 años. Durante los muchos años que pasó en la oposición había entendido que un electorado cada vez más amplio estaba deseando una reforma progresista. Así pues, derogó la prohibición de piquetes de Gladstone; un líder sindicalista dijo que los *tories* «habían hecho más por las clases obreras en cinco años que los liberales en cincuenta». Disraeli también aprobó una ley de vivienda de protección oficial, una ley de educación, una ley de sanidad y una ley de industria. Donde se apartó de los liberales fue en política exterior. Disraeli esperaba reanudar el hilo donde lo había dejado Chatham. En 1875, intentó proteger la ruta comercial británica hacia oriente al comprar prácticamente la mitad de las acciones de la nueva Compañía del Canal de Suez. Al año siguiente le dio una alegría a la reina Victoria al concederle el título de emperatriz de la India (un honor al que, para irritación de la soberana, se oponía Gladstone). Sin embargo, el imperialismo era una espada de doble filo. Disraeli animó a Turquía a frenar la expansión rusa en Crimea y el Cáucaso, e incluso llegó a sugerir una repetición de la guerra de Crimea. Los ardores patrióticos de la nación se excitaron y en las nuevas salas y cabarets se cantaba: «No queremos luchar, salvo si lo hacemos por Jingo. / Tenemos los barcos, tenemos los hombres y tenemos el dinero también». Estos sentimientos acabaron conociéndose como *jingoism*: patrioterismo.[2]

Gladstone acusó a Disraeli de provocar «atrocidades turcas» contra los cristianos búlgaros. Dijo que «no habría ni un caníbal en las islas de los Mares del Sur que no se indignara e hirviera ante el recital de lo que se había hecho». Disraeli le replicó que la peor atrocidad búlgara era el propio Gladstone. El siguiente movimiento de Gladstone en la oposición fue la primera campaña electoral moderna de Gran Bretaña: una gira por la nueva circunscripción de Midlothian en 1879. Hasta entonces las manifestaciones masivas habían estado más vinculadas al metodismo que a la política. Gladstone hizo enormes mítines, a menudo desde la plataforma trasera de un vagón de tren y utilizando «voceros» que repetían sus palabras hasta los extremos de la multitud. En los discursos acusaba a Disraeli de llevar a cabo «una política exterior estrecha, insegura, fanfarrona y ególatra, apelando siempre al amor propio y al orgullo». Distribuía los discursos a la prensa con antelación, una práctica que Disraeli (y la reina Victoria) consideraban «inconstitucional».

Los liberales de Galdstone regresaron como un vendaval al poder en 1880 y Disraeli se retiró a su sede campestre en Hughenden, cerca de Beaconsfield, donde murió un año después. Fue un gran oportunista que dominó el arte político del encanto. Tenía un instinto natural para conocer de qué pie cojeaba el pueblo y supo ejercitarlo, igual que embelesó a la reina con estimulante palabrería. Siendo joven había destrozado a Peel, pero había heredado de su oponente la capa de campeón del *torismo* progresista en un momento en el que la mayoría de los conservadores europeos eran monárquicos y reaccionarios. En ese sentido, su papel en el liberalismo de la política británica fue crucial. A medida que el electorado se iba ampliando a lo largo de su carrera, él lo fue leyendo correctamente: el conservadurismo debía cambiar o morir. En el siguiente medio siglo, curiosamente, fueron los liberales los que ignoraron ese mensaje.

Gladstone era ahora el Gran Patriarca de la política inglesa. Su gabinete de 1880 era una extraña mezcla de nobles vetustos carentes de ideas sobre cómo contrarrestar la primera depresión de una economía cada vez más global. Los ferrocarriles empezaban a recorrer las inmensas praderas del Nuevo Mundo y los barcos de vapor rebajaron drásticamente el coste del transporte. En 1882 atracó en Londres el primer barco refrigerado, el *Dunedin*, que causó sensación en el mercado de Smithfield con su cordero congelado procedente de Nueva Zelanda. En veinte años el precio del grano importado en el país cayó un 90 por ciento. El impacto en las economías de los granjeros británicos, ya suficientemente ahogados, fue devastador. La agricultura ya no podía esperar ninguna protección por parte del Parlamento.

La tercera de las grandes leyes reformistas del siglo (en 1884) amplió el voto a todos los varones padres de familia, con lo cual se doblaba el electorado hasta superar los cinco millones de votantes, y entraban a formar parte del electorado los mineros, los obreros fabriles y los trabajadores del campo. Esta ampliación del electorado fue suficiente para comprobar la importancia de la opinión pública como poder político. Dicho poder contó con el impulso y el auge de la prensa (la venta de diarios era masiva), con más de una docena de periódicos solo en Londres y un centenar en toda Inglaterra. La década de 1880 también conoció la formación de una «izquierda» organizada; la izquierda era un término derivado del lugar donde se sentaban los que tenían cierta ideología en la asamblea francesa. La sociedad de investigación fabiana (Fabian Society) fue fundada por Sidney y Beatrice Webb y George Bernard Shaw en 1884. La agrupación propugnaba la máxima del emperador romano Quinto Fabio Máximo, que «hay que esperar el momento adecuado», para desesperación de los contemporáneos más revolucionarios. Los fabianos estaban decididos a filtrarse («permear») en el Partido Liberal.

Las aventuras ultramarinas de Disraeli resurgieron para amargarle la vida a Gladstone. Cuando los ejércitos anglo-egipcios tuvieron que ser evacuados de Sudán en 1885, se vio obligado por la prensa más patriotera a encomendar la tarea al carismático general Charles Gordon, que tuvo una tumultuosa despedida en la estación de Charing Cross. Gordon actuó de cara a la galería al desobedecer las órdenes y al negarse a abandonar Jartum. Cuando la ciudad fue ocupada por los derviches madhistas,[3] Gordon fue ejecutado y a Gladstone lo acusaron de no haberle enviado refuerzos. Un torbellino de ataques acabó convirtiendo al GOM (Grand Old Man, el Gran Patriarca) en MOG (Murder of Gordon, el Asesino de Gordon). En junio de 1885 Gladstone se vio obligado a dimitir, dando paso a un breve gobierno provisional a cargo del nuevo líder *tory*, el marqués de Salisbury.[4] Al cabo de un año, Gladstone volvió al poder por tercera vez, pero en minoría parlamentaria, donde su supervivencia dependía de los votos de los nacionalistas irlandeses.

La importancia de Irlanda en la política británica durante el siglo XIX y principios de XX es difícil de imaginar hoy, porque allí se fundían las emociones y los intereses del anticatolicismo, el latifundismo y el colonialismo. Estos tres factores no eran poca cosa. Si no hubiera sido por la hambruna de la patata, al concluir el siglo los votos irlandeses podían haber sido un tercio del total británico, y los parlamentarios irlandeses podrían haber ostentado un equilibrio de poder permanente en los Comunes. Tal y como fueron en realidad las cosas, el Partido Parlamentario Irlandés, que formaba grupo, estaba liderado por el irascible Charles Stewart Parnell, un terrateniente irlandés, radical, inteligente y carismático. Gladstone lo llamaba «el hombre más extraordinario que he conocido». Parnell insistía en que se creara un nuevo estado irlandés, autónomo en gran medida, y que en ese estado se incluyera la provincia nororiental del Ulster, donde la mayoría de la población era protestante y unionista. Los *tories* se oponían, así como una buena parte de los liberales unionistas liderados por Chamberlain, que en esos momentos era parlamentario y ejercía como presidente de la Junta de Gobierno Local, que supervisaba la administración local en Inglaterra y Gales. Irlanda iba a ser el último reducto de reacción ciega en la política británica.

La búsqueda de un gobierno autónomo para Irlanda iba a ser la última tirada de Gladstone. En abril de 1886 presentó una propuesta con un discurso de tres horas y media que fue, para muchos, una de las cimas de la oratoria en los Comunes. Fue en vano. La propuesta no salió aprobada y Chamberlain dimitió en el gobierno, llevándose a sus unionistas con él y forzando también la dimisión de Gladstone. Tras las elecciones generales de 1886 tomó el poder una coalición de conservadores y unionistas liberales (de Chamberlain), en esta ocasión liderados por Robert Gascoyne-Cecil, marqués de Salisbury. Esta situación forzó a su vez una curiosa repetición de la fusión de conservadores y *tories* reformistas que se había conocido anteriormente, en los tiempos de Liverpool-Peel y Derby-Disraeli. En los Comunes, el flamante Chamberlain, con una orquídea blanca en el ojal, pregonaría el «socialismo municipal» y el progresismo, mientras en los Lores Salisbury instruía a sus ministros para «hablar a menos velocidad y con menos ardor que nuestros oponentes». En 1888 el gobierno de los condados de Inglaterra y Gales acabó equiparándose a los de los municipios, con magistrados y tribunales reemplazados por sesenta y dos consejos regionales o condales. Al año siguiente se puso en marcha el Consejo del Condado de Londres.

Las elecciones de 1892 devolvieron a Gladstone al poder por cuarta vez. Ya tenía ochenta y dos años, estaba medio sordo y la vista le fallaba, pero conservaba la misma voz inquebrantable de siempre. La reina estaba apesadumbrada de que «este vasto imperio» se le «confiara a la mano temblorosa de un hombre viejo, desquiciado e incomprensible». Las elecciones fueron significativas por la llegada de los primeros parlamentarios laboristas independientes: el minero escocés Keir Hardie, John Burns de Battersea y Havelock Wilson de Middlesbrough. Hardie fue reelegido después por West Ham y llegó al Parlamento con un traje de tweed y un gorro de cazador con doble visera y con una banda de música. Un año después se convirtió en el líder del Partido Laborista Independiente, sometido al congreso anual de las asambleas locales y con una agenda abiertamente socialista que propugnaba la nacionalización. Pero Gladstone solo tenía ojos y oídos para Irlanda y la redacción de un estatuto regional. Parnell había muerto en 1891, con cuarenta y cinco años, habiendo negociado los detalles de una ley para formalizar un estatuto nuevo para Irlanda, cuando Gladstone estaba en la oposición, pero había ido perdiendo poder en el seno de su propio Partido Parlamentario Irlandés después de un caótico divorcio en el que anduvo enredada su amante Kitty O'Shea. El caso dividió al PPI justo cuando los irlandeses necesitaban más unidad. La nueva ley de Gladstone fue aprobada en los Comunes pero cayó en los Lores por 419 votos frente a solo 41, una afirmación sin precedentes del poder hereditario contra la voluntad del electorado. Gladstone dimitió, lanzando una advertencia final: el conflicto en los Lores respecto a Irlanda «acabará siendo un problema».

Gladstone murió cuatro años después. Su carrera había recorrido todo el espectro político, desde el conservadurismo *tory* al reformismo liberal. En su juventud conoció la pompa de la Regencia. Se opuso a la Ley de Reforma de 1832, pero se convirtió en el gran manipulador de las fuerzas que se desataron con aquella ley. Su periodo al frente de Hacienda, en los años cincuenta y sesenta, mezcló la rigidez fiscal con la mejora de las condiciones vitales del pueblo. Sus últimos años quedaron ensombrecidos por el tema irlandés, pero Gladstone no fue ni el primer ni el último político inglés en sufrir por esa parte. Su cuerpo fue trasladado a la abadía de Westminster en metro: fue el funeral más importante que había visto Londres desde el de Wellington.

Las elecciones de 1895 se resolvieron con el regreso de Salisbury, cuya obsesión por la prudencia política era parecida a la de Gladstone con Irlanda. Cuando Alemania empezó a construir una flota de guerra y a hacer movimientos agresivos sobre Italia y Bélgica, y dejó caer la idea de forjar un imperio en África, Salisbury no se dio por enterado y adoptó una política de «espléndido aislamiento». Eso significaba simplemente que había que «dejarse ir perezosamente con la corriente, empleando de vez en cuando una pértiga o un bichero para evitar la colisión». Decía que, por el interés de los británicos, «lo mejor es que ocurran pocas cosas». Sobre el caso de intervenir en los asuntos particulares de otros estados, apuntó: «No hay práctica que los países condenen de una manera más generalizada que la injerencia… y, sin embargo, no hay práctica que los gobiernos ejecuten con más pertinacia».

Las obligaciones del imperio no se podían ignorar tan frívolamente. El primer ministro de la provincia de El Cabo, el magnate del comercio de diamantes Cecil Rhodes, soñaba con un imperio británico que se extendiera desde Ciudad del Cabo hasta el Nilo. En medio se encontraba el estado independiente de Transvaal, conquistado por los bóeres en 1881 en una guerra contra los británicos y en esos momentos acosado por la fiebre del oro en el área del Rand sudafricano. En 1895 Rhodes respaldó una incursión temeraria de un tal doctor Jameson para reafirmar el control británico del Rand. La incursión fue un fracaso, pero la motivación económica e imperial que había detrás de la misma dio lugar a una confrontación militar y a un ataque final de los bóeres contra la ciudad colonial de Mafeking. Kimberley y Ladysmith fueron asediadas y Natal sufrió un amenazador acoso. La opinión pública británica, al principio muy patriotera, quedó conmocionada ante la ineficacia del ejército frente a las guerrillas de los bóeres.

En 1899, el gobierno envió a su general más distinguido, lord Kitchener, recién llegado de vengar la muerte de Gordon en la batalla de Omdurman, para contener el avance de los bóeres. La guerra se alargó hasta 1902, agravada por una innovación de Kitchener: los «campos de concentración» para impedir que las familias bóeres apoyaran a sus guerrilleros. Las noticias de las enfermedades y las muertes en los campos indignaron a la opinión pública mundial. La victoria final de los británicos transfirió el Transvaal al Imperio, pero con promesas de amnistía, autonomía y compensación para las familias bóeres. La guerra fue un ejemplo de lo que iba a ser una serie de conflictos parecidos en tierras lejanas: eran anticuerpos que empezaron a rechazar al Imperio británico y todo el coste repercutía en la madre patria, un coste que no se compensaba con los escasos beneficios que generaban.

El país que entró en el siglo XX había cambiado en cien años más drásticamente que en cualquier otro siglo anterior. Las migraciones masivas desde el campo a la ciudad dieron como resultado que la población británica y de Irlanda se cuadruplicara hasta alcanzar los cuarenta millones. Los cambios en los modos de vida eran incluso más espectaculares. En 1800 la mayoría de la gente vivía en casas de campo o en chozas. Vivían de la tierra o de lo que producía el suelo y de lo que podían vender en los mercados de las ciudades vecinas. Carecían de agua corriente y alcantarillado, no tenían educación ni salud pública, ni correo postal o transporte rápido. Se calentaban en hogueras o chimeneas y se iluminaban con velas. Los asentamientos más importantes eran aún las sedes catedralicias. Un viajero del tiempo que se hubiera trasladado desde 1700, o incluso 1600, habría comprobado que la vida en la mayor parte de Inglaterra no había cambiado mucho.

Pero en 1900 aquella Inglaterra había sido sustituida por una nueva que, sorprendentemente y en gran medida, sería reconocible en la actualidad. Se construyeron casas (no para los más pobres), de ladrillo y piedra, vinculadas a las infraestructuras modernas de calles pavimentadas, una red de agua corriente y alcantarillado. Estas casas iban a ocuparlas las clases medias y los más prósperos entre la clase trabajadora, y tenían gas e incluso algunas electricidad. Sobre la mesa había siempre un periódico y comida procedente de cualquier rincón del mundo. Las carreteras se asfaltaron y los coches empezaron a recorrerlas, aunque la velocidad se restringía a unos 30 kilómetros por hora; pero ya no necesitaban llevar una bandera roja por delante para ir avisando. En 1900 el tráfico en la carretera de Londres a Brighton se estimó en 1.200 coches por hora. Los trenes circulaban por todas partes, incluido el metro de Londres, sobre raíles electrificados, con tiempos de viaje que podrían compararse a los de hoy. La mayor parte de las comunidades tenían acceso a colegios y a hospitales gratuitos o muy baratos. Las oscuras e infernales fábricas de la primera época victoriana fueron dando paso a factorías limpias y aseadas. Esta Inglaterra era una tierra de alegría y novedades, e indiscutiblemente podría adjudicársele el término «moderna».

El 22 de enero de 1901 murió la reina Victoria. Ella había encarnado el decoro constitucional durante dos tercios del siglo. Con su marido alemán y nueve hijos —muchos de ellos casados con miembros de otras familias reales europeas—, desplegó una familiaridad y un cosmopolitismo que fueron tejiendo los acontecimientos de toda la época. Tras la muerte del príncipe Alberto, la reina pareció sumirse en algo parecido a un luto eterno, vestida siempre de negro y con el retrato de su marido en la almohada, junto a ella. Su pena se vio acrecentada por el inmoral y extravagante comportamiento de su hijo Eduardo, el príncipe de Gales, a quien siempre consideró como una copia del Príncipe Regente de antaño. Durante muchos años ni siquiera le permitió tener acceso a los documentos de Estado. Todo esto acontecía a pesar de los constantes ruegos de los ministros para que se mostrara más a su pueblo. Sin embargo, para la mayoría de los británicos Victoria les había ofrecido lo que tanto habían ansiado en un monarca: estabilidad y continuidad.

LOS EDUARDIANOS
~
1901 – 1914

El virrey de la India, el procónsul más espléndido sobre la faz de la tierra, celebró la coronación de Eduardo VII (1901-1910)[1] con desacostumbrada extravagancia. En 1903, lord Curzon reunió a los principescos gobernantes de un reino que se extendía desde Afganistán a la frontera china; los convocó en una polvorienta llanura, a las afueras de lo que se había proyectado como la nueva capital de la India, en Delhi. Por allí desfilaron lujosas tiendas encaramadas en elefantes enjaezados en dorados, escoltados por ejércitos de sirvientes. La joyería que se pudo ver en el banquete final, según se dijo, fue la exposición más importante de piedras preciosas de la historia. Como gesto de magnanimidad, Curzon expresó su interés sobre los préstamos que se podrían dar a los estados golpeados por la hambruna. Luego ordenó al coronel Francis Younghusband que invadiera el Tíbet.

La India era la joya de la corona de un imperio que se vanagloriaba de ocupar una quinta parte del planeta. Contaba con una población de cuatrocientos millones de personas, de los cuales tres cuartas partes eran hindúes, y gozaban de la protección de la armada más grande del mundo. Los industriales británicos y el comercio británico estaban en todas partes. El 80 por ciento del comercio mundial se transportaba en barcos ingleses. Las ciudades británicas eran las más prósperas de Europa y sus barrios, en continua expansión, ya no temían una invasión. Las casas del campo eran espléndidas y sus colecciones de arte, apreciadísimas. La confianza y la seguridad del país se reflejaban en la música de Elgar, la poesía de Kipling, el clasicismo de Lutyens y los vistosos retratos de John Singer Sargent.

Esta aparente supremacía empezaba a estar amenazada. La competencia industrial estaba aumentando tanto en el continente como en América, conformando un mercado global de materias primas y nuevas formas de trabajo especializado. La educación técnica y la innovación en Francia y Alemania estaban sobrepasando a las británicas. Tres industrias emergentes del siglo XX —la automovilística, la aeronáutica y la cinematográfica— parecían estar en manos de los industriales del otro lado del Atlántico; además, los dos primeros coches del rey Eduardo fueron un Mercedes alemán y un Renault francés. Por lo demás, el imperio no estaba resultando barato. Durante la primera década del nuevo siglo, la educación se llevaba solo el 10 por ciento del gasto público, mientras que la defensa imperial acaparaba el 55 por ciento. Rusia, Estados Unidos, Francia, Alemania y Bélgica también tenían ambiciones imperiales, y concretamente Alemania estaba construyendo una flota destinada a rivalizar con la británica. En este escenario, el Reino Unido llegó a una «entente cordiale» con Francia en 1904. La consiguieron los miembros de la diplomacia personal del rey Eduardo, un enamorado de Francia, que hablaba muy bien francés y que, contra todas las expectativas de su madre, resultó ser un monarca concienzudo y popular. En 1907 la entente se amplió para incluir a Rusia, formando una alianza cuyo objetivo era —a ojos de todo el que lo quisiera ver— contener a Alemania.

En 1902, Robert Gascoyne-Cecil, marqués de Salisbury, había cedido el gobierno a su indolente sobrino Arthur Balfour, en vez de dárselo a su sucesor natural, Joseph Chamberlain. Chamberlain era la personalidad dominante del gabinete y siguió siendo el ministro para las colonias; su despacho era *de facto* el centro y eje del imperio, pero acabó por dimitir un año más tarde para concentrarse en su permanente obsesión para acabar con el comercio libre e instituir un muro tarifario alrededor del imperio. Admitiendo con palmaria evidencia que los empresarios de Gran Bretaña estaban perdiendo competitividad, Chamberlain intentó regresar al proteccionismo, tanto para los productos alimentarios como para los bienes industriales. En sus exigencias, adolecía de mesianismo: «El azúcar está perdido; la seda está perdida; el hierro está amenazado; la lana está amenazada; ¡y el algodón lo estará! ¿Durante cuánto tiempo podremos soportarlo?». Contaba con numerosos apoyos en los negocios y la agricultura, pero la amenaza de un encarecimiento de los alimentos, «la hogaza más pequeña», se encontró con la oposición de los liberales. Los *tories* estaban divididos, porque ellos mismos tuvieron que lidiar con este asunto cuando gobernaba Peel. Balfour luchó para mantener al partido unido e intentó cubrirse con los parlamentarios irlandeses aprobando en 1903 otra ley de propiedades en Irlanda, por la cual se permitía que los arrendatarios irlandeses pudieran comprar sus granjas. Pero en las siguientes elecciones, en 1906, los liberales consiguieron su victoria más sobrada, con 400 parlamentarios dirigidos por el veterano radical escocés Henry Campbell-Bannerman. Los *tories* se quedaron reducidos a 157 escaños. Alrededor de treinta parlamentarios habían sido elegidos bajo el cartel del Comité de Representación Laborista, muchos de ellos a través de un pacto electoral con los liberales. Enseguida formaron grupo y se organizaron en el Partido Laborista.

Tras solo dos años en el cargo, Campbell-Bannerman dimitió por razones de salud, dando paso a Henry Asquith, un abogado educado y famoso por redactar abundantes cartas de amor a su querida amiga Venetia Stanley durante las reuniones del consejo de ministros. Las cartas eran prácticamente registros gubernamentales durante los consejos y se convirtieron en importantes documentos históricos. El gobierno de Asquith puede contarse entre las administraciones más reformistas de los últimos siglos, junto con el de Grey de 1832 y el de Gladstone de 1868. En el gabinete estaba el aristócrata radical lord Haldane, que ejercía como ministro de la Guerra, un joven y antiguo *tory*, Winston Churchill, en

Comercio, y un simpático orador galés con una soberbia cabellera negra llamado David Lloyd George en Hacienda.

Este último cargo era crucial. Con Gladstone, en la década de 1860, Hacienda había llegado a encarnar el máximo rigor como guardiana y garante de la economía de la nación. En manos de Lloyd George, el primer ministro inequívocamente de izquierdas, Hacienda se convirtió en una herramienta de política imaginativa. Durante cinco años el ministerio fue dejando caer en cascada las medidas que sentaron las bases del estado del bienestar. Lloyd George y sus colegas instauraron una pensión de cinco chelines para todos los mayores de setenta años, comidas gratis en los colegios y medicina escolar. Luchó por mejorar las condiciones de vida en los albergues para indigentes, para instituir las oficinas de empleo y para asegurar la manutención de madres divorciadas. Los sindicatos quedaron liberados de responsabilidades por los daños derivados de las huelgas: una significativa concesión al nuevo Partido Laborista. Respecto a la Defensa, Lloyd George intentó recortar «el inmenso gasto en armamento que se había descontrolado por la irresponsabilidad temeraria de nuestros predecesores», y los seis acorazados *(Dreadnought)* que pensaban construirse se quedaron en cuatro. En este punto sin embargo se encontró con la horma de su zapato en una campaña de prensa organizada por el carismático almirante de la Marina Jacky Fisher. Ante la exigencia pública «Queremos ocho y no podemos esperar», Lloyd George tuvo que rendirse, y el primer acorazado se acabó construyendo en solo cuatro meses.

Todo aquello era muy caro. En el «presupuesto nacional» de 1909, el impuesto sobre la renta subió a un chelín y dos peniques por libra, con otros seis peniques adicionales en rentas superiores a las 5.000 libras. Había también un impuesto sobre las tierras, un impuesto sobre los combustibles y tasas sobre el tabaco y el alcohol. A Lloyd George le encantaba oír los lamentos y las quejas de los ricos, y se vanagloriaba de «desplumar a los duques». En realidad, «duque» era su epíteto favorito para designar a los estafadores y delincuentes. Se quejaba de que cada noble con todos sus emolumentos le costaba a la Corona más que dos acorazados. Y aunque los presupuestos se aprobaron en los Comunes, la mayoría *tory* de los Lores ignoró la convención de no oponerse a las propuestas económicas. Lo que Lloyd George despreció como «un organismo de quinientos hombres elegidos al azar entre gente que jamás a trabajado» acabó rechazando los presupuestos al considerarlos puramente políticos. Aquello obligó a Asquith a convocar unas elecciones con el tema específico de los presupuestos sobre la mesa, en enero de 1910. Volvió a salir elegido en un gobierno en minoría, contando con el respaldo de los ochenta y dos irlandeses y los cuarenta parlamentarios que ahora ya se designaban distintivamente como laboristas.

Los Lores consiguieron aprobar los presupuestos, pero con los parlamentarios irlandeses amenazando el equilibrio de poder: desde luego, el debate sobre el gobierno autónomo de Irlanda tenía que ser inminente. Los augurios de Gladstone (según el cual el conflicto de Irlanda con los Lores «acabará siendo un problema») estaban a punto de cumplirse. Asquith presentó un proyecto de ley que limitaría el poder dilatorio de los Lores a tres sesiones parlamentarias, y los Lores, lógicamente, lo rechazaron. En ese momento murió el rey. Su funeral, al que acudieron los miembros de la extensísima familia europea de la reina Victoria, lo describió la historiadora Barbara Tuchman como «la mayor colección de realezas y noblezas que se hubiera reunido jamás en un solo lugar, y de este tipo, la última». Muchos de los presentes no tardarían estar en guerra unos contra otros.

Asquith ahora tenía que buscar alguna garantía en el nuevo y desconocido rey Jorge V (1910-1936)[2] para que, en el caso de que se volviera a presentar el proyecto parlamentario, se comprometiera a nombrar a suficientes nobles liberales para asegurar la aprobación; seguramente serían necesarios 250 nobles. Después de muchas discusiones entre sus más fervorosos partidarios, en su mayoría consejeros *tories*, el rey accedió, pero solo con la condición de que había que celebrar unas elecciones donde se votara específicamente la ley. Las elecciones tuvieron lugar en 1910 y Asquith volvió a salir vencedor, pero de nuevo con la dependencia de los votos irlandeses. Los Lores se rindieron. El rey había cumplido con el deber de un monarca democrático, favoreciendo a los Comunes frente a la aristocracia y el caos.

Ahora iban a entrar en escena nuevos actores. Un movimiento laborista reforzado probó su musculatura con una acción de fuerza en la industria. En 1911, los marineros, estibadores portuarios y ferroviarios fueron a la huelga entre algaradas perturbadoras y, en su mayoría, efectivas. Lloyd George contestó con el seguro médico y el seguro para desempleados obligatorio en las grandes empresas. Las exigencias femeninas también se hicieron notar. Las sufragistas militantes, lideradas por Emmeline Pankhurst, se abrieron camino hacia el Parlamento y Downing Street, y muchas de ellas fueron a engrosar la población de la prisión femenina de Holloway en Londres. Emily Davison se arrojó a los pies de un caballo del rey mientras se disputaba el Derby, un incidente que quedó registrado en una de las primeras películas de la historia.

El orgullo nacional quedó muy maltrecho cuando, en abril de 1912, el *Titanic*, que encarnaba el orgullo comercial británico y, al mismo tiempo, era el barco más grande jamás construido, se golpeó contra un iceberg en su viaje de inauguración y se hundió: se perdieron 1.517 vidas. Muy lejos de allí, en el lejano sur de la Antártida, el capitán Scott había sido derrotado por el noruego Amundsen en la carrera hacia el polo: los cinco expedicionarios murieron de frío en el trayecto de regreso. El colega de Scott, el capitan Oates, se sintió incapaz de seguir avanzando y se sacrificó para salvar a sus compañeros. Su último apunte en el diario sigue siendo una leyenda: «Voy a salir y puede que tarde un poco en volver». Como ocurrió con la carga de la Brigada Ligera, el fracaso británico fue reinterpretado como un episodio de heroísmo épico.

En 1912 Irlanda jugó lo que debería haber sido su última baza. Las aspiraciones políticas de los galeses y los escoceses habían acabado concediéndose en esa época, gracias a sus parlamentarios en Westminster, pero la mayoría de los irlandeses estaban insatisfechos. Querían poder gobernarse a sí mismos. Como el gobierno de Asquith dependía de los parlamentarios irlandeses, el asunto no podía obviarse durante mucho más tiempo. Se aprobó una nueva ley de autonomía en los Comunes, pero los Lores se opusieron, y la nueva Ley Parlamentaria exigió que su puesta en marcha se retrasara hasta 1914. La desesperación de la oposición irlandesa aumentó aún más por culpa de un abogado unionista de origen irlandés, sir Edward Carson, que difundió el eslogan: «El Ulster luchará y el Ulster vencerá». Carson organizó una milicia de 80.000 hombres fuertemente armados y comenzó a comprar armas en Alemania. Los militares británicos en The Curragh, una base del ejército británico cerca de Dublín, desertaron y se comprometieron a apoyar a Carson en marzo de 1914. La consecuencia fue un estatuto de autogobierno que dejaba en el aire la pregunta de si el Ulster debía dividirse y durante cuánto tiempo. El proyecto se convirtió en ley en 1914, pero su puesta en marcha se paralizó, pendiente de una resolución sobre el estatus político del Ulster.

En Europa, por otra parte, aunque había muchos indicios de una guerra inminente, pocos predijeron el cataclismo. Tal y como escribió A. J. P. Taylor: «Ninguna de las partes decidió conscientemente provocar una guerra. Simplemente, los políticos calcularon mal [...] y fueron prisioneros de sus propias armas. Unos ejércitos enormes, acumulados para proporcionar seguridad y preservar la paz, arrastraron a las naciones a la guerra por su propio peso». El catalizador de la guerra fue un suceso acaecido en junio de 1914, cuando un nacionalista serbio, Gavrilo Princip, asesinó al heredero al trono austro-húngaro en Sarajevo, disparando la secuencia de alianzas trenzadas por toda Europa desde la década anterior. Austria se sintió obligada a organizar una expedición de castigo contra Serbia, y comenzó bombardeando Belgrado. Rusia se movilizó en apoyo de los eslavos serbios, activando de esa manera la alianza de Austria con Alemania. Luego, a su vez, el kaiser expansionista de Alemania, Guillermo II, aprovechó el momento para anticiparse a la entente de 1907 entre Francia, Rusia y Gran Bretaña. Le declaró la guerra a Rusia el 1 de agosto, y a Francia dos días después. Alemania invadió por sorpresa Bélgica, de acuerdo con un plan del antiguo jefe de gobierno del káiser, el conde Von Schlieffen, para desatar un virulento ataque contra Francia antes de que Rusia pudiera movilizarse o que Gran Bretaña pudiera hacer algún movimiento saltando el Canal.

Lo que acabó conociéndose como la Gran Guerra se caracteriza a menudo como un marasmo de carnicerías innecesarias, una guerra de «leones dirigidos por asnos». En algún sentido, así fue, pero su objetivo era un poco diferente de las guerras que dirigió Marlborough en el siglo XVIII y Wellington en el XIX. Para los británicos, el objetivo era proteger al país de un bloqueo comercial, y enfrentarse a una potencia continental lo suficientemente fuerte como para constituir una amenaza.

A todo esto hay que añadir el peligro de una Alemania expansionista con tendencia a crear un imperio mundial a costa de los británicos. El estatus de los Países Bajos era particularmente importante y crítico para el Reino Unido. Londres había sido parte en la creación de Bélgica en 1831 y había garantizado su neutralidad. Ahora se enfrentaba a la perspectiva de una flota alemana muy agresiva dispuesta a controlar el Mar del Norte y los puertos del Canal, bloqueando de este modo las importaciones y las exportaciones británicas. Para el gabinete de Asquith esto era inaceptable. Cuando las fuerzas del káiser violaron la neutralidad de Bélgica el 4 de agosto, los británicos respondieron declarando la guerra a Alemania. Un contingente de 130.000 soldados cruzó el Canal para enfrentarse a un enemigo europeo en un territorio en el que los británicos habían luchado a lo largo de toda su historia. Así llegó a su final, abruptamente, todo un siglo de desinterés e indiferencia frente a los conflictos de la Europa continental. El ministro de Exteriores, sir Edward Grey, le dijo a su equipo: «Las luces se han apagado en toda Europa; no volveremos a ver la luz en lo que nos queda de vida».

LA PRIMERA GUERRA MUNDIAL
~
1914 – 1918

La primera oleada de fuerzas británicas que desembarcó en las costas de Europa tuvo que hacer frente a circunstancias excepcionales. El Plan Schlieffen del káiser daba por hecho que un millón de soldados alemanes podría alcanzar París en un plazo de seis semanas. Recibirían apoyo gracias a la red de ferrocarriles que había en torno al Rin, mientras que otras líneas parecidas alimentarían a un contingente más pequeño en Polonia para frenar el avance ruso. El plan empezó bien. Los ejércitos de los británicos y franceses se retiraron de la ciudad belga de Mons y las unidades alemanas se encontraron de repente a dos días de París, pero fueron detenidas en el río Marne al norte de la ciudad. Para entonces, el gobierno francés había declarado: «Conseguiremos la victoria al final», y huyó con todo su equipo y la documentación a Burdeos. En uno de los logros olvidados de la guerra, los británicos y franceses consiguieron, tras un enorme esfuerzo, rechazar a los alemanes hacia el este, a una línea que iba desde Flandes y atravesaba Reims y Verdún hasta la frontera con Suiza. Entonces se produjo el «estancamiento».

Durante tres años, el frente occidental no se movió más de quince millas ni en un sentido ni en otro, pero los ataques eran incesantes. Los bombardeos de la artillería golpeaban los cursos de agua y convertían el campo de batalla en un barrizal. Los soldados se refugiaban en trincheras, tras alambre de espino y nidos de ametralladoras. Por vez primera en una guerra se empleó gas, aunque su impacto resultó más debilitador que letal. A falta de despliegues de tanques y fuerzas aéreas, la tecnología bélica se esforzó en hacer el ataque más feroz que la defensa.

El mando británico, a cargo del mariscal de campo sir John French, aventuró que la campaña para sacar a los alemanes de Bélgica aún duraría hasta Navidad. Su jefe, el ministro de la guerra lord Kitchener, mostró su desacuerdo y el conflicto no tardó en ampliarse hasta convertirse en una guerra de imperios. En septiembre, el gobierno exigió el reclutamiento de medio millón de hombres más para el ejército, hasta superar el millón de efectivos. El reclutamiento recibió el apoyo de una opinión pública fuertemente belicista y de los carteles de Kitchener, en los cuales aparecía mirando a los ojos a la nación y decía: «Tu país te necesita».

Lejos de Europa, un contingente de aproximadamente 250.000 hombres y tropas imperiales, entre ellos T. E. Lawrence «de Arabia», recibió la orden de luchar contra los aliados turcos de Alemania en Mesopotamia y Palestina. Esta orden se reforzó con una decisión del gobierno británico, con Churchill como ministro de la Marina, para abrir un nuevo frente contra Turquía en el oriente mediterráneo con un ataque en los Dardanelos. Cuando las fuerzas británicas, australianas y neozelandesas (ANZAC)[1] desembarcaron en Galípoli en abril de 1915, fueron repelidos por los turcos (comandados por oficiales alemanes), y hubo que emplear nueve meses en intentar abrirse paso desde una cabeza de puente. Al final la operación fue abortada con una humillante retirada que acabó con la dimisión de Churchill. A finales de 1915 la inercia en el frente occidental obligó a una destitución del mando francés y a la designación de sir Douglas Haig como mariscal de campo. Por primera vez en la historia británica, el gobierno ordenó el primer alistamiento forzoso de los hombres aptos para el combate.

En mayo de 1916 se produjo la largamente esperada batalla de los acorazados o *dreadnoughts*. Una victoria británica en el mar era crucial si se quería impedir que Alemania sometiera al Reino Unido a un bloqueo absoluto. Se combatió durante veinticuatro horas seguidas en medio de la niebla y la oscuridad en las aguas de Dinamarca: fue la batalla de Jutlandia, el último gran enfrentamiento de barcos de guerra maniobrando en conjunto como flotas. En total, participaron 250 barcos. Al final, las pérdidas británicas fueron enormes, con siete barcos hundidos y 6.900 muertos, pero obligaron a la flota alemana a regresar a puerto y a partir de entonces los alemanes tuvieron que depender de los submarinos para combatir en aguas abiertas. Esos submarinos eran muy eficaces y acabaron hundiendo alrededor de cien barcos mercantes al mes a lo largo del año 1917. Lloyd George al final ordenó actuar a una Royal Navy que se mostraba reticente a arriesgar sus preciosos acorazados e insistió en que se formaran convoyes mixtos de barcos de guerra y mercantes. El resultado fue una inmediata reducción en el número de hundimientos y un aumento de pérdidas entre los submarinos alemanes. La guerra también se hizo en el aire: la novedad fue la aparición de los zepelines alemanes, que bombardearon Londres y las ciudades de la costa oriental. Al principio aterrorizaban a la población civil, que jamás había visto nada como aquello. Al principio, el káiser prohibió los ataques contra la capital al oeste de los muelles *(docks)*,[2] porque tampoco quería poner en peligro a sus familiares, el rey y la reina.

La guerra no tardó en desatar las tensiones en el «frente nacional». Los precios se dispararon, dando lugar a manifestaciones y protestas en Hyde Park. Las mujeres entraron a formar parte de la fuerza de trabajo en gran número: al final, había unos cinco millones de mujeres trabajando en el transporte público, en el servicio civil, en la agricultura y en las fábricas de municiones, lo cual no hizo sino reforzar su exigencia del derecho al voto. El gobierno era reacio a ampliar el reclutamiento a Irlanda. Con la ley de autogobierno en suspenso, los nacionalistas irlandeses aprovecharon la distracción de la guerra, igual que sus ancestros a lo largo de los siglos anteriores. En la Semana Santa de 1916, un grupo de rebeldes asaltó la oficina general de correos en Dublín y declaró la república. Tras grandes destrozos, incluido un irresponsable bombardeo desde un buque de guerra británico, la revuelta fue aplastada y sus líderes, ejecutados. Pero la independencia ya se había declarado. Era improbable que se pudiera volver atrás.

En el frente, el nuevo comandante, Haig, lanzó lo que se consideró como la «gran ofensiva» del Somme, en el verano de 1916. A pesar de estar cinco días bombardeando con la artillería, el primer día de avance, el 1 de julio, dejó 19.000 muertos británicos, masacrados por las ametralladoras en las alambradas de espinos de las defensas y las trincheras alemanas. Fue la peor debacle del ejército británico en una sola jornada. Fue tal la carnicería que los alemanes permitieron que se abriera un corredor para que los camilleros pudieran recoger a los muertos y a los heridos que habían caído en tierra de nadie. A lo largo de los siguientes seis meses iban a caer muertos o heridos en el Somme 420.000 británicos, para conseguir avanzar apenas una media de dos o tres kilómetros de terreno. El Somme conoció el primer despliegue de tanques, llamados así por su parecido con los carros que llevaban tanques de agua. Eran demasiado escasos en número para resultar efectivos. En Londres, la consecuencia de la ofensiva del Somme fue una crisis de gobierno. Asquith asumió cierta responsabilidad por la estrategia de Haig y fue destituido en un golpe político aquel mismo diciembre: fue una conspiración tramada por Lloyd George y sus amigos con los barones de la prensa. Lloyd George se convirtió en primer ministro y sustituyó el gabinete de veintiséis ministros para la guerra con un grupo fuerte de cinco hombres. Convencido de que los ministros estaban siendo demasiado condescendientes con los generales, también estableció una secretaría de gabinete (una especie de Ministerio de la Presidencia) con Mauride Hankey al mando, que iba a sobrevivir a la firma de la paz y se iba a desarrollar en la moderna Secretaría de Gobierno.

En 1917 Francia se encontraba sometida a una intensa presión en Verdún: sufría motines constantes y crisis en los cuadros de mando. Con todo, Haig intentó otra ofensiva en el frente de Flandes durante el verano, pero aquello solo iba a reproducir los horrores de Passchendaele, con 240.000 británicos y miembros de las fuerzas imperiales muertos y un nuevo punto muerto en la contienda. La estrategia de Haig estaba empezando a ser cada vez más cuestionada: la criticaban por ser costosa, cruel e inefectiva. Sin embargo, una guerra de desgaste parecía inevitable, dados los recursos disponibles.

La situación empeoró con los acontecimientos que tuvieron lugar muy lejos del frente occidental. Las revoluciones de febrero y octubre contra el zar ruso quebraron el espíritu del ejército ruso y aliviaron las angustias de Alemania, que se había visto obligada a combatir en dos frentes, lo cual le permitió trasladar una enorme cantidad de tropas hacia el oeste. Esta ventaja se equilibró con una decisión de Alemania que resultó completamente disparatada: atacar a los barcos enemigos en el Atlántico, incluyendo a los americanos, que eran neutrales entonces. El presidente Woodrow Wilson, reelegido como el hombre «que nos mantuvo fuera de la guerra», rápidamente cambió de tono y se involucró en el conflicto, jurando que haría un mundo «seguro para la democracia». En el Reino Unido, Lloyd George saludó la noticia de la entrada de Estados Unidos en el conflicto con las siguientes palabras: «América se acaba de convertir en una potencia mundial».

Los refuerzos americanos iban a tardar mucho en llegar. Aunque las primeras tropas se presentaron en junio de 1917, hasta mayo de 1918 no se hicieron notar, cuando Estados Unidos aportó un millón de soldados, tantos como el Reino Unido. Su llegada fue precedida por una ofensiva alemana en primavera, reforzada por unas setenta divisiones liberadas del frente ruso. En ese momento, el mando alemán, Ludendorff, estuvo en condiciones de poner tres millones de soldados alemanes en el campo de batalla. Empleó una nueva táctica: envió aviones de reconocimiento para dirigir bombardeos selectivos seguidos de ataques masivos en los puntos donde se adivinaba cierta debilidad. El resultado fue que, en marzo, la línea británica en Flandes quedó perforada en una brecha de sesenta kilómetros. Los soldados alemanes estaban otra vez a las puertas de París. Los británicos se pusieron a construir frenéticamente tanques, financiados con unos «bonos de tanques» que recaudaron 138 millones de libras en una sola semana. Pero los aliados estaban aterrorizados ante el avance alemán. Hubo quejas de que los americanos eran un poco tímidos en la batalla y Haig acusó al mando francés, el mariscal Petain, de estar «deprimido y hundido». Los reveses colocaron a Haig en una situación comprometida. El habitual control de Lloyd George en los Comunes se debilitaba, mientras surgían voces que comenzaban a cuestionar su actuación en la guerra, entre ellas la del hombre cuya actuación él había socavado: Asquith.

En julio de 1918, los franceses, con apoyo americano, por fin pudieron detener a los alemanes en la línea del Marne. Luego, los aliados escenificaron un contraataque por Amiens, apoyados con 420 tanques y escuadrones aéreos que acabaron rompiendo las nuevas líneas alemanas. Aquel movimiento resultó crucial. Enseguida, las tropas aliadas estuvieron listas para dispersarse por el campo abierto. En el norte, Haig por fin fue capaz de tomar la iniciativa en lo que se llamó «la ofensiva de los cien días», una victoria que quedó oscurecida por los primeros fracasos. Todas estas acciones acabaron en una retirada alemana; los alemanes solicitaron el armisticio para evitar la invasión y una rendición. A las once del día 11 del undécimo mes del año callaron las armas. Por todo el Reino Unido repicaron las campanas y la jornada quedó para siempre marcada en el calendario como el Día del Armisticio. También se conoció enseguida como el Día de las Amapolas (Poppy Day) porque se vieron crecer amapolas en las trincheras, como si hubieran sido regadas con la sangre de los caídos.

Los epígonos de la Primera Guerra Mundial fueron diversos. Los aliados habían derrotado a Alemania y, supuestamente, habían cercenado su sueño de supremacía en Europa. Como ocurrió con Napoleón un siglo antes, Gran Bretaña había ayudado a Europa a evitar la amenaza de que una nación dominara a las otras. Si dicha amenaza podía generalizarse y si podría acabar poniendo en peligro a Gran Bretaña... eso era debatible, pero, en cualquier caso, se evitó. El precio fue alto tanto desde el punto de vista económico como en términos políticos: la deuda nacional de 40 millones de libras ascendió en un par de años a los 360 millones. Y aunque Gran Bretaña salió de la guerra con su imperio intacto y su influencia se expandió por Oriente Medio, su primacía no tardaría en ser usurpada por unos Estados Unidos que se habían despertado como una potencia global. Las bajas de militares británicos ascendían a 700.000 muertos; esto es, uno de cada doce hombres movilizados, una cifra enorme, aunque una pequeña proporción de los diez millones de personas que perecieron en total y por ambas partes. Proporcionalmente, los oficiales sufrieron más bajas que sus propios hombres, y se cree que las bajas en los cuadros de mando excedieron todas las previsiones, hasta alcanzar un 25 por ciento.

Ninguna contienda desde la Edad Media había estado tan cerca del corazón de la nación. Los aviones alemanes habían volado sobre las ciudades inglesas, haciendo verosímil la potencial amenaza de un bombardeo con gas o con explosivos. Muchas propiedades de terratenientes quedaron devastadas, bien por los impuestos sobre sucesiones o por la muerte de los empleados, que bien habían muerto o se habían trasladado a otros puestos de trabajo. El reclutamiento había llevado a todas las clases y a todas las profesiones a la guerra, incluidos los escritores y los artistas, que acabaron ejecutando obras de una peculiar intensidad. El horror de las trincheras se recordó en la poesía de Rupert Brooke, Siegfried Sassoon y Wilfred Owen, y en las pinturas de Paul Nash, William Orpen y C. R. W. Nevinson. El frente de Macedonia quedó representado en la evocación de Stanley Spencer del tedio y el sufrimiento, en los murales que hizo en Burghclere, en Hampshire.

La Primera Guerra Mundial fue una fabulosa empresa nacional, que sacó a hombres y mujeres de sus aldeas y ciudades —la mayoría de los cuales nunca había salido antes de sus pueblos— y los puso en contacto con nuevos acentos y lugares desconocidos. Los hombres combatieron por el Reino Unido a las órdenes de un gobierno, que quedó liberado de cualquier freno gracias al concepto de la «guerra total», lo cual le permitía fijar impuestos y regulaciones sin control ni precedentes, hacer reclutamientos y censurar lo que deseara en todo el país. Lo que H. G. Wells describió como «la guerra para acabar con todas las guerras» acabó estableciendo una relación más estrecha entre ciudadanos y gobierno. Esto se reflejó en una ampliación del derecho a voto. En 1918 todos los hombres mayores de veintiún años y todas las mujeres mayores de treinta tuvieron derecho a voto: Lloyd George mostró así su agradecimiento por el esfuerzo durante la guerra. Las mujeres, concretamente, ahora tenían más libertad para ganarse la vida y participar en actividades políticas. Un pueblo que durante tanto tiempo había delegado en sus líderes las cuestiones relativas a la guerra o la paz estaba por fin en condiciones de tomar esas decisiones por sí mismo.

LOS AÑOS DE LA PLAGA DE LANGOSTAS:[1] *THE LOCUST YEARS*
~
1918 – 1939

Gran Bretaña era en 1918 una nación magullada pero ilusionada. Aquellos que lo habían dado todo en la guerra creían que la seguridad nacional en ultramar podría favorecer la seguridad social en casa. Los ciudadanos británicos querían protección no solo contra los enemigos extranjeros sino también contra la necesidad, la enfermedad, el desempleo e incluso contra la injusta redistribución de las rentas. Esta sensación de inseguridad se vio incrementada cuando, en el mismo momento en que se declaró la paz, el mundo fue golpeado por una gripe pandémica. En 1918 y 1919 se registraron 228.000 muertes solo en Gran Bretaña, concentradas sobre todo en los más jóvenes. Con el regreso de las tropas imperiales a sus lugares de origen, la enfermedad se propagó por todo el mundo: se asegura que murieron cincuenta millones de personas, lo cual convirtió esa pandemia en el mayor desastre humano registrado a lo largo de toda la historia, peor incluso que la Peste Negra.

Un mes después del armisticio, Lloyd George convocó elecciones, las primeras en las que votaban las mujeres. Aprovechó su estatus como líder en la guerra y reclamó la vigencia de un acuerdo de coalición con los *tories* para contribuir a la reconstrucción. Dada la inquina que le tenían Asquith y prácticamente la mitad de los parlamentarios liberales, acabó confabulándose con los conservadores para que no presentaran candidatos contra los liberales que sí lo apoyaban. A esos candidatos sin oposición se les envió una carta firmada por Lloyd George y el líder conservador Andrew Bonar Law. Asquith dijo que esas cartas eran «cupones»; el resultado fue que las elecciones de 1918 acabaron llamándose «las elecciones de los cupones». La coalición ganó abrumadoramente, aunque sus 478 parlamentarios fueron sobre todo conservadores. Los liberales de Asquith se unieron a los laboristas en la oposición, pero el Partido Liberal nunca más se volvería a considerar un reducto aceptable para la clase trabajadora. Ese papel pasaría a los laboristas, despreciados por Lloyd George como «un grupo extremista, pacifista, bolchevique».

Las elecciones estuvieron marcadas por una histeria antialemana que exigía «colgar al káiser» y «exprimir el limón alemán hasta que chillen las pepitas». El diario *The Times* se negó a calibrar siquiera las posibles consecuencias de llevar a la bancarrota a Alemania, y lo único que exigía es que el Reino Unido «presente la factura». El Tratado de Versalles de 1919 ignoró las apelaciones a la prudencia de Lloyd George y del joven economista J. M. Keynes en cuanto al trato que se le debía dar a la derrotada Alemania: simplemente se buscó el modo más humillante de castigar a los alemanes. Esto pasaba por la ocupación aliada de Renania y unas reparaciones económicas durísimas. Versalles significó que lo primero que Alemania supo de las democracias fue que le imponían una deuda insoportable; un castigo que iba a ofrecerle al refundado partido Nacional Socialista de Hitler un camino sencillísimo hacia el poder a partir de 1925.

Lloyd George describió Versalles como un grupo de «hombres enloquecidos gritando por los ojos de las cerraduras».[2] De regreso al Reino Unido, fue recibido con todos los honores. Era el primer gobernante británico que iba a ejercer el cargo con un estilo que se aproximaba al modelo presidencial. Mantuvo la Secretaría de Guerra con Hankey y su despacho de consejeros externos en el «invernadero» de Downing Street. Su entonación galesa elevaba su oratoria, decía Harold Nicolson, «al nivel de Cromwell y Chatham». Durante la guerra, había amenazado y engatusado a la maquinaria gubernamental para conseguir que se hicieran las cosas como él deseaba. Ahora quería hacer lo mismo en tiempos de paz. El gobierno aprobó una ley de vivienda para subsidiar «hogares para los héroes» y decretó que los niños permanecieran en la escuela hasta los catorce años. La movilización para la guerra había multiplicado por dos la afiliación a los sindicatos y el gobierno tuvo que hacer frente a huelgas en la policía, la minería, los ferrocarriles e incluso en el ámbito militar. Siempre que las huelgas se desarrollaban en el sector público, el gobierno acababa capitulando.

Mientras tanto, respecto a lo que ocurría al otro lado del Mar de Irlanda, Churchill apuntaba con cierto desdén: «A medida que el diluvio amaina y las aguas retroceden, veremos cómo emergen de nuevo las sombrías torres de Fermanagh y Tyrone». Mientras los protestantes del Ulster seguían poniendo obstáculos al autogobierno, al menos sin partición, los nacionalistas irlandeses consiguieron casi todos los escaños del sur de Irlanda en las elecciones de 1918 y, en el mes de enero siguiente inauguraron su propio parlamento independiente en Dublín: el Dáil Éireann.

Este organismo, a las órdenes del carismático liderazgo de Michael Collins, se declaró en guerra abierta contra el estado británico. Irlanda en ese momento estaba aún gobernada y controlada por británicos, en su mayoría protestantes. Las atrocidades cometidas por el IRA se toparon con idéntica brutalidad por parte de los paramilitares llamados «Black and Tans», muchos de ellos soldados licenciados del frente occidental.[3] Irlanda se sumió en una guerra de guerrillas que culminó con soldados indisciplinados quemando aldeas y, en diciembre de 1920, todo el centro de Cork. Incluso con Lloyd George en el poder, la policía británica en Irlanda se comportó de manera represiva y contraproducente. Un informe del Partido Laborista a principios de 1921 advirtió que «hay cosas [en Irlanda] que se están haciendo en nombre de Gran Bretaña y que conseguirán que su solo nombre apeste a ojos del mundo». Al final, la Ley del Gobierno de Irlanda de 1920 acabó en un tratado negociado por Lloyd George en 1921 que constituía el Estado Libre de Irlanda, con una asamblea diferenciada para los seis condados del Ulster. Las primeras elecciones de la Irlanda independiente tuvieron lugar en 1922.

La coalición de Lloyd George no tardó en agotar su capital político. La financiación de su gabinete privado a través de la venta de cargos honoríficos acabó siendo un escándalo (eran 15.000 libras por un título de caballero; 50.000 por un título nobiliario). El carácter mujeriego del primer ministro era de conocimiento público, y dio lugar a una popular canción que decía «Lloyd George conoció a mi padre», con diferentes variaciones. La coalición perdió todo su valor. La economía entró en una nueva recesión en 1920. Al año siguiente, Hacienda se vio sobrepasada por la carga del programa social del gobierno y el coste de las deudas derivadas de la guerra. El «Geddes Axe» (el hachazo de Geddes), que llevaba el apellido de sir Eric Geddes, un ministro de la coalición, proponía grandes recortes en el gasto público de todos los ministerios, desde Defensa a Educación, e incluso impuso recortes en los sueldos de los policías y los maestros.

La política británica se complicó en ese momento por el deslizamiento de las placas tectónicas de la izquierda, porque el voto laborista aumentó sustancialmente y los liberales se hundieron y se fracturaron. Los *tories* fueron casi siempre el partido más importante, pero afrontaban la necesidad de establecer una coalición, bien con los laboristas, bien con los liberales, pero con uno de los dos grupos. En 1922, la coalición de Lloyd George fue haciéndose cada vez más molesta para la mayoría de los parlamentarios *tories* de segunda fila y, en octubre de ese mismo año, un importante grupo se reunió en el Carlton Club de St. James y decidió retirarle su apoyo. Un parlamentario de los Midlands, Stanley Baldwin, dijo que se «echaría al monte» si el partido continuaba respaldando a un primer ministro al que apenas se le veía en los Comunes y que gobernaba con un «gabinete de fogón» particular. Lloyd George era, según Baldwin, «esa cosa horrible que se llama una fuerza viva». El repentino colapso de la coalición precipitó unas elecciones generales ese año: los *tories* ganaron con mayoría absoluta. Para celebrarlo, los parlamentarios *tories* que habían provocado la caída se denominaron a sí mismos el Comité de 1922. Los liberales siguieron divididos y los laboristas adoptaron la responsabilidad de ser la oposición oficial. El «mago galés» ya no contaba. Lloyd George podía reclamar el crédito como principal fundador del estado del bienestar y por su papel en la victoria de la guerra, pero también había dividido a su partido, y no lo había hecho (como Peel o Gladstone) por una cuestión de principios, sino para retener el poder personal. Cuando tuvo delante el reto de adaptar el liberalismo para poder resistir el ascenso del laborismo organizado, adoleció de una reveladora falta de imaginación política. Condenó a su partido a un desierto político para el resto del siglo.

Baldwin, el nuevo primer ministro *tory*, fue la elección perfecta y representaba un contraste esperanzador: era el arquetípico político que sugiere al país que está en buenas manos, con una pipa de aire campestre, juicioso, moderado y conciliador. Cuando se presentaban los problemas, se decía que se retiraba a su despacho con un crucigrama hasta que amainaba la tormenta. Sin embargo, en cuanto asumió el cargo, Baldwin pareció imbuido de una cierta convicción, inspirada en Joseph Chamberlain: que la recuperación de la economía británica necesitaba aranceles. Era un cambio político tan drástico que, con los liberales y los laboristas en la oposición, pensó que debería convocar unas elecciones con ese asunto como tema central. En esto calculó mal. Las elecciones de 1923 se convirtieron en el campo de batalla sobre los «impuestos a los alimentos» y los *tories* perdieron terreno. Aún era el partido más grande, pero estaban en minoría, con los laboristas pisándoles los talones. Asquith, de nuevo líder oficial de los liberales, decía que el electorado había votado abrumadoramente contra los aranceles y, como los laboristas eran el partido más importante anti-aranceles, debería formar gobierno, con su apoyo.

En consecuencia, Ramsay MacDonald juró su cargo como primer ministro en enero de 1924: era el primer mandatario británico laborista. La llegada del laborismo al poder, cuando aún se conservaba el recuerdo de cómo se consiguió el derecho a voto de la clase trabajadora, se consideró una noticia sensacional. Mucha gente en la derecha dijo que eso significaba que los rusos se harían con el poder en Inglaterra, que se confiscarían las propiedades, que se prohibiría el matrimonio y que se fomentaría el amor libre. Hubo quien huyó a disfrutar de una vida privilegiada en Kenia y Rodesia, principalmente. Cuando MacDonald quiso presentar a sus ministros principales en palacio, la prensa se preguntó si deberían llevar sombreros de copa, si debían hacer una reverencia, si debían hacer el besamanos o designar a nuevos nobles. (La cuestión de la designación de nobles se resolvió nombrando solo a gente que no tenía herederos varones). Mientras los nuevos ministros esperaban a que el rey hiciera acto de presencia, uno de ellos, J. R. Clynes, pensó en «MacDonald, el oficinista famélico; en Thomas, el conductor; en Henderson, el trabajador de la fundición; y en Clynes, obrero en una fábrica, todos en lo más alto». MacDonald no tuvo ningún problema en ocupar la mansión de los Chequers, en Buckinghamshire, que había sido donación reciente de la familia Lee como lugar de «descanso y recreo para los primeros ministros a partir de ese momento». Se le acusó enseguida de colocar a sus líderes laborales, de haber cedido al embrujo del cargo y de haberse echado en brazos de la alta sociedad, lo que se denominó «socialismo de champán».

El gobierno de MacDonald no fue precisamente un éxito. Confiaba en la posición minoritaria del gobierno para contener las inclinaciones socialistas de algunos de sus colegas, pero cada uno de sus movimientos se observó con suspicacia y desconfianza en la bancada de los *tories* y, sobre todo, en la prensa *tory*. Cuando el gobierno retiró el procesamiento a un periódico comunista por incitación a la revolución, se le acusó de estar bajo la influencia de grupos revolucionarios y perdió una moción de confianza. MacDonald pensó que debería convocar lo que serían las cuartas elecciones en seis años. La causa de la izquierda no se vio favorecida por los acontecimientos que estaban teniendo lugar en Rusia y que sembraron una sombra de sospecha sobre la política británica. La oposición, siempre deseosa de explotar cualquier temor alarmista frente a los rojos, se aferró a lo que resultó ser una carta falsa de un líder soviético,

Grigory Zinoviev, abogando por «un exitoso levantamiento de los barrios obreros de Inglaterra» y por «llevar las ideas de Lenin a Gran Bretaña y a las colonias». Baldwin utilizó de un modo muy habilidoso el nuevo medio emergente, la radio, para prometer «un gobierno juicioso y con sentido común» y no «teorías revolucionarias y planes descabellados». El laborismo perdió el poder en las elecciones: contó con 151 parlamentarios frente a los 419 *tories*. Los liberales apenas pudieron conseguir cuarenta escaños.

Baldwin hablaba para una nación que ansiaba regresar a la normalidad previa a la guerra. Mientras la economía comenzaba la recuperación propia de tiempos de paz, los beneficios de la modernización que habían disfrutado solo los eduardianos más ricos comenzaron a extenderse a una clase media más amplia. La situación de la mujer cambió radicalmente. La escasez de hombres en la posguerra exigía un nuevo sentido de la independencia femenina, mientras que el aumento de los trabajos en las tiendas y en las oficinas ofrecía a las jóvenes una nueva libertad urbanita. La campeona de la planificación familiar, Marie Stopes, le habló a una generación con acceso a la liberación sexual que permitía la contracepción. Los divorcios registrados aumentaron desde los 823 de 1910 hasta los 4.522 de 1928. La economía de consumo se disparó. El número de coches en las carreteras de Gran Bretaña se doblaba cada año. Las viviendas en propiedad se elevaron desde el 10 por ciento de 1910 hasta alcanzar un tercio de la población a finales de los años treinta, muy por delante de cualquier otro país de Europa. La baja densidad resultante en las urbanizaciones se dispersó en los «cinturones urbanos» por todos los barrios de Inglaterra. Apenas un 20 por ciento de los ingleses vivían en ese momento en lo que se podría denominar «el campo».

En cuanto al gobierno, regresó el espíritu de lord Salisbury. La política de los conservadores resultaba muy popular, con su promesa de «tranquilidad y libre de aventuras y compromisos tanto en el interior como en el extranjero», y de no volver a ser nunca jamás «la policía del mundo». La cumbre de Locarno, en octubre de 1925, se resolvió con una solemne declaración de los contendientes en la Primera Guerra Mundial en la que se afirmaba un perdurable respeto por la paz y por las fronteras de cada país. El Ministerio de Exteriores (conocido en todo el mundo como el Foreign Office) se mostró tan entusiasmado con «el espíritu de Locarno» que le puso ese nombre al principal salón de recepciones del ministerio. Los británicos estaban deseando olvidar el sonido de los tambores y las trompetas de guerra. Incluso el Imperio Británico fue sometido a revisión. En 1926, un congreso imperial dio forma a un nuevo organismo derivado de los antiguos territorios autónomos de Canadá, Australia, Nueva Zelanda y Sudáfrica, y se le dio el cromwelliano nombre de la Commonwealth. Esta institución no incluía las colonias negras.

En 1924, Baldwin recuperó a Churchill (un liberal reconvertido en *tory*) para el gabinete en calidad de ministro de Hacienda. Churchill cometió entonces un error que iba a planear sobre toda su carrera, como Galípoli, al fijar la libra esterlina de acuerdo con el patrón oro, en una valoración que se consideró excesivamente alta. Las exportaciones de carbón británico se tornaron de inmediato carísimas y nada competitivas en los mercados mundiales, lo cual conllevó un recorte en la extracción minera y, por tanto, en los sueldos. En mayo de 1926, el TUC (Trade Union Congress o Congreso de Sindicatos) convocó a todos los sindicatos a respaldar a los mineros en la primera y única huelga general del Reino Unido. El paro fue casi absoluto en todas las industrias clave y recordó brevemente el espíritu de la época de la guerra entre el pueblo. Churchill publicó un panfleto gubernamental y un regimiento de infantería protegió la distribución de alimentos en los muelles. Los estudiantes de Oxford se divirtieron conduciendo autobuses. Pero la opinión pública estaba dividida: incluso al rey, habitualmente conservador, se le escuchó decir a propósito de los huelguistas: «Intenten vivir ustedes con sus sueldos antes de opinar».

El gobierno se esforzó en mediar entre las dos partes, que se mostraron intransigentes. Un ministro destacó que los líderes de los mineros «podrían considerarse los hombres más estúpidos de Inglaterra si no hubiéramos tenido ocasión de reunirnos frecuentemente con los propietarios de las minas». Como pacificador, Baldwin estaba en su elemento. A pesar de su famosa advertencia de que un gobierno jamás debería meter la nariz «ni en los asuntos del papa ni en el Sindicato de Mineros», consiguió aislar a la industria del carbón formando una comisión de investigación, y el TUC aceptó finalizar la huelga después de solo nueve días, aunque los mineros siguieron luchando solos y sin ningún éxito. La huelga adquirió fama legendaria como ejemplo de la solidaridad obrera, aunque la sensación de traición del sindicato cuando se dio por concluida también demostró las limitaciones de su fortaleza. La moderación en el triunfalismo de Baldwin tras la huelga, incluso su personalidad comprensiva, fueron clave durante todo el proceso. Era siempre afable, también con el nuevo líder de los laboristas en el Parlamento, y más adelante apoyó la petición de los sindicatos para que sus miembros pudieran financiar el partido. Con Neville Chamberlain como ministro de salud, bienestar y gobierno local, los *tories* siguieron el camino tradicional de Peel, Disraeli y el padre de Neville, Joseph Chamberlain. Las viejas y empobrecidas instituciones para pobres se cancelaron y los consejos locales y comarcales se hicieron responsables de los hospitales y de combatir la pobreza.

A pesar de la popularidad personal de Baldwin, los *tories* perdieron las elecciones de 1929, seguramente como resultado de la ampliación del voto del último grupo de adultos sin tal derecho: las mujeres de veinte años, el llamado «voto *flapper*», llamado así por los vestidos femeninos que colgaban libremente *(flap)* y que estaban de moda.[4] En un nuevo Parlamento con una composición inestable, los liberales decidieron colocar a los laboristas y a Ramsay MacDonald de nuevo en el gobierno. El nuevo equipo no tuvo ni tiempo para sentarse a trabajar. En cuestión de semanas, el 24 de octubre, estalló una burbuja en el valor de las acciones en Estados Unidos que condujo a una debacle no solo a Wall Street, sino a todas las bolsas del mundo. Dirigido por Keynes, el gabinete laborista propuso un programa inmediato de obras públicas, pero se encontró con la implacable oposición del nuevo ministro de Hacienda, Philip

Snowden. Este exigió recortes y restricciones en vez de aumentar el gasto público.

Este conflicto, habitual por lo demás, derivó en un caos económico y político. Entre la quiebra de 1929 y los últimos meses de 1930, los desempleados registrados aumentaron desde el millón a los dos millones y medio, y el número seguía subiendo. Al año siguiente los bancos comenzaron a quebrar en toda Europa, llevando a Alemania a una hiperinflación y al colapso financiero. En agosto de 1931, el Committee on National Expenditure (Comité para la Inversión Nacional, llamado May Committee) había suplantado y superado al mismísimo Geddes y proponía una recaudación de 24 millones de libras en nuevos impuestos y ahorrar otros 96 millones en recortes de gasto, de los cuales, 66 millones procederían directamente de los subsidios de desempleo, el «paro» *(dole)*. Los ministros dejaban entrever todos los signos del pánico. Regresaron apresuradamente de las vacaciones, los tipos de interés se dispararon y las ventas de oro vaciaron las arcas del Banco de Inglaterra, que inútilmente advirtió que «la quiebra nacional está cerca». La prensa salía a la calle con titulares como «¡Es cuestión de horas!». La relación entre la publicidad y la confianza aún no se conocía bien.

Pocos ministros laboristas tuvieron estómago para aguantar los recortes de Snowden y el gabinete acabó por dimitir. Pero cuando MacDonald llevó la dimisión a palacio, regresó para decir a sus asombrados colegas que se le había pedido a él y no a Baldwin que encabezara una coalición nacional con los *tories*. Intentaría encontrar una especie de «prescripción médica insoslayable» en los votantes para poder impulsar los recortes necesarios. MacDonald dejó anonadado incluso al leal Snowden cuando le dijo: «Mañana todas las duquesas de Londres querrán besarme». En la radio declaró: «No he cambiado ni uno de mis ideales. Tengo una obligación nacional». En octubre de 1931 se celebraron elecciones que dieron a MacDonald el mandato que deseaba, pero solo trece parlamentarios laboristas le siguieron siendo fieles, así que dependía de los 437 «conservadores nacionales». Como ocurrió con

Lloyd George en 1918, la ambición lo había convertido en prisionero de los *tories*.

La política se estaba polarizando cada vez más, azuzada por una prensa descaradamente partidista comprometida con grupos políticos concretos. El *Daily Express* de Beaverbrook y el *Daily Mail* de Rothermere eran *tories*, el *News Chronicle* era liberal y el *Daily Herald* y el *Daily Mirror*, laboristas. En ese momento, el socialismo sacaba provecho de las acusaciones por los muertos de la Gran Guerra y la persistente pobreza derivada de la depresión, ejercitándose en una mezcla de pacifismo y comunismo moderado. J. B. Priestley redactó su *English Journey* tras viajar por las zonas más pobres de Inglaterra en 1933. Poco después tuvo lugar la «cruzada» de Jarrow, en octubre de 1936, en la cual doscientos parados caminaron desde Tyneside (Jarrow) hasta Londres, siendo aclamados por el público a lo largo de todo el camino. George Orwell hizo un relato más sosegado en su trabajo documental *El camino a Wigan Pier (The Road to Wigan Pier*, 1937).

Algunos en la izquierda intentaron arrimarse al glamuroso ministro laborista Oswald Mosley, que dimitió a cuenta de los recortes de Snowden para formar «un nuevo partido», inicialmente compuesto por socialistas keynesianos. Tras una visita a Benito Mussolini en Italia, en 1931, Mosley cambió su partido y lo convirtió en la Unión Británica de Fascistas (British Union of Fascists). En ese momento, cuando los gobiernos democráticos estaban derrumbándose en Europa, la llamada al «vigor y la hombría», y a los modernos dictadores que, como decía la gente de Mussolini, «conseguían que los trenes llegaran a tiempo»,[5] resultaba bastante tentador.

Si Mosley no se hubiera empeñado en unos uniformes tan poco británicos, en los desfiles y en el matonismo de los camisas negras, podría haber sido un líder notable. En cualquier caso, mientras otras naciones respondían a la depresión económica con el New Deal de Roosevelt, con los planes quinquenales de Stalin y el fascismo de Mussolini y Hitler, los británicos parecieron sentirse más cómodos con un oficinista escocés y un comerciante de los Midlands. MacDonald y Baldwin por fin pusieron en marcha el plan de Snowden, devaluaron la libra, subieron los impuestos de la renta y recortaron el subsidio del paro.

Cuando empezó la recuperación, tras la recesión, los años treinta reiniciaron el progreso económico que los británicos habían gozado a mediados de los años veinte. Las industrias del exótico *art déco* empezaron a ocupar toda la Western Av. de Londres, produciendo bienes de consumo como las aspiradores Hoover, las cuchillas de afeitar Gillette y los neumáticos Firestone. Los supermercados Wolworths surgieron como setas en todas las calles principales. La compañía privada British Broadcasting Company (BBC) fue nacionalizada por un decreto de 1927. Su director, un austero escocés llamado John Reith, estableció una tradición de independencia que ha mantenido desde entonces a pesar de los muchos obstáculos que ha tenido que vencer. En 1932, en Inglaterra y Gales había diez millones de radioyentes y dos millones de abonados a la compañía telefónica. La respuesta al Modelo T de Ford americano fue el Austin 7, que apareció en 1922 y que en los años treinta rebajó su precio hasta las 125 libras. Al concluir la década había tres millones de coches en las carreteras. Los grandes cines, con nombres como Roxy, Regal, Odeon o Gaumont se levantaron en los barrios, ofreciendo el escapismo de Valentino, Douglas Fairbanks y Mary Pickford. El jazz americano fue una locura.

Feliz y contento, el público británico recuperó el pacifismo de la década anterior y lo llevó a nuevas cotas. En 1935 el referéndum más importante de la historia de Gran Bretaña, conocido como «la votación de la paz», registró once millones de votos que apoyaban la nueva y tambaleante Liga de Naciones y eran partidarios de prohibir la fabricación de armas en el mundo. En las elecciones generales de aquel año, en las que MacDonald perdió su escaño, Baldwin regresó como primer ministro tras haberse visto obligado a prometer, incluso a sus propios votantes conservadores, que «no habría grandes armamentos». Los ministros eran perfectamente conscientes de que Alemania, con Hitler como canciller desde 1933, no iba a ser un aliado fiable del tratado de Locarno (se estaba rearmando rápidamente), pero la opinión pública en ese momento no estaba bien informada y era un poco ingenua respecto a los acontecimientos que estaban teniendo lugar tanto en la Rusia soviética y, con menos excusas, en Alemania. En 1936 también había otras cuestiones de las que ocuparse. La muerte de Jorge V procuró la sucesión de Eduardo VIII,[6] que contaba entonces con cuarenta y un años. Al nuevo rey le gustaba bailar y la informalidad, y se tomó con verdadero interés el modo de vida de la gente; es muy famosa la anécdota de sus palabras durante una visita a los pobres del sur de Gales: «Algo habrá que hacer». Pero estaba enamorado de una mujer casada, Wallis Simpson, con quien quería casarse. A pesar de la discreción con que se mantuvo el asunto, los rumores fueron en aumento y al final Bladwin le tuvo que decir al rey que tendría que elegir entre la señora Simpson y la corona. Él contestó: «En la elección de una reina, debe escucharse la voz del pueblo». Aunque la monarquía ya no tenía peso político y Eduardo disfrutaba de algún favor de la gente, el papel ejemplar que un rey debe desempeñar en la vida pública hizo que su relación con Simpson resultara inaceptable. En una emisión radiofónica muy emotiva, el 11 de diciembre de 1936, el rey eligió a la señora Simpson, y abdicó. La sucesión recayó en su hermano, «el tímido Bertie», que reinó como Jorge VI (1936-1952),[7] padre de la reina Isabel II.

En 1937, un agotado Baldwin cedió el puesto a Neville Chamberlain como primer ministro. Había sido ministro de Hacienda durante seis años y había sacado al país de la depresión con habilidad, impulsándolo hacia un estado del bienestar. Pero carecía de la calidez o del toque humano en sus relaciones públicas, y en varias ocasiones se le motejó como «tarugo» y avinagrado: se decía que lo habían «destetado con un pepinillo». Ni él ni Baldwin, a pesar de la rápida escalada beligerante de Alemania, fueron capaces de venderle al pueblo la necesidad de rearmarse. En todo caso, desde 1938 se fabricaron en masa los cazas Spitfire, se abrieron nuevas fábricas y se planificaron refugios antiaéreos para la defensa civil. En septiembre de 1938, cuando Hitler expresó su intención de ocupar los Sudetes checos, desafiando las premisas del Pacto de Versalles, Chamberlain viajó a Múnich para parlamentar con él. El país estaba en vilo, temiendo la guerra.

El regreso de Chamberlain al aeropuerto de Heston se recibió con un fervoroso entusiasmo: el primer ministro agitaba un documento «simbólico del deseo de nuestros dos pueblos de no volver a enfrentarnos en una guerra». Más adelante le dijo a la multitud que había acordado «la paz con honor. Creo que es la paz para nuestro tiempo». En la radio, añadió que era «horrible, fantasioso e increíble [...] que empecemos a cavar trincheras y a llevar máscaras de gas ahora por una disputa en un país lejano entre gentes que no conocemos de nada». Churchill, que ahora era simplemente parlamentario sin cargo, fue prácticamente la única voz que se alzó contra las pretensiones alemanas, y denominó esa época como «los años en los que la langosta ha estado engordando». Pero cuando describió las conversaciones de Múnich como «una derrota total y sin paliativos», fue abucheado. No importa lo que se pueda pensar en retrospectiva: la opinión británica en aquel momento se sintió inmensamente aliviada por el acuerdo de Múnich.

La Historia no ha sido amable con Chamberlain y lo ha considerado como el principal «apaciguador» de la Alemania de Hitler, aunque algunos historiadores modernos han sido menos duros con él. La opinión pública y la mayoría de la prensa eran extraordinariamente complacientes con los dictadores europeos. Seguían odiando la idea de volver a la guerra y se agarraban a cualquier cosa que pudiera fomentar su optimismo. Además, aquella fue la primera generación de políticos británicos que gobernaron sometidos a las decisiones del voto universal y sintiéndose maniatados por lo que ellos creían que era la opinión pública. El concepto de aceptación, acuerdo o aprobación para la gobernanza por fin se había impuesto y consolidado, e irónicamente se había cumplido para poner en riesgo la seguridad del Estado. Chamberlain y sus colegas también se vieron atrapados por sus propios consejeros militares. Se habían estado rearmando desde mediados de la década de los treinta, pero cuando el primer ministro fue a Múnich, los jefes militares le advirtieron que no estaban en absoluto preparados para una guerra con Hitler. Gran Bretaña sería arrasada si se producía un ataque alemán, y Chamberlain se vio obligado a ganar tiempo. Solo pudo ganar seis meses. En marzo de 1939 Hitler rompió la promesa que le había hecho a Chamberlain y ocupó Praga. En agosto firmó el pacto de no agresión Molotov-Ribbentrop con Stalin y, el 1 de septiembre, lanzó su *blitzkrieg* (guerra relámpago) sobre Polonia. La invasión violó todas las garantías aliadas de la soberanía polaca y Chamberlain se vio obligado a anunciar, dos días después, que Gran Bretaña estaba en guerra con Alemania. Un ejército de soldados británicos cruzó el Canal, como hicieron en 1914 y tantas veces antes. Esta vez regresaron, al principio, derrotados.

LA SEGUNDA GUERRA MUNDIAL
~
1939 – 1945

La Segunda Guerra Mundial comenzó como una clásica disputa entre naciones, alimentada por dos estados autoritarios, Alemania y Japón, en pos de lo que Hitler llamaba *Lebensraum*, el «espacio vital». Probablemente no se podría haber hecho nada en la Europa de los años treinta para detener la invasión alemana de Polonia y Checoslovaquia, porque ninguna nación estaba preparada para contemplar siquiera un ataque de represalias contra Alemania. Pero la repetición de 1914 parecía imposible, porque en aquella ocasión Alemania atacó en el este y en el oeste. Cuando empezó a caer Escandinavia, en la primavera de 1940, y el nivel de ambición de Hitler quedó en evidencia, todas las cartas políticas quedaron a la vista sobre la mesa. Chamberlain sintió aquello como una derrota y dimitió en mayo de 1940; fue sustituido por la persona que, a lo largo de toda una década, había predicho exactamente que esas serían las consecuencias del apaciguamiento con Hitler. El primer discurso de Churchill al Parlamento como primer ministro no ofreció «más que sangre, esfuerzo, lágrimas y sudor».

Las unidades de tanques alemanes se desplazaban por todo el continente con una rapidez sin precedentes. El 19 de mayo se habló de columnas de acorazados que habían barrido las posiciones francesas y estaban acercándose a toda velocidad a París. En el norte, a la Fuerza

Expedicionaria Británica (BEF), que había pasado el Canal ocho meses antes, se le ordenó la retirada hasta Dunkerque, donde tendría que ser evacuada de las playas por una escuadra de la Royal Navy reunida a toda prisa y con la ayuda de una flota de «barquitos» cuya actuación se convirtió en pasto de leyenda. Entre el 27 de mayo y el 4 de junio, 338.000 hombres fueron evacuados; 120.000 de ellos eran franceses, y solo la orden de Hitler de «dejar Dunkerque a la Luftwaffe» evitó una catástrofe de encarcelamiento masivo. Prácticamente todo el material de los aliados quedó abandonado. El ejército británico había sufrido una derrota sin paliativos, aunque, como había ocurrido con tantas derrotas británicas, desde Crimea a Galípoli, «el espíritu de Dunkerque» se vendió como un triunfo de la fortaleza británica en la adversidad.

De momento, los británicos eran los únicos que permanecían en pie. La Europa oriental, Escandinavia y los Países Bajos ya estaban bajo la bota de Hitler. La mitad de Francia había sido ocupada y la otra mitad se encontraba bajo el régimen colaboracionista del mariscal Pétain. Alemania había firmado tratados que le cubrían el flanco de la Unión Soviética, el Mediterráneo y España. En oriente, Japón, aliado de Hitler, ya se había embarcado en una guerra de imperialismo expansionista, y no tardó en humillar al Imperio Británico apropiándose de Hong Kong y Burma (Birmania), y amenazando también Singapur y la India. La invencibilidad británica se había acabado. El país tuvo que hacer frente a la pérdida de todo lo que Chatham, Pitt y Palmerston habían conseguido y asumir, por segunda vez en treinta años, la existencia real de una amenaza de bloqueo marítimo por parte de Alemania.

La respuesta de Churchill fue una serie de discursos que estaban a la altura de los mejores de la historia de Inglaterra. Pronunciados en la Cámara de los Comunes o en la radio, evitaban el falso optimismo y los tópicos, y empleaba las descripciones y el realismo para una emocionante llamada a las armas. El 4 de junio de 1940, tras la debacle de Dunkerque, Churchill prometió: «Defenderemos nuestra isla, a toda costa. Lucharemos en las playas. Lucharemos en los aeródromos. Lucharemos en los campos y en las calles. Lucharemos en las montañas. Jamás nos rendiremos». Y el 18 de junio declaró: «Por tanto, cumplamos con nuestro deber y comportémonos de tal manera que, si el Imperio Británico y su Commonwealth dura mil años, la gente siga diciendo: "Aquel fue un momento glorioso"».

Estados Unidos, como al principio de la Primera Guerra Mundial, se mantuvo al margen, a pesar de los constantes ruegos de Churchill para que enviara ayuda. La tendencia aislacionista de Washington era muy fuerte, como lo era asimismo un considerable espíritu de apaciguamiento respecto a Alemania. Sin embargo, Hitler calculó que, si Estados Unidos entraba en la guerra, necesitaría las Islas Británicas como base y plataforma de lanzamiento, y los británicos eran en ese momento su único e implacable enemigo en Europa. Necesitaba neutralizar esa posibilidad. Durante el verano, los puertos ocupados por Alemania en el Mar del Norte y en las costas del Canal se llenaron de tropas nazis y de vehículos de desembarco para preparar la invasión de la isla, una acción que llevaba el nombre codificado de Operación Sealion. A pesar de las dudas y reservas de los jefes del gabinete en 1938, las defensas británicas eran considerables. Los británicos contaban con un ejército de infantería de dos millones de hombres, una Guardia Nacional interna y la armada más grande del mundo, aún no desplegada y fondeada en Scapa Flow. Cualquier flota que iniciara la invasión de Inglaterra sería enormemente vulnerable y estaría a merced de la fuerza aérea británica y su potencia marítima. La Luftwaffe alemana, por tanto, tenía que dejar fuera de combate las defensas británicas antes de pasar a la acción.

Lo que Churchill definió como «la batalla de Inglaterra», desde julio a octubre de 1940, fue una lucha a cara de perro entre los cazas ingleses y los bombarderos alemanes y sus escoltas, surcando los cielos de Sussex y Kent. Desde abajo parecían gladiadores en el Coliseo. El enfrentamiento se resolvió a favor de los británicos, en gran medida porque los pilotos alemanes estaban operando muy lejos de sus bases. En lo más crudo de la batalla, por cada avión británico que caía, se derribaban cinco alemanes.

La importancia de la contienda aérea a la hora de impedir la invasión se ha debatido mucho, dado que la flota británica aún no se había utilizado. El hecho es que en septiembre Hitler decidió que no podía arriesgarse a cruzar el Canal y abortó la Operación Sealion, igual que Napoleón abortó la invasión después de Trafalgar. Como el emperador francés, Hitler dirigió su atención hacia el Este y dejó de bombardear Inglaterra. De la Royal Air Force, Churchill dijo que «jamás en el campo de los conflictos humanos tantos le habían debido tanto a tan pocos».

El *blitz* (bombardeo) contra objetivos civiles en las Islas Británicas comenzó a finales de 1940, probablemente en represalia por los primeros ataques de la RAF sobre objetivos civiles en Berlín. Esta destrucción mutua de ciudades europeas condujo a una de las estrategias más macabras de la guerra, la creencia de que el terror por el bombardeo aéreo sobre residencias civiles podía socavar el ánimo bélico del contrario. El Reino Unido también bombardeó ciudades históricas como Lübeck o Rostock, para «minar la moral del enemigo», lo cual provocó la represalia de los alemanes, que bombardearon York, Exeter y Bath: fueron los llamados ataques Baedeker,[1] en la primavera de 1942. Hacia el final de la guerra, aquellos ataques tuvieron su continuación con los cohetes V1 y V2, desarrollados por los alemanes solo con propósitos desmoralizadores: se lanzaban hacia el sur de Inglaterra casi al azar y sin aviso previo. La pérdida de monumentos culturales e incluso de ciudades enteras, así como las decenas de miles de vidas de civiles no combatientes, no tenían ninguna importancia para los militares. Sin embargo, la idea que subyacía en todas esas agresiones aéreas siguió vigente durante lo que quedaba de siglo y aún más: la recuperó George Bush con su ataque contra Bagdad en 2003, al que puso el nombre de *«shock and awe»* (conmoción y pavor).

Como la superioridad aérea británica limitaba las posibilidades alemanas de bombardear el país a las incursiones nocturnas, los habitantes se acostumbraron a dormir en los refugios y en las estaciones de metro, más de ochenta de las cuales fueron convertidas en albergues con literas y letrinas básicas que quedaron reflejadas en los sobrecogedores y sombríos dibujos de Henry Moore. En aquellos lugares se escucharían las canciones grabadas por la novia de los soldados, Vera Lynn, tales como «The White Cliffs of Dover» (Los blancos acantilados de Dover), «There'll Always Be an England» (Inglaterra siempre vivirá) y «A Nightingale Sang in Berkeley Square» (Un ruiseñor cantaba en Berkeley Square). Aunque hubo mucha propaganda en el «espíritu del *blitz*» durante lo que efectivamente fue una época traumática y aterradora para mucha gente, desde luego sí que hubo camaradería en la adversidad, mientras se maldecía a los nazis y al gobierno con la misma intensidad. El rey Jorge y su mujer Isabel se convirtieron en símbolos de la resistencia cuando, en vez de huir de Londres, fueron protagonistas de una filmación en la que se les veía revisando los daños de un bombardeo en el palacio de Buckingham. Churchill también se mostró como un baluarte del «Londres resistirá», grabado con su característico mono de guerra en el centro de mando bajo Whitehall.

El *blitz* fue rebajando su intensidad en la primavera de 1941, pero no hubo muchas buenas noticias más. Las fuerzas alemanas seguían avanzando hacia el sur y hacia el este. En mayo de 1941 se hicieron con Creta, obligando a la guarnición británica a huir a Egipto, donde otro destacamento inglés, el octavo, se tuvo que batir en retirada frente al empuje de los Afrika Korps de Rommel. La paranoia se generalizó y la censura llegó a extremos cómicos. Los carteles decían que «las conversaciones imprudentes cuestan vidas». La amenaza de los submarinos a los suministros de alimentos por vía marítima se resolvió en un racionamiento generalizado que afectó no solo a los alimentos, sino también al combustible, la ropa, el papel y los materiales de construcción. Los *fish and chips* quedaron fuera de las órdenes de racionamiento, después de que la industria pesquera presionara para mantener a los arrastreros en el mar.

Los funcionarios y los políticos se esforzaron en organizar lo que de hecho era ya una economía de asedio. Inevitablemente, se convirtieron en personajes un poco ridículos. Pusieron en marcha eslóganes como «Aprovecha y remienda» o redactaron recetas utilizando pescado de lata, zanahorias para hacer pastel y tarta de manzana sin huevo. Incluso marcaron la tendencia de la moda con la marca Utility.[2] Los vestidos de las mujeres iban a ser rectos y cuadrados, con un máximo de dos bolsillos y cinco botones. Los adornos en la ropa interior estaban prohibidos. Los calcetines tobilleros sustituyeron a las medias, que se imitaban con una raya pintada con lápiz de ojos en la parte trasera de la pantorrilla oscurecida con un poco de salsa. Los trajes de los hombres llevaban una chaqueta de botón único y sin dobladillos. Se abrieron alrededor de dos mil «restaurantes británicos» que daban tres platos por nueve peniques. El programa de radio *It's That Man Again* (Es ese hombre otra vez) se burlaba de un funcionario cuya frase favorita era «Tengo centenares de restricciones molestas que imponerte». Fue un personaje de la época de la guerra que nunca dejó de estar en activo.

A mediados de 1941 ningún ejército aliado había podido poner un pie en el continente. Hitler estaba ya muy cerca del control absoluto de Europa y la capacidad de Gran Bretaña para poder proseguir la contienda resultaba verdaderamente muy dudosa. Los diarios de lord Alanbrooke, el jefe militar del gabinete de Churchill, dejan bien a las claras el estrés al que estaba sometido en aquel momento, y presenta a los dos hombres enzarzados en tempestuosas discusiones, gritando y dando golpes en la mesa. «Me odia. Puedo ver ese odio en su mirada», diría Churchill al hablar de Alanbrooke, que a su vez contestaba: «¿Odiarlo? Yo no lo odio. Lo aprecio. Pero...». Estuvieron juntos, en una colaboración entre opuestos a lo largo de la mayor parte de la guerra: la claridad mental de Alanbrooke equilibraba el liderazgo ampuloso de Churchill, aunque ambos fueron exactamente igual de trascendentales en el resultado de la contienda.

Churchill necesitaba contar con la ayuda americana. Consiguió un acuerdo de préstamo bélico con el presidente estadounidense Franklin Roosevelt (el programa Lend-Lease),[3] aunque el Congreso americano seguía votando la neutralidad, continuaba siendo contrario a otra expedición de rescate en Europa e insistía en que el Reino Unido pagara hasta el último dólar por los suministros. En ese momento, Hitler tomó una decisión que le iba a costar la guerra. Ansioso por conseguir los recursos de Ucrania y de los campos de petróleo de Bakú, y siempre receloso de los comunistas, se retractó del acuerdo Molotov-Ribbentrop y le declaró la guerra a la Unión Soviética.

En junio de 1941, la Operación Barbarroja contra Rusia organizada por Hitler fue el despliegue militar más grande de la historia, en el que participaron cuatro millones y medio de hombres y agotaron todos los recursos de Alemania para lo que quedaba de conflicto. Poco después, en diciembre de 1941, Japón tomó una decisión igual de imprudente: subestimó la posible oposición americana a su batida imperialista por todo el sudeste asiático y bombardeó la flota estadounidense en Pearl Harbor, en Hawai. Las dos grandes potencias del Eje se enfangaron solas contra las únicas naciones capaces de derrotarlas: Rusia y Estados Unidos. A un almirante japonés se le escuchó decir después de Pearl Harbor: «Hemos conseguido una gran victoria y, por lo tanto, perderemos la guerra». Los estadounidenses estaban furiosos y Roosevelt declaró la guerra a Japón; Alemania declaró la guerra a Estados Unidos. A partir de este momento, solo había un resultado posible de la contienda.

Los combates más feroces en tierra estaban teniendo lugar en el norte de África. Hasta noviembre de 1942 el oponente británico de Rommel, el cascarrabias y egocéntrico general Montgomery, no fue capaz de darle a Churchill la victoria que tanto había ansiado. Tras muchos embates y con superioridad numérica, criptógrafos y apoyo aéreo, un ejército británico derrotó a Rommel en El Alamein e impidió de ese modo la inminente caída de Egipto. Con la llegada de los americanos al Mediterráneo, en noviembre, los Afrika Korps alemanes se vieron obligados a rendirse. Dado que este éxito se había producido tras la caída de Singapur a manos japonesas y cuando daba toda la impresión de que el Imperio británico en oriente estaba a punto de desaparecer, Churchill se sintió aliviado. La victoria en África no era «en absoluto el comienzo del fin, pero tal vez sí era el final del principio». Ahora los aliados estaban en condiciones de contemplar la posibilidad de una invasión de la Europa continental, aunque esta no comenzaría hasta julio de 1943, con los desembarcos en Sicilia y una larga lucha en la columna vertebral de Italia. Para entonces, los soviéticos habían derrotado a Hitler en Stalingrado y el avance oriental de Alemania se había detenido.

Los mandos navales y aéreos aliados ya habían conseguido algunos éxitos frente a los alemanes, apoyados en un desarrollo científico rapidísimo del sónar, el radar y el desencriptamiento de la máquina Enigma. Al comenzar el verano de 1944, Roma cayó y los aliados se sintieron con fuerzas para abrir un frente occidental en Francia. Aquello implicó una organización con retrasos aparentemente interminables al tiempo que el sur de Inglaterra se convertía en una gigantesca plataforma de lanzamiento, con complejas maniobras de distracción dirigidas a engañar a la inteligencia alemana respecto a la ruta prevista para la invasión. La Operación Overlord tuvo lugar el 6 de junio de 1944, «el día más largo», y desplegó la fuerza anfibia más imponente de la Historia. Se alcanzaron las playas de Normandía con más de cinco mil barcos y 160.000 hombres. Los alemanes llevaron a cabo feroces combates en retirada, retrocediendo por Francia antes de detenerse justo en la frontera alemana. Su contraataque, la batalla de las Ardenas, a comienzos del año 1945, sorprendió a las fuerzas aliadas y dio cierto impulso a la moral alemana. Pero el avance aliado era imparable.

Cuando las tropas soviéticas alcanzaron por fin Berlín, descubrieron que Hitler se había suicidado. El 4 de mayo, los generales alemanes supervivientes se rindieron a Montgomery en Luneburg Heath, y la guerra en Europa concluyó. Cuatro días después, en el Reino Unido se celebró el Día de la Victoria. Las iglesias y los pubs se llenaron a rebosar. El uso de telas para hacer banderas quedó fuera de todas las restricciones. La familia real salió continuamente a la balconada de Buckingham Palace y Churchill hacía lo mismo en Whitehall, acompañado por el sonsonete de «Es un muchacho excelente» de Ernest Bevin, uno de los ministros laboristas de la coalición que formó el gobierno durante la guerra. Todas las diferencias del pasado y futuras se pusieron a un lado ante aquella abrumadora sensación de alivio. Se necesitaron otros tres meses más para derrotar a Japón en el Lejano Oriente, donde los británicos y los gurkas (Gurkha Troops) de las colonias indias habían tenido que combatir en una feroz campaña para expulsar a los japoneses de las junglas de Birmania. La victoria total no se consiguió hasta que el 6 y el 9 de agosto explotaron dos bombas atómicas en las ciudades de Hiroshima y Nagashaki.

Para entonces la guerra había devastado la mitad del planeta, matando aproximadamente a veinte millones de soldados y cuarenta millones de civiles, la cifra más alta de muertos de cualquier conflicto en la historia de la Humanidad. El subsiguiente descubrimiento de los campos de concentración alemanes para judíos y otras minorías conmocionó al mundo, igual que las revelaciones de los gulags rusos y las historias que contaron los presos británicos en los campos japoneses. Los relatos particulares, y desde luego el propio de Churchill, presentaron al Reino Unido en la guerra como un país aislado y solo frente la poderosa Alemania. Esto fue cierto solo durante un determinado periodo, entre 1941 y 1942, cuando apenas si hubo combates. En febrero de 1945, cuando tuvo lugar la Conferencia de Yalta, fueron Roosevelt y Stalin los que se repartieron el mundo. Los imperios de Alemania, Francia e Italia habían quedado en ruinas y Estados Unidos era inflexible respecto al del Reino Unido: debía desmantelarse. El hijo había usurpado el lugar del padre. Para los americanos, el imperialismo europeo estaba en la raíz de los dos grandes cataclismos del siglo XX. Era el momento de que los imperios llegaran a su final... o, al menos, los imperios a la antigua usanza.

En comparación con el total global, las pérdidas británicas fueron relativamente modestas. Murieron alrededor de 375.000 soldados en servicio, solo la mitad de las vidas que se perdieron en la Primera Guerra Mundial, y 60.000 civiles murieron en los bombardeos aéreos. Solo el dos por ciento de las víctimas de la guerra fueron británicas, frente al 65 por ciento de los rusos. Pero el impacto sobre la población del país fue traumático. Las incursiones alemanas y el *blitz* dieron como resultado la unión del país en el «frente interior», una unión mucho más fuerte que la que se dio en 1914. La amplitud de los poderes del estado había permitido el reclutamiento y el racionamiento que afectaron a casi todas las familias. Las vidas se interrumpieron, las familias y los vecindarios se quebraron para siempre. Excepto en el frente, las mujeres fueron tratadas como iguales en la adversidad nacional.

Había sido una guerra en la que había participado una nación unida, en la que la palabra «británico» por fin se utilizó mucho más a menudo que «inglés» o Inglaterra. Se había conseguido la victoria pagando un alto precio. El imperio ya no podía defenderse. Habría que devolver las libertades a los ciudadanos, libertades usurpadas por un estado dominante cuyos funcionarios creían que ellos, y sus disposiciones, habían ganado la guerra. El debate se centraba ahora en quién iba a ganar la paz.

EL ESTADO DEL BIENESTAR
~
1945 – 1979

Con el final de la guerra en Europa, los trabajos de la política habitual se reanudaron. La coalición gubernamental de Churchill se disolvió y se celebraron unas elecciones generales inmediatamente, el 5 de julio, aunque los combates aún seguían produciéndose en el lejano Oriente. Era como si el país, hambriento de democracia desde 1935, ya no pudiese esperar más. La campaña sacó a relucir las tensiones que se habían contenido durante tanto tiempo, una irritación irreprimible por las condiciones del tiempo de guerra y un deseo de algo nuevo. Los compañeros de la coalición anterior estallaron en antipatías mutuas. Churchill utilizó la palabra «Gestapo» para definir las propuestas socialistas de los laboristas. El político laborista Aneurin Bevan habló de su «odio profundo y virulento hacia el partido *tory* [...]. En lo que a mí respecta, son peores que los gusanos». El resultado fue inequívoco: fue la primera victoria arrolladora de los laboristas en la historia del país, con 393 parlamentarios. Los liberales fueron prácticamente arrasados, con solo doce escaños. Churchill quedó destrozado por el rechazo sufrido. Como su antiguo predecesor Marlborough, se quedó pensando que el éxito en la guerra rara vez procura ninguna gratitud por parte del pueblo inglés. Después de la hora de la victoria, fue apartado de la política sin contemplaciones.

El nuevo gobierno venía imbuido de un espíritu de optimismo eufórico. Lo dirigió el líder de la coalición laborista Clement Attlee, un hombre tranquilo y modesto que, según dijo ácidamente Churchill, «tenía muchas razones para ser modesto». Viajaban él y su mujer en un coche pequeño, iba andando al Parlamento y cruzaba el parque para ir a su club a almorzar. Attlee era el hombre perfecto para capitanear a un equipo cuyos egos caprichosos y rebeldes podrían haber hecho naufragar el barco sin remedio. Entre ellos estaba el ordinario líder unionista Enrest Bevin, en el Foreign Office, el tempestuoso Ameurin Bevan en Salud y Herbert Morrison como adjunto a la Presidencia. Aunque muchos de ellos ya habían trabajado juntos en la coalición de la guerra, no eran precisamente los mejores amigos. Cuando Morrison dijo de sí mismo que él era «su peor enemigo», Bevin replicó que «mientras haya un hálito de vida en mi cuerpo, no lo será».

El laborismo luchó por mantener vivo el espíritu de emergencia nacional de los tiempos de guerra, esgrimiendo que la economía controlada con la que se había ganado la guerra debería mantenerse para «ganar la paz». El control estatal operó mucho más incluso que en la Primera Guerra Mundial y se extendió a todos los aspectos de la vida social y económica del país. Este control quedó en manos de los laboristas, que sujetaron las riendas a las ambiciones del socialismo utópico. En los días más oscuros de 1942, el Informe Beveridge[1] ya había propuesto un nuevo estado del bienestar, responsabilizándose de todos los ciudadanos «de la cuna a la tumba». Otros documentos técnicos de 1944 también afirmaban que en el futuro debería ser labor del gobierno mantener un nivel de empleo alto y estable: el ideal de una economía centralizada y planificada. La Ley de Educación de 1944, llamada Ley Butler (por el presidente del Consejo de Educación, Richard A. Butler), nacionalizó todas las escuelas públicas del país. Adoptó los modelos más innovadores de las ciencias de la educación y ordenó hacer una prueba a todos los niños a nivel nacional, a la edad de once años, que los catalogaría y destinaría, independientemente de su origen y clase, a uno de los tres tipos de escuela: letras, técnicas o instituto «moderno». Estas medidas, hay que decirlo, no habían sido producto del socialismo, sino de un gobierno conservador bajo el mando de Churchill.

Con la ley de la Seguridad Social de 1946 el gobierno no se anduvo por las ramas. Puso en marcha casi todas las propuestas del informe Beveridge, incluidas las prestaciones por hijo, la asistencia nacional e incluso los subsidios funerarios. En cuestión de un año la nacionalización se amplió a lo que los laboristas denominaban «las altas esferas» de la economía, el Banco de Inglaterra, las minas de carbón, los ferrocarriles, la aviación y el transporte por carretera, y después el gas, la electricidad y el acero. En la mayoría de esos ámbitos el cambio apenas significó otra cosa que la adquisición de acciones por parte del Estado en industrias que ya estaban sometidas a regulación estatal durante la guerra. Los principales beneficiarios fueron los accionistas privados. También se ordenaron diez parques nacionales, los cuatro primeros en el Distrito de los Lagos, en Peak District, en Snowdonia y Dartmoor.

En 1948 se aprobó la ley del Servicio Nacional de Salud (NHS), con médico de cabecera gratis y servicio hospitalario para todo el mundo. La oposición por parte de la profesión médica solo pudo vencerse, dijo Bevan, cuando «les llené la boca de dinero». La idea era que los hospitales de caridad y los servicios públicos acabarían transfiriéndose, como las escuelas, a las entidades locales. En parte por el asco que Bevan le tenía a Morrison, un defensor a ultranza del localismo, el gabinete optó por mantener el servicio de salud centralizado. Bevan dijo que «si un orinal se cae en el suelo del hospital en Tredegar, debería poder oírse en Whitehall». Este principio dio como resultado que el Servicio Nacional de Salud fuera tan grande como el Ejército Rojo. Había llegado el momento de dejarlo todo en manos del «caballero de Whitehall, que sabe lo que hace».[2] El problema con el NHS a lo largo del siguiente medio siglo es que el caballero cambió varias veces de opinión.

Una vez que la euforia de la posguerra pasó, Gran Bretaña pareció sumirse en una especie de agotamiento. El paisaje urbano era desolador.

El cielo siempre estaba gris por el humo del carbón, los edificios negros de hollín y las calles melladas con los impactos de las bombas. A los trastornos de la guerra vino a unirse la conmoción del regreso de los soldados (a menudo volvían a hogares rotos), una explosión demográfica y un aumento de la criminalidad. El índice de divorcios en 1947 era diez veces mayor que el nivel anterior a la guerra. Como si desearan huir, al menos 50.000 mujeres británicas se casaron con militares americanos. En un trayecto desde el Reino Unido a Estados Unidos, en febrero de 1946, el *Queen Mary* transportó a 344 novias emigrantes y a sus 116 bebés. La inmigración comenzó con la llegada del *Empire Windrush* en 1948, que trajo a un grupo de 492 jamaicanos que optaban a los anuncios de trabajo en Londres.

La monotonía resultaba aún más deprimente por la persistencia del racionamiento, ampliado hasta afectar al pan, que no lo había sufrido ni siquiera durante la guerra. En todos los pueblos había un mercado negro y un estraperlista que presumía de tener acceso a suministros secretos. Había un ansia de elegancia. El llamado *new look* de Dior en el París de 1947, con sus faldas entalladas, no se permitió en Londres hasta que concluyó el racionamiento de prendas de vestir en 1949. La escasez de vivienda fue terrible, y miles de familias a las que las bombas habían arruinado sus casas seguían viviendo en hostales y refugios, incluso en partes del metro de Londres. En vez de permitir que el sector privado se ocupara de este problema, el gobierno ofreció temporalmente casas prefabricadas construidas en antiguos talleres aeronáuticos. Esas casas prefabricadas resultaron al final el doble de caras que las casas construidas tradicionalmente en el sector privado. El programa se abandonó enseguida, pero algunas casas prefabricadas aún pueden verse: están protegidas y aparecían en listados de edificios históricos a principios del siglo XXI.

Los ministros fueron suceptibles a los halagos de los arquitectos modernos, deseosos de dar la espalda a los cascos urbanos destrozados y proclives a soñar con una «nueva Jerusalén» en el campo. Una Ley de

Ciudades Nuevas, de 1946, proponía veinte asentamientos nuevos en varias localizaciones, incluidas Crawley, Stevenage, Redditch, Runcorn y Peterlee. Basándose en el movimiento urbanístico de las «ciudades ajardinadas» previo a la guerra, aquellos arquitectos tenían al menos la noble intención de proporcionar barrios urbanitas en los que se pudiera obviar el hacinamiento de los centros urbanos. El desplazamiento al exterior, el «salir de la ciudad» dio lugar al síndrome de «la tristeza de la ciudad nueva». Stevenage fue apodada Silkingrad, por Lewis Silking, ministro de Vivienda.

El invierno de 1946 añadió más suplicios a los infortunios del campo con algunas de las temperaturas más bajas que se habían registrado jamás. Las minas se congelaron y las fábricas cerraron por falta de energía. La gente tenía que hacer colas para comprar el pan o el carbón, con una sumisión taciturna que recordaba las escenas de los refugiados de guerra en el continente europeo. En enero de 1947, la ración de carne se recortó a menos de lo que se había dado en tiempos de guerra. Para muchos, la paz era como la guerra pero sin muertos. En 1947 la presión hizo mella en el gobierno. Attlee, atacado ferozmente por la prensa hostil *tory*, tuvo que afrontar dos intentos de sustituirlo por Ernest Bevin: se salvó porque el propio Bevin se negó a cooperar con la trama.

En la actualidad se considera muy discutible hasta qué punto las economías de Europa dependieron de los 13.000 millones del Plan Marshall americano, anunciado en 1947. El Reino Unido recibió 700 millones de libras el primer año, pero todo se gastó en mantener el alto nivel de gasto en defensa, en gran medida destinado a las importaciones americanas. Churchill, el campeón de antiapaciguamiento, advertía ahora a todo aquel que le quería escuchar que «un telón de acero ha caído sobre el continente», separando a la Europa libre de la Unión Soviética y de sus satélites comunistas. En 1945 los británicos se unieron a la Organización de Naciones Unidas, con sede en Nueva York; era el organismo que sucedía a la frustrada Liga de las Naciones. En 1949, esa decisión fue seguida por una alianza más robusta con otros estados occidentales en la Organización del Tratado del Atlántico Norte, pensada como bastión de defensa contra el expansionismo soviético y, como una consigna, «para mantener a los alemanes quietos, a los americanos involucrados y a los rusos fuera». El Reino Unido parecía haber perdido el estatus como potencia mundial, pero ahora volvía a recuperar el paso. En 1947, el gobierno declaró que había que concederle la independencia a la India inmediatamente, tal y como aconsejó el último virrey, lord Mountbatten. El resultado de la precipitada partición del país en dos naciones, la India y Pakistán, resultó en una serie de desastrosas masacres de raíz religiosa. En 1948 y de acuerdo con el mandato de la antigua Liga de las Naciones, el Reino Unido también se retiró de Palestina, que quedó dividida.[3] Esto también acabó en guerra. Las derivadas eran bastante claras: la política británica de ultramar iba a tener la mirada vigilante de Estados Unidos encima; e iba a cambiar radicalmente: del interés por preservar un imperio se iba a pasar a procurar detener el comunismo.

Los laboristas ganaron las elecciones de febrero de 1950 por un estrecho margen. El 25 de junio de aquel año la república comunista de Corea del Norte invadió el sur, precipitando el primer conflicto de lo que se conocería como la Guerra Fría. El Reino Unido estaba aún gastando en defensa una proporción de su riqueza mayor que la de cualquier otra época anterior en tiempos de paz. Para pagar un contingente británico que combatiera con los americanos en Corea, el gobierno tuvo que aumentar la cotización por la sanidad, lo cual obligó a Bevan y a otros izquierdistas a dimitir. Los jóvenes reclutas que pensaban que se habían escapado de la guerra de repente se veían embarcados con destino al Lejano Oriente, para un conflicto absurdo y torpemente dirimido que se resolvió en una partición. Fue la experiencia de Corea, sobre todo, lo que mantuvo a Gran Bretaña alejada del desastre de Vietnam dos décadas después.

El canto del cisne laborista fue un excéntrico «tónico para el país», una reedición de la Gran Exposición de 1851 en el South Bank del Támesis (los barrios situados al sur del río): en 1951 se celebró una gran exposición en el Dome of Discovery (Pabellón de los Descubrimientos) y se construyeron otros pabellones para la industria y las artes destinados a proporcionar una ruptura colorista y moderna frente a los lúgubres años anteriores. A pesar de las lluvias incesantes de aquel verano, el festival se consideró un gran éxito. En unas segundas elecciones celebradas en otoño de aquel mismo año, los *tories* ganaron por mayoría y Churchill regresó al poder a la edad de setenta y seis años. Su primera orden fue que se demoliera todo lo que se había construido para el Festival Británico, salvo el Royal Festival Hall. El eslogan del nuevo gobierno («una hoguera de restricciones») estaba destinado a liberar a la gente de la reglamentación y de la burocracia del laborismo de posguerra, pero de todos modos los *tories* no revirtieron el estado del bienestar ni las nacionalizaciones. De momento, el consenso sobre el estado del bienestar del último medio siglo se mantuvo sin problemas, y se le dio el nombre de *butskellismo* por los apellidos de dos políticos contemporáneos del centro derecha y del centro izquierda, Hugh Gaistkell y R. A. Butler.

En los años cincuenta los británicos se esforzaban aún por presentarse ante el mundo como una de las principales naciones en el concierto internacional. Los niños leían revistas sobre «Cómo ganamos la guerra» y estudiaban mapas que presentaban buena parte del mundo en deuda con el imperio. Gran Bretaña fletó el primer avión a reacción de pasajeros, el Comet, en 1952, y probó la primera bomba atómica europea. El Everest fue conquistado por miembros de un equipo liderado por sir John Hunt el 29 de mayo de 1953, cuatro días después de la coronación de la nueva reina: Isabel II.[4] Los dos acontecimientos se unieron en un evocador estimulante moral. La coronación fue el primer acontecimiento nacional emitido por televisión, con una pompa y una emoción comparable a la que se vivió con la coronación de la reina Victoria.

Apenas la nueva reina hubo ocupado el trono, comprobó que su imperio empezaba a desintegrarse. En la Kenia colonial o en Chipre, las fuerzas británicas tenían que esforzarse en apaciguar violentos levantamientos, retrasando declaraciones de independencia que ya estaban planificadas, como la de Ghana para 1956. Ese mismo año, el sucesor de

Churchill como primer ministro, Anthony Eden, devolvió al país a su espíritu imperial. Reaccionó agresivamente ante la nacionalización del Canal de Suez por parte del gobierno de Egipto: se confabuló con Israel y Francia para lanzar una invasión frontal, desembarcando en Port Said e intentando ocupar la zona del Canal. La presión de Washington, claramente irritado con el Reino Unido porque deseaba mantener buenas relaciones con el presidente Nasser de Egipto, pasó por la extraordinaria amenaza —tratándose de un aliado— de sanciones económicas y petrolíferas contra Gran Bretaña. Temiendo una desestabilización de la libra, Eden se rindió y ordenó la retirada de las tropas de Egipto. Aunque la aventura de Suez contó con el apoyo del público británico más patriotero, el resultado final fue bastante humillante. Fue la última señal de que la posición del Reino Unido como potencia mundial había llegado a su fin. Ahora era Washington quien tomaba las decisiones.

Eden dimitió poco después de lo acontecido en Suez y le sucedió en el cargo Harold Macmillan, otro veterano superviviente de la Primera Guerra Mundial, cuyo irónico apodo fue *Supermac*. Los *tories* regresaron a su prudencia tradicional, incluso a la displicencia, frente a los asuntos internacionales. En 1957 se negaron a firmar el Tratado de Roma que establecía un «Mercado Común» entre los principales estados de Europa tras la guerra. Macmillan insistió en mantener al Reino Unido como una potencia nuclear independiente, lo cual significaba tener «una silla en la mesa presidencial». Los manifestantes antinucleares se agruparon y lanzaron en 1958 una Campaña para el Desarme Nuclear, y fueron caminando hasta Londres desde la planta de investigación nuclear de Aldermaston: aquello se convertiría en un festival anual de reivindicación antinuclear hasta los años sesenta. Otros cambios, de una naturaleza más frívola, tuvieron lugar cuando la reina anunció que las «debutantes» ya no se presentarían todos los años en Buckingham Palace.

Macmillan conservó el poder en los comicios de 1959, reelegido por un electorado al que, tal y como el político había declarado dos años antes, «nunca le había ido tan bien». Pero no tardaron en surgir las dudas.

En 1962, un político americano, Dean Acheson, reflexionó sobre el hecho de que «Gran Bretaña ha perdido su imperio y aún no ha encontrado su papel en el mundo», una referencia incisiva al continuo desprecio del país respecto a Europa. Ese mismo año se pusieron en marcha las primeras restricciones a la inmigración de «no blancos» procedentes de la Commonwealth. Se registraron conflictos raciales en zonas receptoras de inmigración, sobre todo en las algaradas y disturbios de Notting Hill en 1958. La mano de obra inmigrante resultó ser esencial para cubrir los puestos en la industria textil y también en el ámbito sanitario y el transporte, pero se decidió que esta herencia característica del imperio tenía que acabar. El ministro del Interior, R. A. Butler, señaló que «una buena parte de la población total del mundo está en este momento autorizada a venir y quedarse en este país, que ya está densamente poblado». La ley de Inmigración de la Commonwealth hizo un daño considerable a la reputación liberal británica, pero tuvo un efecto menor a largo plazo: el componente de población nacida en el extranjero dentro de la población total británica solo creció desde el 5 por ciento en 1962 a casi el 10 por ciento a finales del siglo.

A principios de los sesenta, como ocurre con los partidos que permanecen largo tiempo en el poder, los *tories* estaban perdiendo el sentido de la realidad. En 1963 decidieron, después de muchas dudas, unirse al Mercado Común, pero fueron vetados por el presidente francés Charles de Gaulle, una negativa que repitió en 1967. El gobierno de Macmillan se vio perjudicado por escándalos sexuales y de espionaje que culminaron con la espectacular revelación de que el ministro de la Guerra, John Profumo, estaba compartiendo los servicios de una prostituta con un agregado militar ruso. El caso fue maná para la nueva industria satírica nacional, que recuperó la crueldad de los caricaturistas de la Regencia, James Gillray y George Chruikshank. La revista *Private Eye* se publicó por primera vez en 1961 y el programa de televisión, muy cruel a veces, *That Was the Week that Was* comenzó a emitirse en 1962. Este tipo de producciones significó el pincipio del fin para el humor más serio de *Punch*.

El nuevo líder laborista, Harold Wilson, se apresuró a capitalizar el espíritu de los *swinging sixties* (los modernos años sesenta). Revitalizó su partido para aprovechar el cambio tecnológico que estaba «al rojo vivo» y reafirmar el poder del gobierno con el fin de planificar y reestructurar la economía. Concurrió a las elecciones de 1964 y rozó la mayoría; disfrutaba en aquel entonces del mismo atractivo novedoso de los liberales en 1906 y de los laboristas en 1945. Wilson era decididamente moderno. El gobierno enmendó la ley de Educación selectiva de Butler y propició una educación secundaria «integral». También llevó a cabo un programa general de reforma social que fue liderado sobre todo por un ministro del Interior liberal, Roy Jenkins, en el que se incluía la abolición de la pena capital y la liberalización de las leyes sobre el divorcio, el aborto y la homosexualidad. En 1970 se aprobó la ley de Equiparación Salarial (Equal Pay), por la que se estipulaba que las mujeres deberían recibir el mismo sueldo que los hombres por el mismo trabajo, poniendo en marcha de este modo lo que al final tuvo que ser una larga campaña para reducir la desigualdad social. El gobierno derogó también la arcaica autoridad del Lord Chamberlain para censurar las obras que se representaban en los teatros y los cines. La consecuencia discutible fue un brote de palabras y expresiones malsonantes en los escenarios y una exhibición escasamente excitante de desnudez en el musical londinense *Hair*. La moda y la música popular británicas se situaron en lo más alto de los intereses del público mundial, aunque Wilson sufrió el ridículo de intentar capitalizar la Beatlemanía al recompensar al grupo pop con la Orden del Imperio Británico (MBE, Member of the Most Excellent Order of the British Empire) en 1965.

El gobierno laborista tuvo menos éxito en su idea de que una planificación generalizada de la economía podría modernizar la industria británica, en esos momentos muy poco competitiva. Falló en dos aspectos cruciales: en no reformar el mercado monetario de la City y en no ampliar la flexibilidad laboral mediante una reforma sindical (el partido estaba maniatado en este punto por la necesidad del dinero de los sindicatos y sus votos). En 1967 Wilson tuvo que recurrir a una devaluación para proteger el equilibrio de deuda, y declaró desesperado que «esto no significa que la libra que tienen los ciudadanos en los bolsillos se haya devaluado». La devaluación desmoralizó al gobierno y propició una década de bandazos y derrotismo en la política económica.

Irlanda, la eterna pesadilla de Inglaterra, siguió siendo una herida incurable. En el Ulster, la partición de los años veinte se había esclerotizado en una supremacía de la facción protestante. En 1968, un movimiento de derechos civiles católico fue absorbido por el IRA, iniciando lo que serían veinte años de guerra sostenida, de baja intensidad, contra el ejército británico. En 1970 la región se había convertido en un caos armado y el IRA empezaba a exportar su campaña de bombas a las calles de Londres. Por mucho que lo intentó, el gobierno no pudo encontrar una salida al laberinto irlandés, igual que no pudieron hacerlo ni Cromwell, ni Guillermo de Orange ni Lloyd George. Tendrían que pasar otros treinta años para conseguirlo.

Otros advirtieron que el tejido social de Gran Bretaña estaba afrontando una amenaza distinta. A lo largo de los años sesenta, el gobierno laborista se había retirado de las antiguas bases imperiales en Oriente, como Suez, Malasia, Singapur y, finalmente, Adén,[5] en 1967. Estas cesiones marcaron lo que se pensó que sería el final del papel del Reino Unido como potencia mundial. Pero no era tan fácil deshacerse del imperio. En 1968 el gobierno decidió que solo admitiría a 50.000 inmigrantes procedentes de la Commonwealth admitidos antes de las restricciones de 1962, a pesar de una encuesta que sugería que el 74 por ciento de la población estaba en contra. Un orador mesiánico de los *tories*, Enoch Powell, dijo que aquella decisión era «una locura, literalmente una locura», y presentó una imagen tempestuosa de las calles del Reino Unido «como el Tíber, bajando con espuma de sangre».[6] Toda aquella demagogia, unida a la oposición de Powell a Europa, igual de virulenta, fue demasiado para sus colegas conservadores y la expulsión de los puestos principales del partido permitió que el agitador encontrara una causa común con los belicosos protestantes del Ulster.

En 1970 los *tories* regresaron al poder con Edward Heath, antaño feroz jefe de la oposición y ahora político deprimido. La administración económica era en esos momentos el tema central de la política británica; en concreto, el equilibrio de poder entre el gobierno y los trabajadores sindicados. Heath marcó una ruptura con el consenso de posguerra al declarar que liberaría los mercados y desregularizaría los sectores público y privado, animado por el «baño revitalizador» de haber sido admitido en el Mercado Común Europeo. Heath logró esta incorporación en 1973, con lo cual se reanudó el debate entre la población británica sobre las relaciones con Europa, un debate que se podría remontar a la Guerra de los Cien Años. Si el baño fue revitalizador al principio, pronto se convirtió en una sauna asfixiante. El gobierno de Heath parecía condenado a la mala suerte. Hacienda tenía que poner en marcha una decisión muy impopular del gobierno anterior para introducir el sistema decimal en las monedas, desestimando el adorado (pero incómodo) sistema de los doce peniques para el chelín y los veinte chelines para la libra. Por otro lado, en el Ulster, una manifestación de derechos civiles en Londonderry fue reprimida por paramilitares que dispararon y mataron a trece manifestantes desarmados en lo que se conoció como el Domingo Sangriento (Bloody Sunday).[7] Y un aumento galopante de los precios del petróleo también favoreció la inflación y acabó en múltiples enfrentamientos con los sindicatos. Heath también tuvo que dar un vergonzoso giro de 180 grados y rescatar a Rolls Royce y a otras empresas fracasadas, y entonces fue cuando recibió el golpe de gracia con la huelga de los mineros.

El Consejo de Ministros respondió en consonancia con la costumbre habitual de todos los gobiernos a lo largo del siglo. Frente a un problema, siempre optaron por más control. Se impuso una compleja política fiscal sobre la renta a los sectores público y privado, con lo cual se socavaban las antiguas convicciones de Heath que hablaban del libre mercado; la reglamentación no hizo sino causar más desasosiego, sobre todo y más gravemente en el campo energético. En diciembre de 1973 regresaron a Inglaterra las peores pesadillas del periodo bélico, con las fábricas trabajando tres días a la semana (para ahorrar energía), largas colas para comprar gasolina y cortes de luz selectivos. Los conductores de Londres experimentaron la inquietante sensación de pasar de zonas con las calles iluminadas a zonas sumidas en la más absoluta oscuridad... y se daba el caso curioso de que el tráfico era mucho más fluido y veloz en estas últimas. Desesperado, el gobierno concedió a los mineros un 35 por ciento de aumento salarial, con lo cual se garantizaba el cierre de la mitad de la industria minera en la década siguiente.

En los años setenta Gran Bretaña experimentó lo que parecía ser un hundimiento de la confianza del pueblo en sí mismo. El gobierno, antaño poderoso, había perdido la capacidad para mandar y organizar el estado. Las cicatrices visibles de la guerra se habían suturado ya en las calles de las ciudades, en su mayoría, pero lo que las había sustituido difícilmente podía considerarse más atractivo. La arquitectura moderna solo revelaba una pérdida del sentido del estilo. La destrucción casi total de buena parte del casco antiguo de Birmingham, Manchester y Liverpool eliminó de estas ciudades señas distintivas y muy populares, y las sustituyó con un paisaje urbano mustio de cemento y asfalto. El llamado «nuevo brutalismo» de torres cuadradas, centros comerciales y edificios de pisos con acceso por galerías exteriores daban una imagen anodina de las ciudades. Londres se salvó por muy poco de una autopista elevada que partía en dos el centro, y que habría pasado justo al norte de Regent's Park; también se salvó de la demolición de buena parte de Whitehall. Aunque muchas ciudades arrasadas por la guerra, en el oeste de Europa, reconstruían meticulosamente sus cascos antiguos anteriores a la guerra, los arquitectos británicos parecían más deseosos de imitar el modernismo de «derribar y construir» propio del bloque comunista.

Un abatido Heath intentó celebrar unas elecciones anticipadas en febrero de 1974 en las que se debatía «¿Quién gobierna Gran Bretaña?». Tras una campaña ácida y agresiva, el electorado contestó: «Tú no». El gobierno laborista ocupó en dos ocasiones el gabinete ese año, primero con un Parlamento en minoría y luego con una mayoría precaria, pero no tenía nada que ofrecer más allá de aumentar el tipo máximo del impuesto sobre la renta hasta el 83 por ciento, más un 15 por ciento sobre dividendos, el tipo más alto jamás fijado en tiempos de paz. La situación económica era apremiante. El gobierno estaba consumiendo casi la mitad del producto nacional. La inflación llegaba casi al 30 por ciento anual, con un crecimiento casi nulo, un fenómeno conocido como «estanflación» (de «estancamiento» e «inflación»). Poco importaba ya cuál hubiera sido el consenso de modelo social que se hubiera elegido desde 1945: la economía ya no tenía medios de sufragarlo. Los comentaristas extranjeros hablaban de la «dolencia británica» o la «enfermedad británica», y hablaban del país como «el enfermo de Europa». En 1976 Wilson llevó al 10 de Downing Street a su viejo colega, el efervescente James Callaghan, el único político que ha ostentado los cargos de ministro del Interior, ministro de Exteriores, ministro de Hacienda y primer ministro. Callaghan le dijo a Wilson, con aire sombrío: «Cuando me afeito por la mañana me digo que si aún fuera joven, emigraría». Admitió que no sabía a dónde.

Aunque el petróleo del Mar del Norte empezó a bombearse a tierra desde 1975, los beneficios no tuvieron un impacto suficiente en los ingresos del gobierno para poder rescatar a la Hacienda de su difícil situación. En 1976, el ministro de Hacienda, Denis Heale, se vio obligado a ir con la gorra en la mano al Fondo Monetario Internacional para pedir un rescate de 2.300 millones de libras, a cambio de lo cual el gobierno tuvo que imponer unos recortes de 3.000 millones en el gasto público presupuestado. El propio Callaghan sufrió una conversión evangélica a la disciplina industrial. Quedó consternado por el comportamiento de sus antiguos aliados, los sindicatos, cuando le preguntaron al gobierno: «¿Qué nos dice sobre la canallada de abandonar la construcción de un hospital infantil?». El primer ministro advirtió en el congreso del partido de 1976 contra el peligro de las panaceas de los años cuarenta en un mundo «donde el pleno empleo se garantizaba con la firma del ministro [...]. Con toda sinceridad os digo que esa posibilidad ya no existe». El duradero optimismo de un estado social en el siglo XX, tejido desde la economía planificada de Attlee al régimen ordenancista de Wilson, se había quedado sin respuestas. Fue la crisis monetaria de 1976, más que el posterior advenimiento del thatcherismo lo que marcó el final del consenso de posguerra. El gobierno podía ordenar el estado del bienestar, pero no podía ordenar a la economía que lo pagara. La economía no era un ejército en la guerra.

Callaghan estaba hablando a sordos. Como Heath, se estaba viendo acosado por un sindicalismo potenciado por el crecimiento de un sector público que había alcanzado unos increíbles veinte millones de funcionarios. Pero ese sindicalismo inició su agonía mortal como fuerza política. En «el invierno del descontento», en 1978-1979, se convocaron múltiples huelgas ilegales, hasta el punto de que pudo hablarse de una huelga general del sector público. La basura congelada se apilaba en las calles y había noticias inconcebibles que hablaban de muertos sin enterrar. En un momento dado, según se dijo, el primer ministro le dijo a los líderes sindicales: «Creéis que somos vuestros esclavos». En marzo de 1979 Callaghan perdió su menguada mayoría en una moción de censura: los parlamentarios escoceses se rebelaron contra su negativa a garantizarles una cierta autonomía. La portada de *The Economist* lo retrató adornado con todo tipo de honores escoceses, galeses e irlandeses, con lo que se le acusaba de intentar conservar el cargo a cambio de prebendas. Al parecer iba a ser otro gobernante inglés derrocado por la periferia celta. Pero su verdadero enemigo fue la desconfianza pública en la capacidad del gobierno para dirigir un aparato del estado creado más de cincuenta años atrás.

Cuatro años antes, en 1975, el laberíntico proceso de elección de líder entre los *tories* había dado como resultado un sorprendente sucesor de Heath, la señora Margaret Thatcher, de cuarenta y nueve años. Educada en Oxford, era hija de un tendero de Grantham, pero nunca fue, como a ella le gustaba sugerir, una pobre chica de escuela pública relegada por el machismo. Ascendió rápidamente en un partido dispuesto a dar paso a las mujeres con talento. Había sido ministra de Educación en el gobierno de Heath y había visto sus ignominiosos giros radicales: estaba convencida de que no volverían a repetirse. Dijo del socialismo: «Ninguna teoría de gobierno se ha juzgado con más benevolencia ni se ha experimentado durante tanto tiempo. Fue un fracaso absoluto». Siempre tenía a mano los versos de Kipling: «De aquello no sacamos ninguna conclusión; y no sacaremos ningún provecho». El 3 de mayo de 1979, el Reino Unido eligió a una mujer como presidenta del Gobierno y nueva inquilina de Downing Street. Pondría a prueba las palabras de Kipling.

EL THATCHERISMO
~
1979 – 1990

Margaret Thatcher era una incógnita. Su propio partido la consideraba una advenediza, incluso parte de una «rebelión de las bases» contra Heath, que pronto sería reemplazada por un líder más creíble. La señora tenía un aspecto frágil y parecía excesivamente acicalada, demasiado asertiva y de «barrio residencial», una imagen que su marido Denis rebajaba un tanto, un ejemplo de calzonazos con la jovialidad típica de socio de club de golf que llegó a ser incluso el protagonista de una comedia musical, *Anyone for Denis?*[1] Se aseguraba que ninguno de los ministros del primer gabinete de Thatcher la había votado.

El nuevo gobierno tomó el relevo de una administración desorientada, confusa y grogui que dirigía a un país desorientado, confuso y grogui. A pesar de su propensión derechista, Thatcher llegó al cargo sin un plan preconcebido y con solo dos ideas: que la desgracia de la economía británica residía en las prácticas comerciales restrictivas de todo tipo y en una hiperdependencia de todo el mundo respecto del estado. Thatcher decía que Heath, Wilson y Callaghan habían fracasado y que habían carecido de la fuerza de voluntad para afrontar esos problemas. «No votamos sus convicciones, sino su convencimiento», dijo uno de sus ministros. En los escalones de la puerta de Downing Street, Thatcher citó a San Francisco: «Donde hay discordia, traigamos la paz». Pero no lo decía en serio: con una inflación al 22 por ciento, el nuevo ministro de Hacienda, sir Geoffrey Howe, demostró que iba a ser tan duro como Snowden en 1931. Su presupuesto de 1979 redujo el nivel de renta del 83 por ciento al 60 por ciento y, al tiempo que protegía el gasto social, recortó el gasto público en un momento de una inflación desbocada. La popularidad del gobierno se desplomó hasta rozar el 20 por ciento. Thatcher fue inflexible y dijo que no iba a ceder en sus ideas, aun cuando el desempleo se disparó hasta más de dos millones de personas. Tal y como decía una y otra vez: «No hay alternativa». En realidad, estaba repitiendo lo mismo que Callaghan en 1976.

El ánimo del país se vio brevemente aliviado por «la boda del siglo», en julio de 1981, entre el príncipe de Gales y lady Diana Spencer. Fue un gran momento, una celebración extraordinaria de gran regocijo público. A los británicos se les dio la posibilidad de pensar que aún eran capaces de hacer algunas cosas bien. Londres acogió a 600.000 visitantes y el acontecimiento fue retransmitido a todo el mundo para una audiencia estimada de más de 500 millones de personas. La alegría se desinfló cuando Londres, Liverpool y otras ciudades vieron sus centros históricos golpeados por los disturbios más violentos de los que se tenía recuerdo, causados por un cóctel de tensión racial, desempleo y escasa vigilancia policial. Todos los indicios sugerían que las políticas draconianas de Thatcher no solo estaban fracasando sino que provocaban un clima de violento estallido social. En una carta a *The Times*, 364 economistas le suplicaron que cambiara de rumbo.

La suerte jugó a favor de Thatcher con dos bazas. La elección de un laborista anciano, el izquierdista Michael Foot, como líder para sustituir a Callaghan; esto precipitó la salida de una «banda de cuatro»,[2] unos cuantos laboristas de postín que formaron un nuevo partido de centro izquierda: los socialdemócratas. Aunque brevemente, aquello tuvo el mismo efecto en los laboristas que lo que hizo Lloyd George en los liberales, dividiendo el partido para provecho de los *tories*. Durante los años 1981 y 1982 el nuevo partido estuvo por delante de los laboristas en las encuestas de opinión y su líder, Roy Jenkins, se propugnaba como el sucesor más probable de Thatcher como primer ministro.

Aún más sorprendentemente, desde los territorios de ultramar llegó una ayuda inesperada. Aparte de un discurso beligerante que llevó a Moscú a motejarla, para alegría de la *premier*, como «la dama de hierro», Thatcher fue bastante discreta en lo referente a los asuntos exteriores. Poco después de asumir el cargo, tuvo que enviar a su ministro de Exteriores, lord Carrington, a negociar el capítulo final del imperio, el desmantelamiento del régimen rebelde de Ian Smith en Rodesia y la creación de Zimbabwe. Otras negociaciones parecidas se desarrollaron a propósito de la transferencia de la colonia británica de Hong Kong a la soberanía china. El ministro de Defensa, John Nott, aprovechó la ocasión para poner fin a las misiones exteriores de la Royal Navy, prevista para mediados de 1982. Aquellas decisiones pasaron inadvertidas, excepto para la junta militar de Argentina, que llevaba muchísimo tiempo reclamando la soberanía de una colonia británica de islas situadas en el Atlántico sur: las Falklands o Malvinas.[3] En abril de 1982, Buenos Aires envió una expedición naval y nocturna para adueñarse de las islas. Aunque se trataba de una acción ilegal, los argentinos tenían buenas razones para pensar que no habría ninguna respuesta militar.

La toma de las islas dejó a los británicos atónitos, hasta tal punto que, al no contar con el apoyo de su partido ni del público, Thatcher estuvo a punto de dimitir. En connivencia con su ministro de Exteriores y con el jefe de la Defensa en el Exterior, la *premier* británica se arriesgó a enviar personalmente una fuerza naval operativa para recuperar las islas. Fue una decisión arriesgadísima porque solo pudo confiar en la estrecha amistad recién forjada con el nuevo presidente americano, Ronald Reagan. Aunque Reagan era reacio a comprometer fuerzas estadounidenses, le proporcionó un sustancial apoyo material y de inteligencia, y mantuvo en secreto un contingente listo para actuar. Dos meses después, tras la pérdida de seis barcos y 255 soldados británicos, las islas se recuperaron.

Nunca la democracia agradeció tanto una victoria militar. Una investigación llevada a cabo por lord Franks encubrió cuidadosamente la negligencia previa de Thatcher al dejar las islas desprotegidas. Margaret Thatcher obtuvo un aumento de diez puntos en las encuestas y fama universal, y fue elogiada a un tiempo por Reagan y por su homólogo soviético, Mijaíl Gorbachov. Desde Churchill, ningún primer ministro había disfrutado de una notoriedad tan generalizada. Thatcher estaba encantada, investida con la retórica de una líder mundial. Sermoneaba a los soviéticos sobre el fin del comunismo y a los sudafricanos blancos sobre el final del *apartheid*. Se empeñó cada vez más en estridentes contiendas con el socialismo emergente —o así lo veía ella— en la Unión Europea y actuó sin tacto pero con eficacia en las interminables cumbres europeas. Decía: «No hemos reducido las fronteras estatales en Gran Bretaña solo para ver cómo nos las vuelve a imponer [...] un superestado europeo que se dedica a ejercer un nuevo dominio desde Bruselas». En 1984 Thatcher consiguió una sustantiva reducción de su excesiva contribución a la Unión Europea.

En 1983 los *tories* obtuvieron la victoria más amplia en unas elecciones tras la posguerra, alentando a su lideresa para que se embarcara en un thatcherismo que, hasta ese momento, apenas había comenzado. Aún tuvo que sobrevivir a un intento de asesinato por parte del IRA en octubre de 1984, cuando una bomba explotó en medio de la noche durante un congreso de su partido en el Grand Hotel de Brighton. Murieron cinco personas pero Thatcher se negó enérgicamente a abandonar el congreso; solo pidió a la cadena de Marks & Spencer que abriera pronto para que los delegados que se habían visto afectados pudieran comprarse ropa nueva. Fue una actuación destacable, pero tras lo de Brighton se replegó tras un muro de seguridad que la distanció tanto de sus ministros como del público. Ella solo dijo que aquello le había servido para ser más decidida en la implantación de reformas.

En esa época el gobierno ya tenía un conflicto abierto con los mineros del carbón, quienes, con el liderazgo de Arthur Scargill, estaban en huelga contra el cierre planificado de veinte plantas deficitarias y la consecuente pérdida de 20.000 empleos. Aunque las nuevas leyes prohibían que los «piquetes itinerantes» viajaran a los lugares en huelga y exigía votaciones en un formato que Scargill se había negado a llevar a cabo, la disputa acabó adquiriendo el carácter de un pulso entre clases sociales. Durante una confrontación en la planta de procesamiento de carbón en South Yorkshire, llamada la «batalla de Orgreave», la policía y los huelguistas se enfrentaron al más puro estilo medieval, con palos y piedras y a caballo. La huelga prosiguió con un encono cada vez mayor, hasta que se acabó en marzo de 1985. Casi todas las minas cerraron después. Hubo también otros enfrentamientos con otras organizaciones obreras, por ejemplo en la imprenta de News International, en Wapping, al este de Londres. Como las industrias tradicionales seguían en declive, los empleos aumentaron en el sector servicios, más competitivo. El poder de los sindicatos empezó a difuminarse y a mediados de los ochenta la medicina de Thatcher pareció empezar a dar resultados.

En lo que supuestamente era su política emblemática de privatizaciones, Thatcher fue más cauta, sobre todo porque era consciente del precio político que ya estaba pagando por la severidad de los tres primeros presupuestos de los años ochenta. En lo tocante al gobierno local, ordenó la licitación privada de servicios, tales como la recogida de basuras, y exigió que a los arrendatarios se les concediera el «derecho a compra» de las viviendas públicas. Limitó el gasto local más que cualquier gobierno de Europa, y en 1985 suspendió el gobierno estratégico de Londres, el Greater London Council, que en aquel momento estaba en manos del izquierdista Ken Livingstone. Con todo, Thatcher prohibió la privatización de las minas de carbón, los ferrocarriles o el servicio postal, unos servicios que ella consideraba «nacionales». Su identificación personal con la nación se reflejaba en las continuas referencias a la compañía de crudo Britoil como «mi petróleo»; también mantuvo disputas constantes con la Unión Europea a propósito de «mi dinero». Aunque en muchos aspectos era una *peelite*,[4] Thatcher también fue diestra actuando como Disraeli.

En 1983, el cambio de Howe en Economía por Nigel Lawson, un antiguo periodista de economía y feroz defensor del libre mercado, anunció el comienzo de la privatización generalizada. El listado de todos aquellos servicios que se ponían a la venta demostró hasta qué punto el consenso de posguerra había extendido la nacionalización a casi todos los sectores de la economía. Entre los servicios para privatizar estarían las fábricas automovilísticas, las constructoras ferroviarias, las compañías de petróleo, las líneas aéreas, los aeropuertos, los ferries, los puertos, los fabricantes de tecnología informática, la telefonía, el acero, el gas y la electricidad. Todas ellas eran actividades que, hasta el estallido de la guerra, habían estado firmemente asentadas en el sector privado y ahora se iban devolviendo paulatinamente al mismo. Más adelante, en 1986, Lawson se adentró en lo que hasta entonces era el sacrosanto territorio de los servicios financieros. El gran «big bang» de la City de Londres del 27 de octubre fue la admisión de empresas extranjeras en el mercado comercial y bancario más celosamente opaco de Europa, y permitió que las empresas constructoras también entraran en el juego. Se derribaron todas las barreras y la prudencia voló por los aires. Estimulada con la salida a bolsa de las nuevas empresas privatizadas, la economía de la City se disparó, hasta que un año después, en octubre de 1987, los mercados sucumbieron en el llamado Lunes Negro (Black Monday). Aquello coincidió, como un ominoso presagio para muchos, con la tormenta más grande de la que se tenía recuerdo, con vientos de más de 190 kilómetros por hora y bosques enteros derribados por todo el sureste de Inglaterra. La City se recuperó antes que los bosques, y en el plazo de diez años Londres rivalizó con Nueva York como capital del mundo financiero. Pero la economía adquirió una dependencia de los servicios financieros que, dos décadas después, le iba a costar cara.

Por el momento, la Gran Bretaña de Thatcher había adquirido un carácter distintivo. El país se había recobrado del trauma de los años setenta y estaba volviendo poco a poco a subir en la tabla clasificatoria de la prosperidad europea. La mayoría de la gente era más rica, incluidos aquellos que recibían los subsidios estatales, aunque la mayor parte de la atención de los medios de comunicación se la llevaban los coches y las casas de los *yuppies* (por YUP, *young urban proffessional*). La primera generación de licenciados de las universidades nuevas que surgieron en la época, tanto mujeres como hombres, estaban ahora compitiendo por los nuevos trabajos. El *broker* millonario y el paleto de Essex convertido en nuevo rico eran motivo de burla y sátira en la obra *Serious Money* (1987), de Caryl Churchill. También había un peligro para el teatro de Londres, los grandes edificios financieros de Canary Wharf y la importación de aquellas series con hombreras, como *Dallas* y *Dinastía*. Londres cada vez se parecía más a Nueva York. Si los sesenta habían sido herbívoros y los setenta carnívoros, los ochenta eran indiscriminadamente omnívoros.

A pesar de su imagen de dureza, Thatcher al final era más proclive de lo que muchos suponían a lo que ella consideraba un consenso popular. Le pareció muy duro reducir el gasto social, que continuó aumentando a lo largo de todos los años ochenta. El gasto también se incrementó incluso en los subsidios para viviendas, un asunto que le disgustaba especialmente, a menos que dichos subsidios adquirieran la forma de hipoteca para los nuevos compradores. Un conservador, Nicholas Ridley, llegó a despreciar el gobierno de 1983 como «los años perdidos de Thatcher». Desde luego, no fue hasta la tercera victoria electoral de 1987 cuando la *premier* británica se sintió lo suficientemente fuerte para afrontar la reforma ministerial de Whitehall con el mismo vigor que había demostrado con los gobiernos locales y el sector comercial del estado. Pero incluso ahí, se negó a privatizar el Sistema Nacional de Salud (NHS); en el sector educativo, por su parte, los cambios consistieron en la recentralización más que en la privatización. Puso en marcha el primer currículum escolar unificado para todo el país, elaborado en torno a un «núcleo central» de lengua inglesa, ciencia y tecnología, y relegó la historia y la geografía. Los cambios en la organización y dirección de las universidades acabaron con una autonomía que se remontaba a la Edad Media. El ministro de Educación, Kenneth Baker, en su Libro Blanco de 1988 expuso que las universidades deberían «acercarse al mundo de los negocios». Era un plan original de los años cuarenta, ahora resucitado. El Comité de Subvenciones de la Universidad, tradicionalmente independiente, fue desmantelado y la evaluación académica quedó directamente en manos de Whitehall: los profesores se puntuaban por los libros publicados y por los artículos de investigación que escribieran.

La energía de Thatcher era extraordinaria. Podía quedarse hasta altas horas con un whisky en la mano y levantarse después de haber dormido apenas cuatro horas, someterse a la sesión de peluquería y escuchar las noticias agropecuarias. Una secretaria personal siempre estaba presente para escuchar sus habituales arrebatos contra los granjeros «hipersubvencionados» y trasladárselos debidamente por escrito al ministro de Agricultura. A finales de la década, en todo caso, parecía visiblemente cansada. Disfrutó enormemente con la caída del Muro de Berlín, en noviembre de 1989, y sintió que así quedaba justificada toda una vida de estridente anticomunismo. Pero en ese momento ya estaba desconectada de la realidad al oponerse fervientemente a la reunificación de Alemania. En el trato con sus ministros y compañeros, su estilo egocéntrico y lleno de bravuconadas hacía difícil trabajar con ella y, como otros tantos que han estado mucho tiempo en el cargo, el final fue casi un retiro al cubículo de Downing Street rodeada de sus más allegados.

Durante el último año de Thatcher en el cargo, el país asistió a la desintegración de su autoridad. En su manifiesto de 1987, había prometido sustituir los impuestos locales sobre la propiedad, en aquel momento conocidos como «*the rates*» (las tasas), por un «recargo comunitario». En realidad, aquello era el impuesto de capitación que se volvía a implantar por vez primera desde los tiempos de Juan de Gante, y fue conocido como tal entre la gente. Se implantó en Escocia en 1989 y fue tan impopular que al norte de la frontera desapareció cualquier apoyo a los *tories* de Inglaterra. La tasa inglesa comenzó a cobrarse en 1990 y dio como resultado una algarada muy grave en Trafalgar Square en el mes de marzo. A finales de año las multas por impago se habían aplicado a casi tres millones de morosos. Los parlamentarios *tories* andaban desesperados por el impacto que las tasas iban a tener en sus perspectivas de reelección. A estas preocupaciones había que añadir la deserción de los dos lugartenientes más leales de Thatcher, Lawson y Howe, el ministro de Hacienda y el de Exteriores, respectivamente. Ambos habían pretendido que el Reino Unido se uniera al nuevo Mecanismo de Tipos de Cambio europeo (MTC, en inglés ERM: European Rate Mechanism), un modelo precursor de la moneda única europea. El tema no pareció especialmente importante en ese momento, pero las relaciones en el seno del gabinete eran tan malas que ambos políticos dimitieron en el curso de un año, entre 1989 y 1990, dejando a Thatcher políticamente al descubierto. En un demoledor discurso de dimisión, el 13 de noviembre de 1990, Howe habló de las negociaciones de sus compañeros en Europa y, «en el momento en que se empiezan a lanzar bolas, se descubre que la capitana del equipo ha roto los bates antes de empezar el partido».

La tensión aumentó rápidamente. Siguiendo el ejemplo de Howe, Michael Heseltine, el sempiterno crítico de los modales dictatoriales de Thatcher, la desafió a un congreso por el liderazgo. Aunque ella ganó la primera ronda, su mayoría fue insuficiente para evitar una segunda ronda en la que los candidatos menores desaparecían. En esa segunda ronda dio la impresión de que probablemente Thatcher perdería. El 22 de noviembre convocó a sus colaboradores más estrechos, uno a uno, para pedirles consejo. Todos le aconsejaron que dimitiera antes de correr el riesgo de perder ante Heseltine, un político al que pocos de ellos apreciaban. Margaret Thatcher estaba destrozada. El episodio iba a acabar llamándose «la defenestración de Downing Street». Para sorpresa del país y asombro del mundo exterior, Thatcher efectivamente dimitió. Aquella tarde, en la última pregunta en la Cámara de los Comunes, el líder laborista Neil Kinnock intentó atacarla inútilmente. Más adelante Thatcher destacó lo agradecida que estaba de haberse podido librar de contestarle a él y a todos sus críticos, o «podría haber llorado». Y terminó riéndose: «Estoy empezando a disfrutar esto».

El liderazgo de Margaret Thatcher tuvo como fundamento, tanto en su éxito como en su fracaso, la personalidad de la propia *premier*. Ella se convirtió en el epítome de los *tories* como animal político inflexible y clasista, y sus enemigos definieron al grupo como el «partido» desagradable. Uno de sus comentarios más debatidos fue: «Eso que se llama sociedad no es nada». Aunque el control al que Thatcher sometía a su gabinete y a su grupo en los Comunes era extraordinario, su cálculo político flaqueó cuando empezó a alejarse de Westminster. Era especialmente débil allí donde la política hunde sus verdaderas raíces: en las pequeñas agrupaciones de provincias. Lo único que hizo fue desmantelar la maquinaria *tory* en las grandes ciudades, cuando no en los condados, y acabó con su caladero de votos entre la clase trabajadora al implantar el impuesto de capitación *(poll tax)*.[5] Tampoco pudo manejar a otros grupos que habían amargado la vida de los gobernantes de Inglaterra a lo largo de los siglos, como los líderes de la periferia celta y del continente europeo. Para ellos, como para buena parte de la clase obrera inglesa, el legado del thatcherismo fue el cierre de los altos hornos, las minas vacías y los rascacielos de gélido cristal elevándose sobre la City de Londres y los *docklands* que acogían a *brokers* con bonos disparatados.

Thatcher fue una gobernante al estilo normando, más que al estilo sajón: centralista y desde luego poco amiga de las transferencias de poder o del *laissez faire*. Ella creía en el poder del estado, y en su derecho democrático a ejercerlo. Y aunque suprimió buena parte del viejo sector comercial público, lo que quedó en manos del gobierno se concentró bajo el control aún más rígido del departamento de Economía. La democracia local, responsable del 85 por ciento de la participación política en Gran Bretaña, quedó castrada. La relativa independencia de los tribunales, las universidades, la educación y las autoridades sanitarias y la policía se debilitaron mediante una panoplia legislativa que transfería toda la política de esos sectores a Whitehall. El estado de Thatcher fue una máquina gubernamental con sede en Londres y con estatutos trufados de cláusulas estilo Enrique VIII, por las cuales se permitía a los ministros tomar decisiones arbitrarias y discrecionales sin recurrir al Parlamento.

Con todo, los logros de Thatcher fueron extraordinarios. Fue la primera figura británica que, en el último medio siglo, consiguió tener una relevancia como líder mundial. Gran Bretaña en los años setenta había sido el enfermo de Europa, retorciéndose entre indecisiones y dudas, con una capital cuestionada como centro comercial de Europa frente a Fránkfurt y Bruselas. Thatcher puso fin a todo eso. Reafirmó la idea de «gobernabilidad», en desuso desde Heath, y revitalizó los valores victorianos de autoridad, esfuerzo y comportamiento ético, casi olvidados en lo que se llamó «el papá Estado» (*nanny state,* «el estado niñera», en la fórmula anglosajona), con una rápida implantación de regulaciones sanitarias y de seguridad. Sin embargo, Thatcher también asistió al nacimiento de una sociedad cada vez más egoísta y grosera. Poco importaba lo que ella pretendiera: no hubo posibilidad de regresar a la revolución social de los sesenta y los setenta. No hubo revocación ni reformas en el divorcio y el aborto. Aún más llamativo: Thatcher admitió y reconoció la aceptación de la homosexualidad por parte del pueblo y ese fue uno de los cambios trascendentales en las costumbres sociales durante su mandato.

En los años noventa los gobernantes extranjeros estaban haciendo cola en Whitehall para pedir consejo sobre la «vía Thatcher». Alemanes, franceses, mejicanos, brasileños, e incluso estadounidenses, habían sufrido disturbios y huelgas durante sus «inviernos del descontento» al tiempo que abandonaban sus respectivas versiones del consenso de bienestar tras la guerra. En todas partes la fe en la fuerza de los gobiernos democráticos para organizar la economía política estaba derrumbándose al tiempo que los sectores públicos parecían expandirse más allá de la capacidad de las economías para sostenerlos. Se veía a Thatcher como la mujer que pudo recuperar el control, aunque fuera a costa de reimplantar un nuevo centralismo. Recortó la inflación británica desde un 22 a un 4 por ciento, y redujo la recaudación estatal sobre el producto interior desde un 43 a un 36,5 por ciento. Devolvió la economía de nuevo al sendero del crecimiento a través de una regulación férrea de presupuestos equilibrados y privatizaciones. Fue bastante duro, y Thatcher fue admirada pero no querida como lideresa popular. En 1990 había conseguido para el Reino Unido una prosperidad que le había sido esquiva a todos sus predecesores durante un tercio de siglo.

LOS HEREDEROS DE THATCHER
~
1990 – 2011

El hombre que, desde los conflictivos salones de Downing Street, surgió como primer ministro en noviembre de 1990 fue el asesor más leal de Thatcher: John Major. Había sido elegido por sus colegas, o eso dijeron, «para dar al thatcherismo un rostro más humano». Major era un hombre amable tras un aspecto gris, del que solía hacerse mofa, y tenía un pasado inusual para ser un político *tory*: era hijo de un artista de circo en Brixton y no tenía educación universitaria. A Major se le vio como un hombre en el que confiar, el perfecto y «honorable tesorero del club de caballeros», y el custodio del «verano indio»[1] del thatcherismo.

El nuevo primer ministro asumió su tarea con calma. Recuperó a Michael Heseltine, némesis de Thatcher, para convertirlo en su adjunto y decretó el final de la tasa de capitación. Permaneció junto a Estados Unidos en la conclusión de la primera guerra del Golfo, expulsando a Irak de Kuwait, y negoció una cláusula *opt-out* en las negociaciones de Maastricht para poder abandonar la Unión Europea. Mantuvo al Reino Unido fuera de la Zona Euro, la nueva moneda europea, y eliminó las restricciones sobre las leyes sociales y de empleo. En 1992, Major consiguió para los *tories* una nueva victoria electoral que contradijo las encuestas de opinión y dejó atónitos a los laboristas. Consiguió el mayor número de voto popular en la historia (el único líder de un partido en superar los catorce millones de votos), aunque en la Cámara de los Comunes solo contó con una mayoría de 21 escaños. El nuevo gobierno siguió adelante con las privatizaciones, adentrándose incluso en territorios por los que Margaret Thatcher no se había atrevido a avanzar, vendiendo el agua, el carbón y los ferrocarriles y buscando financiación privada para hacer nuevas carreteras, escuelas y hospitales. Además de todo esto, Major intentó ampliar la confianza social con un «estatuto ciudadano», el tipo de contrato «difuso» entre gobernantes y gobernados al que tanto recurrieron los políticos al doblar el milenio.

Major fue incapaz de capitalizar su éxito de 1992. A pesar de las dudas y reticencias de Thatcher, el Reino Unido se había unido finalmente al mecanismo de tipos de cambio europeo (ERM) en 1990 y ahora se encontraba atrapada en una ligera recesión y un cierto nerviosismo por el futuro de la libra. El Miércoles Negro (16 de septiembre de 1992) se produjo una clásica crisis de la libra esterlina y Gran Bretaña se retiró del ERM. Aunque la devaluación consiguiente resultó en general beneficiosa (y era una reivindicación de la oposición de Thatcher a cualquier tipo de regulación en los tipos de cambio), el episodio se consideró toda una humillación. A partir de ese momento Major estuvo constantemente en conflicto con el ala derecha de su partido a cuenta de Europa y se granjeó enemigos innecesarios en Escocia y Gales al rechazar todas las peticiones de devolución de poderes de Westminster a los parlamentos nacionales. Los *tories* cayeron diez puntos por debajo de los laboristas y no pudieron recuperarse.

Más dramático fue el impacto de las elecciones de 1992 en el laborismo. Con John Smith al mando, el partido se arrojó en brazos de un carismático joven, Tony Blair. Él y un escasamente carismático escocés, Gordon Brown, fundaron lo que se denominó el proyecto del «Nuevo Laborismo», destinado a reestructurar el movimiento laborista de arriba abajo. Lo que comenzó como un grupo de presión se convirtió en una revolución cuando Blair consiguió el liderazgo del partido tras la repentina muerte de Smith en 1994. En cada congreso del partido se proyectaban cambios en los estatutos laboristas: controlar el poder de los sindicatos en el partido, limitar la importancia de la todopoderosa ejecutiva nacional, reemplazar el viejo sistema de representación sindical por el sistema un miembro / un voto para la mayor parte de las elecciones internas y privar al congreso anual de su papel tradicional en la redacción del manifiesto político. Un movimiento de masas cuyo carácter había cambiado muy poco desde la fundación del partido, casi cien años antes, se había transformado, de la noche a la mañana prácticamente, en una máquina de ganar elecciones bajo la batuta de un líder todopoderoso. La reinvención del laborismo fue apabullante. Su historia de enemistades, de congresos iracundos y divisiones se evaporó cuando el laborismo se convirtió en algo parecido al Partido Demócrata estadounidense que tan cuidadosamente habían estudiado Blair y Brown.

Entre 1994 y 1997, Blair y Brown, junto con el consejero político Peter Mandelson y Alastair Campbell, un periodista de un tabloide reconvertido en *spin doctor* (propagandista y creador de opiniones favorables), llevaron a cabo una segunda transformación. Convencieron a la gente de que la política laborista no desharía aquellos elementos del thatcherismo que se habían demostrado eficaces y populares. Blair se negó a comprometerse con una derogación de las leyes thatcheristas antisindicales o a revertir el programa conservador de privatizaciones. Aunque en su momento participó en la Campaña para el Desarme Nuclear (Campaign for Nuclear Disarmament, CND), ahora estaba a favor del mantenimiento de un depósito de armas nucleares en el Reino Unido y una política exterior decididamente pro-americana. Por su parte, Brown respaldó sin reparos la «prudencia» en las cuentas públicas al tiempo que prometía no incrementar el impuesto de la renta si los laboristas llegaban al poder. Como gesto simbólico, Blair y Brown suprimieron la histórica ambición de «cláusula IV» que aparecía en los estatutos del partido y en todas las tarjetas de los miembros: «Garantizar a los obreros, manuales e intelectuales, el fruto justo de su trabajo [...] sobre la base de la propiedad común de los medios de producción, distribución y consumo». Igual que

John Major se había mostrado ansioso por distanciarse del partido *tory* y de los extremos más brutales del thatcherismo, así Blair quiso distanciarse del laborismo en su pasado socialista y embarcarlo en una «tercera vía», uno de los muchos eslóganes que adornaron su programa. Ambas partes estaban luchando por hacerse con el centro, y Blair iba ganando. En 1995, mientras cabalgaba en la cresta de la ola de las encuestas de opinión, Blair se burló de Major: «Yo dirijo mi partido. A él lo dirige el suyo». El espíritu tradicional de izquierda y derecha se había invertido.

Los noventa vieron cómo se asentaba el thatcherismo. La economía quedó prácticamente desindustrializada y se fio toda la riqueza a los servicios financieros, la tecnología de la información, el turismo, la cultura y el entretenimiento. La lujosa arquitectura de los renovados muelles londinenses *(docklands)* se dedicó a las finanzas y a las empresas especuladoras. Mientras los centros de las ciudades provinciales británicas seguían languideciendo a mucha distancia de sus iguales en el resto de Europa, sobre todo debido a las restricciones que el gobierno central imponía a las empresas locales, el campo —que gozaba de amplia protección debido a una planificación sometida a leyes estrictas— conoció un rápido desarrollo. En el corredor MII en Cambridgeshire, las *midlands* del este y el valle del Severn florecieron las urbanizaciones y los polígonos industriales que devoraban anualmente un área de terreno del tamaño de Bristol.

La agricultura aún resistía, sobre todo apoyada en sustanciosos subsidios europeos a las explotaciones. Pero el mundo rural británico encontró nuevos usuarios. Caminantes, ciclistas, campistas e incluso surfistas comenzaron a ser habituales. Los socios del National Trust[2] aumentaron de los dos millones que había en 1990 a los cerca de tres millones a finales de la década. El festival de música de Glastonbury atraía a más de 100.000 visitantes cada año. Tras el Protocolo de Kioto sobre el cambio climático, adoptado en 1997, la política adquirió un tinte «verdoso», y el activismo medioambiental exigió al país que empezara a restringir la emisión de gases de efecto invernadero. Desde mediados de los noventa, la red de internet (World Wide Web) empezó a introducirse en todos los hogares, transformando la comunicación diaria y la adquisición de información. La gente podía trabajar desde casa y la actividad económica comenzó a desarrollarse en cualquier lugar del país, por muy alejado que estuviera.

La victoria laborista sobre los *tories* en 1997 fue aplastante. Los laboristas consiguieron 419 parlamentarios, un número sin precedentes, y arrastraron a los *tories* a la peor derrota electoral desde 1906. La campaña de Blair también fue extraordinaria por su ostentación, iluminada por un himno pop del grupo norirlandés D:Ream «Things Can Only Get Better» (Las cosas solo pueden ir a mejor). Con su mujer, Charie, ocupó el cargo en mayo con un estilo abiertamente presidencialista. Las fiestas abarrotaban la agenda de Downing Street bajo el marchamo de «cool Britannia» (Gran Bretaña guay). Los despachos nobiliarios cayeron como un aguacero sobre la farándula laborista, miembros del negocio del arte y del espectáculo. Downing Street era el nuevo Camelot. El socialismo-champán de la época de Ramsay MacDonald se rebautizó como la Era del Famoseo.

La exposición pública fue el modo de gobierno de Blair. Su colaborador más cercano en Downing Street fue su secretario de prensa, Alastair J. Campbell, cuya fuerte personalidad se impuso en el gabinete. El gobierno parecía reducido a una sucesión de iniciativas, cada una de las cuales se sometía a la prueba de «¿Cómo lo van a sacar mañana en el *Daily Mail*?». El estilo del primer ministro se describió como «napoleónico» o «gobierno de sofá». El veterano parlamentario laborista Tam Dalyell lo comparó con la corte de Luis XVI.

El «estilo Blair» se mostró al mundo con toda su pompa en agosto de 1997, con la muerte prematura de Diana Spencer en un accidente automovilístico en París. La extraordinaria manifestación de dolor público por la muerte de la exmujer del príncipe de Gales se vio aumentada y animada por un «relato» mediático que presentaba a la princesa como un dechado de inocencia juvenil, condenada y marginada por un sofocante *establishment* real. Los componentes de la familia real, que no eran precisamente amigos de Diana, se vieron obligados por la opinión pública a regresar a Londres (se encontraban en Escocia) y a unirse al duelo popular. Una montaña de flores envueltas en celofán se apilaba en el exterior de la casa de Diana, en Kensington Palace. Blair elogió a la «princesa del pueblo» y el ataque apenas velado de su hermano contra los detractores de la princesa se aplaudió en el funeral.

Blair actuó con decisión en un asunto que había amargado la vida de sus predecesores. Se redactaron leyes para establecer asambleas legislativas en Escocia, Gales y Londres. El Parlamento escocés se abrió en 1999, la primera asamblea electa desde 1707. Una asamblea también nueva, la galesa, la primera desde la Edad Media, se formalizó ese mismo año. Las conversaciones con los líderes republicanos del Norte de Irlanda se habían iniciado en secreto durante el mandato de John Major, y en 1998 Blair supervisó el llamado «acuerdo del Viernes Santo» entre los partidos católicos y protestantes, aunque el reparto de poder resultante aún tardó otros diez años en formalizarse. Estas medidas transformaron la política del Reino Unido. Llamaba mucho la atención el discurso político en Edimburgo, en Cardiff o en Belfast que ya no se pronunciaba en inglés, y los partidos separatistas empezaron a ganar terreno en los tres territorios; los nacionalistas escoceses, finalmente, consiguieron formar gobierno en 2007. Después de un milenio de poder centralista en Londres, las Islas Británicas por fin iban a recuperar algún equilibrio constitucional. Por fin era posible que la siempre infeliz unión de ingleses y celtas pudiese relajarse un tanto en una confederación más flexible, si no se repetía la historia de Irlanda y se producía una escisión completa.

El thatcherismo no acabó con la llegada del nuevo laborismo, por mucho que el hábil Blair quisiera disfrazarlo. Thatcher fue la primera invitada oficial en el número 10 de Downing Street, y con todos los honores. En Hacienda, Brown se ciñó con toda la rigidez del mundo a los planes de restricción de gasto de los *tories* y se enorgulleció de una innovación propia: permitir que el Banco de Inglaterra fijara los nuevos tipos de interés. Blair respetó las raíces de su partido lo suficiente para instaurar una renta mínima, un programa para prevenir la pobreza infantil (Sure Start) y, algo más espectacular, una ley de transparencia de la información gubernamental. De esta última reforma se arrepintió más adelante, tanto que dijo «sentir escalofríos ante semejante idiotez». Otros impulsos reformistas, dirigidos al funcionamiento de las escuelas, hospitales y gobiernos locales, perpetuaron la política *tory* de implicar al sector privado en las inversiones públicas, lo cual procuró grandes beneficios a las empresas financieras de la City. Tampoco hubo ningún tipo de recuperación de la política local. Mientras que el bienestar en la mayor parte de Europa se organizaba desde las administraciones locales, con menos necesidad de reorganización constante, en Gran Bretaña las inversiones y los niveles salariales del estado del bienestar seguían dictándose desde Londres.

Al doblar el siglo se hizo cada vez más evidente que el aumento constante de un bienestar «de la cuna a la tumba» empezaba a crear tensiones. El gobierno de Blair intentó proporcionar una oferta más amplia por medio de la diversificación, subcontratando servicios y transfiriendo administraciones. Los pagos al contratista de servicios privados se elevaron de 112 millones de libras en 1997 a mil cuatrocientos millones en 2005. Todos los nuevos hospitales construidos bajo el gobierno laborista fueron financiados por manos privadas, hasta unos considerables seis mil millones de libras. Las nuevas «academias» de secundaria (escuelas desgajadas del sistema estatal y que estaban financiadas por patrocinadores privados) empezaron a surgir como setas por todo el país. Las empresas privadas también administraban prisiones y proporcionaban guardias de tráfico y radares de control de velocidad. Blair esperaba que la privatización pudiera romper la inercia de Whitehall, consistente en estarse lamiendo siempre las heridas por intentar hacer las cosas y fracasar. El gabinete cayó en el abandono. Su secretario, lord Butler, informó a un selecto comité que en 1975 había habido 146 propuestas o documentos ministeriales y que en 2002 solo había habido cuatro.

El público respaldó los métodos de Blair al reelegirlo en 2001, tras lo cual el gasto público comenzó a dispararse rápidamente. El liderazgo político estaba adquiriendo una forma difusa, no en virtud de las decisiones que tomara un gabinete ministerial sino en virtud de los objetivos y las encuestas que elaboraba el equipo de una oficina gubernamental. Un funcionario civil veterano se quejaba de las «andanadas diarias de órdenes e iniciativas». El gasto en «consultores» alcanzó los dos mil quinientos millones de libras en 2005, y para entonces el coste del trabajo ministerial en Whitehall se había multiplicado por tres. A pesar de todo este gasto, las encuestas mostraban insistentemente una opinión pública crítica respecto a la calidad de los servicios dependientes del gobierno. YouGov, una empresa de encuestas, informaba habitualmente de que la mayoría de la gente se quejaba de que las cosas se habían «deteriorado con el laborismo».

Como la mayoría de los líderes que se encuentran bajo presión en el interior, Blair prefirió retirarse a las zonas más tranquilas de la política exterior. Se apoyó claramente en su viejo amigo, el presidente de Estados Unidos, Bill Clinton, y en 1998 fue recompensado con una espectacular cena en la Casa Blanca, a la cual acudió con una comitiva que «apestaba a desfile imperial», según el embajador en Washington, sir Christopher Meyer. Un año después, en Chicago, cuando las fuerzas británicas se encontraban combatiendo junto a las americanas para sacar a los serbios de Kosovo, Blair proclamó una «nueva generación de guerras humanitarias de liberación», con lo cual pretendía justificar la intervención británica allí donde sus líderes consideraran que un país estaba perjudicando a otro, e incluso allí donde los gobiernos estuvieran perjudicando a sus pueblos. Aunque casi pasó desapercibida en aquel momento, la antigua prudencia que había caracterizado la política exterior en el siglo XIX y buena parte del XX se estaba abandonando, poco a poco en manos de Thatcher y decididamente con Blair. Un consejero del nuevo y belicoso titular de la Casa Blanca, George W. Bush, se quejaba de que Blair había «condimentado sus palomitas con demasiada adrenalina».

El nuevo intervencionismo se constató como un elemento crucial tras el 11 de septiembre de 2001, con el ataque de Al-Qaeda a las torres del World Trade Center en Manhattan. El nivel de adrenalina de Blair aumentó aún más cuando en el congreso de su partido dijo que «este es el momento de actuar. El caleidoscopio se ha agitado [...] y vamos a reorganizar el mundo que nos rodea». El Reino Unido se unió a Estados Unidos en su ataque de represalia en Kabul, seguido de una «ampliación de actividades» dirigidas a elaborar un proyecto a largo plazo para el desarrollo del país. Blair se unió sin reservas a la «guerra contra el terror» que Bush declaró unilateralmente, y todo culminó con un acuerdo secreto en Crawford, el rancho del presidente americano, en abril de 2002, para ampliar las represalias de Afganistán a Irak en un ataque sin que mediara provocación.

A pesar de las reservas sobre la legalidad de la guerra y la dudosa afirmación de que Irak tenía «armas de destrucción masiva», Blair vio aquel episodio como una cruzada moderna, codo a codo con Estados Unidos, frente al islam militante. La decisión de invadir Irak tuvo su respuesta en Londres, el 15 de febrero de 2003, con la mayor manifestación antibelicista que se había visto jamás en la ciudad, con más de un millón de asistentes. La ocupación iba a durar seis años e iba a costar 179 vidas de soldados británicos. El ejército británico se retiró finalmente en abril de 2009; para entonces Blair había comprometido una presencia militar destacada en el conflicto cada vez más peligroso en el sur de Afganistán. La expedición británica de 2006 para asegurar el control de la OTAN en la provincia de Helmand degeneró en una debacle: los americanos tuvieron que hacerse cargo de las operaciones en 2010. Aunque Blair ganó unas terceras elecciones en 2005, lo hizo con la tasa de popularidad más baja de cualquier gobierno en los últimos tiempos. Irak y Afganistán no le habían dejado la pátina gloriosa de la guerra, como el conflicto de las Malvinas le procuró a Thatcher. El 27 de junio de 2007, Blair dimitió después de diez años en el cargo y dio paso a la sucesión —sin oposición alguna— de un viejo amigo, aunque cada vez más díscolo, Gordon Brown.

El gobierno de Blair, al tiempo que ampliaba las privatizaciones a casi todos los servicios públicos, se había esforzado en suavizar los ángulos más duros del thatcherismo. En 2004, las bodas de personas del mismo sexo quedaron legalizadas y en 2005 el Parlamento presumió de contar con once parlamentarios abiertamente homosexuales. El cambio climático se introdujo en la agenda, al menos de boquilla. La gente aún seguía comprando billetes de avión en líneas económicas, a «una libra más tasas» el asiento, pero al menos comenzaba a preocuparse por la «huella de carbono». Incluso el ferrocarril, antaño maldito, empezó a registrar más pasajeros cada año, y alcanzó su máxima ocupación en periodo de paz en 2010. El nuevo líder *tory*, David Cameron, elegido en diciembre de 2005, se sintió impelido a emprender un viaje invernal en trineo tirado por *huskies* en el deshielo ártico y a poner un aerogenerador en su casa de Londres. Coches, viviendas y productos alimentarios se publicitaban haciendo hincapié en sus credenciales verdes, seguras o saludables.

La otra cara de la moneda era el carácter del gobierno, cada vez más invasivo y opresivo. Las políticas de «papá estado» se obsesionaron con la seguridad en todas sus formas. Todos los días aparecían historias de viajes, espectáculos o conciertos que se prohibían en nombre de «la seguridad y la salud». Se dijo que Gran Bretaña era el país con más cámaras de vigilancia y más gasto en policía y seguridad pública de Europa. Tras el 11-S y un atentado suicida con bombas en el transporte público, en julio de 2005, el Ministerio del Interior (Home Office) puso en marcha el internamiento sin juicio, una medida sin precedentes en tiempos de paz, salvo en Irlanda del Norte. Las barreras de hormigón aparecieron por todas partes y rodeando los edificios públicos. La política penal laborista fue muy rigurosa, con lo cual la población penitenciaria alcanzó las 85.000 personas en 2010, la cifra más alta de la historia. Las agencias estatales utilizaron la guerra contra el terror para justificar lo que era esencialmente un modelo bélico de seguridad nacional. Se aprobaban nuevas leyes contra el terrorismo casi todos los años.

Blair había rescatado a su partido del fracaso y lo había adaptado a la revolución de Thatcher. Fue un furtivo reconvertido en guardabosques: se opuso y luego adoptó las políticas de su radical predecesora. En un momento dado se burló de la agresividad de Thatcher en el exterior, pero él escogió sus guerras del modo más insensato. En el interior, careció de la habilidad de Thatcher para conseguir que la maquinaria gubernamental se convirtiera en el recurso principal del primer ministro. Fue esclavo de los votantes de centro derecha tanto como sus predecesores laboristas lo habían sido de los sindicatos. El «nuevo laborismo» de Blair fue en realidad una maniobra de marketing. Tenía un instinto natural para evitar los problemas y sobrevivir. Había llegado al cargo presumiendo del «sentido comunitario» de los sajones, pero lo abandonó dejando un estado normando y thatcheriano intacto. En realidad, algo más que intacto. El gasto del gobierno había aumentado desde un 36 por ciento del producto interior bruto cuando Blair asumió el cargo, a un 47 por ciento cuando lo dejó, incluida una enorme deuda.

En un asunto sí que Blair estuvo acertado: en su convicción personal de que Brown no estaba preparado para asumir el liderazgo de la nación. Su consejero Campbell admitió que había acuñado una expresión que se filtró después y que sugería que Brown era «psicológicamente deficiente». El exministro de Hacienda había supervisado las cuentas durante casi tantos años como Gladstone, pero lo había hecho manteniendo conflictos cada vez mayores con su primer ministro. El resultado fue que el control del gasto público desapareció. La timidez de Brown y los ataques de ira resultaban especialmente inapropiados en las altas esferas fuera de la torre de marfil de Hacienda. Fue incapaz de trabajar con ministros con los que disentía —un grave problema en política—, y al final buscó ayuda en su viejo camarada —y al final, enemigo— Peter Mandelson, que en 2008 recibió su correspondiente título nobiliario y se convirtió prácticamente en viceprimer ministro.

Para entonces, los excesos económicos de Brown se habían amortiguado un tanto. Las iniciales promesas de aumentar el gasto en el Sistema Nacional de Salud, hasta la media europea, y restablecer todo el sistema de institutos de secundaria del país habían acabado ejerciendo una presión insoportable y en una espiral ascendente sobre el presupuesto. Cuando las bolsas mundiales quebraron en el otoño de 2008, Gran Bretaña naufragaba en un mar de deudas. El cacareado sector de los servicios financieros dejó a los bancos especialmente al descubierto; primero, el Northern Rock, y luego Lloyds y RBS, que acusaron el golpe y finalmente tuvieron que ser nacionalizados. En lo más duro de la crisis, Brown pidió a los contribuyentes que respaldaran un crédito para rescatar a los bancos por un importe superior a los 500 mil millones de libras. La confianza del pueblo en el gobierno no aumentó precisamente cuando, en 2009, se supo que cientos de parlamentarios habían pasado devolución de facturas de gastos estrafalarios y a veces fraudulentos. Los políticos se reunieron con los banqueros en los últimos puestos de valoración pública.

Brown fue derrotado en las urnas en mayo de 2010 y su fracaso solo se vio aliviado porque los votantes no aseguraron una clara victoria *tory* sino un Parlamento en minoría. Los liberales demócratas se animaron un poco porque desempeñarían un papel parecido al que tuvieron en los años veinte y treinta del siglo pasado. Pero fueron imprescindibles un día y prescindibles todos los demás. Un largo fin de semana de conversaciones con el líder de los *tories*, David Cameron, acabó llevando al líder liberal demócrata, Nick Clegg, al sillón de viceprimer ministro en una coalición dirigida por los *tories*, con un programa formalmente negociado y la insistente afirmación de que sería un Parlamento para cinco años. Fue una curiosa reinterpretación de la constitución, porque cualquier coalición es vulnerable y susceptible de erosionarse y caer. El nuevo equipo tenía que recuperar cuanto antes la economía, repitiendo los programas de recortes de 1921, 1931 y de los años ochenta, con cinco años de reducción de gasto que afectaron prácticamente a todas las ramas del sector público. La economía entró en recesión. A pesar de toda la retórica de los años noventa, según la cual «los altibajos de la economía ya no volverían», los fantasmas de Lloyd George, MacDonald y Thatcher de nuevo acechaban en los pasillos de Westminster. Las protestas y las huelgas volvieron a estallar en los sectores estudiantiles, en los sindicatos de empresas públicas, en la policía, entre los profesores y en el ámbito de los trabajadores sanitarios. La vida pública británica experimentó un severo episodio de *déjà vu*.

Más allá de estas preocupaciones concretas, las antiguas tensiones encontraron formas de expresión nuevas. Aunque el gobierno de nuevo declaró un deseo de descentralizar el poder de Londres y reducir el tamaño y los tentáculos de un estado moderno, sin embargo no le resultó fácil cumplirlo. Inglaterra siguió teniendo una política económica muy centralista, con poca capacidad impositiva por parte de las administraciones locales, poca democracia directa y pocas instituciones públicas libres de control estatal. La democracia local, tal y como era en 2011, estaba terriblemente adelgazada porque el gobierno central solo pretendía ahorrar dinero donde pudiera. Una disciplina de gasto parecida se les exigía a las asambleas recientemente instauradas de Escocia, Gales e Irlanda del Norte. El Parlamento de Inglaterra, garante de sus libertades durante medio milenio, también se vio obligado, por el tratado de Lisboa de 2009, a compartir poderes legislativos con el resto de estados europeos, al tiempo que los tribunales británicos tendrían que compartir el poder judicial con un tribunal europeo.

En otras palabras, las presiones que habían hostigado a Inglaterra desde la Edad Media seguían siendo las mismas. El gobierno tenía que esforzarse para poder gobernar. El pueblo, luchando, protestando y quejándose, aceptaba o derrocaba al gobierno. Pero en el centro de la escena aún permanecía en pie la única institución que había preservado la constitución durante casi un milenio: un Parlamento constitucional. No había indicios de que fuera a dar por concluida la monarquía hereditaria. Nadie reclamaba un ejecutivo elegido directamente, ni siquiera había muchas exigencias de una representación proporcional en la Cámara de los Comunes. La aritmética parlamentaria forjó en 2010 una coalición y esos números determinarían su estabilidad y su destino final. Igual que el Parlamento de Simón de Montfort desafió el poder de Enrique III, igual que el Parlamento Largo había desafiado a Carlos I e igual que el Parlamento de 1832 había salvado al país de la revolución, así el Parlamento del siglo XXI siguió siendo la institución que dictó el gobierno de Inglaterra.

EPÍLOGO
~

Inglaterra ha sido, como país, un éxito. Se convirtió muy pronto en una nacionalidad, curiosamente con escaso derramamiento de sangre, y con solo dos guerras civiles largas en su historia, en el siglo XV y en el siglo XVII. Al concluir la era georgiana, la mayoría de los ingleses disfrutaban de una cierta seguridad, prosperidad y libertades civiles que resultaban raras en cualquier otra parte del mundo. Incluso en la actualidad, cuando otras naciones la han igualado e incluso la han superado en muchos aspectos, Inglaterra aún se sigue viendo a sí misma como una potencia mundial, con armas nucleares, y reclama para sí un estatus, junto con Estados Unidos, de policía global. Presume de ser un país puntero en educación, medicina, ciencia y literatura. Su capital, Londres, su mundo rural, su patrimonio y su actividad artística atraen a visitantes de todo el mundo.

Hay varios factores que han contribuido a este éxito. Antes de que comenzara la historia, la fértil geografía de la mitad oriental de las Islas Británicas favoreció los asentamientos sajones. Las fronteras obligadas del Mar del Norte, el Canal de la Mancha y las tierras agrestes de Gales y Escocia generalmente eran zonas pacíficas, pero al final resultaron ser barreras muy efectivas frente a las incursiones foráneas. Las invasiones vikingas y las normandas fueron muy contundentes, pero no consiguieron eliminar el sustrato sajón inglés. Los recién llegados fueron asimilados y los asentamientos sajones, con su cultura y su lengua, permanecieron en gran medida intactos. De allí en adelante, tal y como Shakespeare apuntó, la insularidad de Inglaterra hizo «el oficio de un muro, o de foso protector de un castillo».[1] Fue una defensa que resultó efectiva frente a la Armada Invencible de Felipe II, la Grand Armée de Napoleón y el *blitzkreig* de Hitler.

El hecho crucial en la historia de Inglaterra durante la Edad Media fue estar bajo el poder de una dinastía normanda que no podía dejar de guerrear. La guerra con Francia duró en realidad casi cuatrocientos años, prácticamente sin pausa, desde el 1066 hasta 1453, y solo concluyó cuando los Plantagenet comenzaron a luchar entre ellos con más ferocidad incluso de la que empleaban contra los franceses. Sin embargo, de aquella beligerancia tribal nació la tradición del «consentimiento en el gobierno», porque para pagar sus guerras los monarcas tenían que recaudar dinero y esto requería una cierta colaboración popular. Nada contrarrestó la tiranía normanda con tanta efectividad como la necesidad del rey de recurrir a los impuestos. De ahí nació el poder de la City de Londres durante el mandato de Ricardo I, una norma codificada de leyes bajo el rey Juan y la Cámara de los Comunes en los Parlamentos de Enrique III y Eduardo I. Este intercambio y equilibrio de poderes fue decisivo. Incluso al despiadado Eduardo I le preocupaba que el pueblo se le pudiera poner en contra, y «la ayuda y los diezmos que nos han pagado con liberalidad y de buen grado [...] podrían en el futuro convertirse en servil obligación». Y tenía razón.

En los siglos XVI y XVII Inglaterra tuvo la suerte de contar con monarcas, consejeros y políticos cuyos talentos la guiaron a través de las tempestades de la revolución a un nuevo acuerdo constitucional. Los conflictos matrimoniales de Enrique VIII favorecieron que la riqueza de la Iglesia pasara a la Corona, y luego a una nueva clase media de comerciantes, leguleyos y administradores públicos. Con la riqueza, como siempre, llegaba el poder. La revolución religiosa de Enrique VIII se afianzó durante el reinado de su segunda hija, Isabel, una de las pocas mandatarias europeas con un instinto monárquico enraizado en el gobierno consensuado (basado en el consentimiento del pueblo). En el siglo XVII, una nueva clase media, rica y poderosa, dio forma a una segunda revolución política contra los Estuardo. El Parlamento eliminó de un plumazo el derecho divino de los reyes al ejecutar a Carlos I en 1649, y la prerrogativa real al aceptar como monarca a Guillermo de Orange en 1688. Al comenzar el siglo XVIII, Inglaterra ya se había librado de la autocracia medieval y se había convertido en un estado moderno. En una asamblea se reunían los representantes de Inglaterra, Gales, Escocia y más adelante Irlanda, donde se fundaron partidos políticos, se establecieron procedimientos parlamentarios y se fijó la independencia judicial en fórmulas que son reconocibles hasta hoy.

Estas convenciones dieron como resultado una estabilidad que incentivó las hazañas marineras de Inglaterra y permitieron a Chatham y a su hijo, Pitt el Joven, hacerse con el imperio más grande del mundo en territorios de ultramar. Este imperio sobrevivió a la pérdida de las colonias americanas en la década de 1780 y también a las conmociones de la Revolución Francesa, unos acontecimientos que no condujeron, como muchos habían pronosticado, a una rebelión en Inglaterra, sino a un debate nacional que culminó en la extraordinaria revolución de la Ley de Reforma de 1832. La prosperidad victoriana que se derivó de aquello favoreció un acuerdo parlamentario aún más amplio del «consentimiento para gobernar», al tiempo que cada vez más británicos entraban en el capítulo que permitía el derecho a voto. Todo esto respaldaba el surgimiento de un Reino Unido como una verdadera potencia mundial, adornada con todos los recursos posibles: libre comercio, una tradición liberal y un espíritu de investigación científica y emprendedora, todo al parecer sin límites.

A lo largo de todo este tiempo, la institución central del estado británico, un Parlamento bicameral, nunca perdió el control. No era representativo y siempre se mostraba timorato ante los cambios, pero respetaba el debate abierto y finalmente vinculaba el gobierno al deseo del pueblo, guiando al país hacia una democracia plena y a un estado del bienestar ya en el siglo XX. Los llamados *game-changer*, los personajes que cambiaron el rumbo de la Historia, podrían ser los integrantes de un listado en el que estarían Cromwell, Walpole, Chatham, Peel, Disraeli, Gladstone y Lloyd George, pero fue el Parlamento, en su función colectiva e institucional, el que sacó partido y controló sus talentos para ponerlos al servicio del estado. En ningún momento de la historia de Inglaterra las acciones extraparlamentarias contaron con un respaldo político. Cuando los gobernantes actuaron sin el consentimiento parlamentario, como en Irlanda, el resultado fue una catástrofe. Si hay un héroe en este libro, al menos hasta el siglo XX, ese es el Parlamento.

Cuando muere la reina Victoria, en 1901, todos esos logros estaban amenazados. El libre comercio estaba socavando el poder económico del imperio. Otras naciones de Europa y de América estaban sobrepasando al Reino Unido en la fuerza del empresariado capitalista, desarrollando sus recursos naturales y humanos. El surgimiento de cierta competencia imperialista, sobre todo por parte de Alemania, le costó muy caro a Gran Bretaña, con dos guerras mundiales, hasta el punto de que después de la segunda lo que quedó del Imperio británico se descompuso en solo dos décadas. No era solo el imperio de ultramar lo que fallaba. El imperio original británico, en el seno de las propias islas, se veía amenazado. Irlanda, sobre todo, se rompió en 1921, dejando solo el Ulster en manos de Gran Bretaña y convirtiendo ese territorio en un continuo calvario para el país. Los renacimientos separatistas de Escocia y Gales finalmente consiguieron que se les concediera una autonomía parcial. Aunque la monarquía del Reino Unido parecía consolidada, su Parlamento se vio forzado a delegar poderes —por vez primera en la historia—, tanto a las regiones celtas de las Islas Británicas como a la nueva confederación de estados que se formó en el occidente europeo. Los Plantagenet se habrían revuelto en sus tumbas ante semejantes concesiones.

Estos cambios provocaron tensiones. La Gran Bretaña posimperial, el palabras del americano Dean Acheson en 1962, «aún no había encontrado su papel» en el mundo. Las relaciones de los territorios insulares suelen ser ambivalentes hacia los continentes que tienen cerca, pero en el caso de Gran Bretaña la relación era neurótica. Respecto a Europa, siguió distante e indecisa. Aunque se había podido desprender del imperio con cierta facilidad, de la mentalidad que el propio imperio había creado no pudo librarse tan fácilmente. Con la llegada del siglo XXI, los británicos se enfangaron en sucesivas guerras «de liberación», alegando que estaban defendiendo diversos derechos, como el humanitarismo, la democracia, la construcción nacional o la estabilidad regional. Por momentos parecía como si los cruzados normandos hubieran regresado de sus tumbas. Una vez que el electorado elegía a los parlamentarios y se nombraba al gobierno, el ejecutivo se inclinaba siempre por tratar al Parlamento no como una institución de control sobre sus actos sino como un despacho de registro y sellado.

También se plantearon dudas sobre el tamaño de dicho poder ejecutivo. Las guerras del siglo XX habían significado un rápido incremento en el tamaño y la acción del estado, un proceso que continuó en tiempos de paz para complacer la demanda popular de un bienestar «de la cuna a la tumba». Mediado el siglo, los servicios sociales, de salud y de educación del país, sus empresas públicas y buena parte de su industria y su comercio habían quedado bajo el paraguas y el control del estado. Este giro de la autoridad hacia el centralismo recibió en principio los parabienes de todos, porque se entendía que eran parte del llamado consenso del bienestar, pero en torno a los años ochenta el tamaño de la administración y su incapacidad para reducir el estado o para reformarlo acabó disolviendo el consenso implícito. Una de las consecuencias fue la privatización de buena parte del sector público, acción que llevaron a cabo indistintamente los *tories* y los laboristas. Pero incluso allí donde la actividad del estado estaba subcontratada al sector privado, parecía que resultaba imposible recortar el gasto del estado. Al comenzar el nuevo siglo, el gobierno estaba consumiendo el 47 por ciento del producto nacional, un récord en tiempos de paz.

Es como si los gobernantes británicos, privados de un imperio de ultramar, ahora quisieran organizar un imperio en casa. Pero este nuevo imperio era tan pesado y engorroso como el antiguo. Las *economías de escala* se convirtieron en *deseconomía*.[2] Ni Whitehall ni sus organismos dependientes eran capaces de responder a los controles y equilibrios de lo que aún era una constitución no escrita. El sistema impositivo parecía incapaz de mantener a una población envejecida, con una factura elevadísima en salud y bienestar. El gobierno se deslizó insensiblemente hacia una deuda galopante. La prodigalidad del estado normando había renacido, pero esta vez el pueblo sajón que antaño había luchado por reprimir sus excesos en esta ocasión era el agradecido destinatario de su generosidad. El electorado movía el rabo con la generosidad estatal, pero ladraba cuando se trataba de proporcionar los medios con impuestos más elevados.

Cada época tiene sus profetas y siempre nos advierten contra el Leviatán. A comienzos del nuevo siglo se creía en todas partes que el estado, por buenas que fueran sus intenciones, no podía continuar creciendo eternamente, porque la economía no podría soportarlo. En toda Europa, los gobiernos estaban comprobando que eran incapaces de desprenderse de responsabilidades. En Grecia, Irlanda, Portugal e incluso en Gran Bretaña, el gasto de dinero público se había distanciado cada vez más de la tarea de conseguirlo. Sin embargo, la democracia parecía incapaz de controlar la situación. Si se les pregunta a los políticos por qué no pueden ejercer un liderazgo más fuerte, dirán: «Porque la gente que nos eligió no nos lo permite». Los gobiernos centrales, que desde siempre habían sido los agentes responsables de la disciplina económica, se habían convertido en cómplices de la indisciplina.

A lo largo de toda la historia, la constitución de Inglaterra se había visto obligada a cambiar solo cuando sus gobernantes habían hecho oídos sordos a los gritos de la gente, o como mínimo al curso de los acontecimientos. Ocurrió cuando los monarcas medievales se tuvieron que someter a los poderes territoriales y de los barones. Ocurrió cuando la Iglesia tuvo que ceder a la Reforma y a una clase mercantil emergente. Ocurrió cuando los Estuardo se vieron obligados a ceder ante el papel de la ley y a los Comunes en el Parlamento. En todos esos casos la tendencia monolítica del estado se enfrentó a fuerzas nuevas y poderosas que surgían en la sociedad y a las que tuvo que abrir el paso. Incluso el Parlamento decimonónico, la mayor contribución de Inglaterra a la civilización europea, tuvo que ceder a la presión popular para reformarse, porque las raíces del estado del bienestar no surgieron en el Parlamento, sino de las innovadoras corporaciones locales. El cambio se produjo cuando las élites gobernantes se abrieron lo suficiente para aceptar el reto y se pusieron a la tarea.

Yo creo que esta visión amplia de la sociedad inglesa es el mensaje crucial de nuestra historia. En la actualidad se está poniendo a prueba de nuevo. A menos que el estado central muestre más respeto a la lealtad comunitaria y territorial, se quedará al margen de la renovación desde abajo, de la innovación, de la experimentación y de los nuevos bríos. Inglaterra, en su época más potente, el siglo XIX, estuvo comandada por un provincialismo cívico alejado de la metrópoli. La gente probablemente pierde la fe en el autogobierno cuando aquellos que lo ejercen están cada vez más distantes y resultan menos familiares. Esto ya se puede notar en la confianza cada vez más menguada en los servicios públicos y en un regreso a los privados, tanto en la salud, como en la educación o en la seguridad. Poca gente en Inglaterra puede decir el nombre de un líder de su comunidad local. Este anonimato está despolitizando las comunidades y abriendo brechas sociales en un sistema de clases sociales que es muy peculiar en este país. Mientras que en otros países como España, Italia, Alemania e incluso Francia se ha devuelto el poder a las regiones, a las comunidades y a los alcaldes, Inglaterra sigue concentrando todo el poder en Londres, en Westminster y Whitehall.

Dicho esto, el cuadro no es del todo desalentador. Los profesionales, las universidades, los medios y la ley siguen estando fuertes y siguen siendo relativamente plurales, reforzadas por recientes innovaciones, tales como internet, la libertad de información, las leyes sobre derechos humanos y un nuevo Tribunal Supremo. Existe también una significativa excepción a la tendencia centralizadora, la devolución de poderes constitucionales a Escocia, Gales y el Norte de Irlanda (siempre que estén en el seno del Reino Unido). Las fronteras que se fijaron en la Edad Media respecto a Inglaterra están volviendo a salir a la luz gradualmente desde las profundidades de la historia. La acumulación de poder centralista, exigida por los sajones y luego por los normandos para definir y defender a Inglaterra de los antiguos pobladores de la isla, está invirtiéndose. El poder de Londres, ya apartado de los territorios del imperio y ultramar, ahora se está retirando también del imperio interior. Es posible ver las leyes emanadas de las asambleas de Edimburgo, Cardiff y Belfast como los primeros documentos de un nuevo acuerdo constitucional.

Inglaterra también está perdiendo su ansia por gobernar a los pueblos no británicos más allá de sus fronteras, incluso a aquellos que forman parte de las Islas Británicas. Siempre habrá una necesidad de instituciones para un «reino unido» en la medida en que los escoceses, galeses y algunos irlandeses lo deseen. Pero la naturaleza asimétrica del Parlamento de Westminster, con el gobierno de Inglaterra parcialmente encadenado a los parlamentarios procedentes de la periferia semiautónoma celta, no puede sostenerse a largo plazo. Es una democracia distorsionada. Tarde o temprano, Inglaterra necesitará su propia asamblea, sea dentro o fuera del ámbito del Parlamento de Westminster.

Yo solía considerar las constituciones escritas como elementos propios de estados inmaduros. La incorporación de la Convención Europea de Derechos Humanos a la ley británica ha dado ya a los británicos unos estatutos «escritos» de un considerable tamaño, aunque se complementen más adelante o se cambien por una nueva propuesta de derechos. La tradición constitucional donde, en palabras de Tennyson, «la Libertad se ensancha / siempre y cada vez más»,[3] ya no es suficiente para protegernos contra una dictadura electiva. Los derechos tienen que escribirse porque siempre están amenazados, sea por la indeseada vigilancia tecnológica, por la obsesión con el encarcelamiento o por la arbitrariedad de un estado cada vez mayor. El alcance de la democracia local tiene que codificarse también, para revitalizar el caladero de la política londinense con nuevos nombres y renovar un sector público que en la actualidad consume un tercio de la riqueza de Inglaterra. Nada de esto es nuevo. Este tipo de políticas estratificadas y complementarias han funcionado a lo largo de la mayor parte de la historia inglesa y aún se siguen aplicando en el resto de Europa.

A esas tradiciones liberales de la historia de Inglaterra se remitieron los revolucionarios americanos para inspirarse en el siglo XVIII, aun cuando se estaban rebelando contra la Corona inglesa. Imitaron en su momento los municipios independientes de la era Tudor, los condados, con sus corregidores *(sheriffs)* y sus alcaldes, y la venerada democracia de la asamblea municipal. Se remitieron, en fin, a los primeros estadios de la ley, al Parlamento Largo, a la Revolución Gloriosa y a la Carta de Derechos. Las naciones de la Commonwealth británica, tales como Canadá, Australia e incluso la India subcontinental, también se remitieron a la tradición legislativa del país. Pusieron por escrito lo que importaba, y se rigieron por sus constituciones para crear lo que hoy son ejemplos vivos de la democracia en el mundo.

La moraleja de esta historia es que las naciones evolucionan con más éxito cuando los cambios sociales, económicos o políticos surgen desde abajo. El poder central corrompe a aquellos que lo ejercen, convirtiéndolo en una fuerza conservadora y represiva. Aquellos que creen en la libertad y la democracia deben tener esto siempre presente. Por eso resuenan en nuestros oídos las palabras de Kipling al elogiar el primer marco político de Inglaterra que atajó la tiranía: la Carta Magna.[4]

> Y cuando la turba o el rey
> ponga una mano violenta sobre las costumbres inglesas,
> el murmullo despertará y volverán los estremecimientos
> entre las cañas del Runnymede.
> ¡Y el Támesis, que conoce los caprichos de los reyes,
> y a las multitudes, y a los clérigos y esas cosas,
> correrá profundo y terrible mientras arrastra
> las advertencias que bajan desde Runnymede!

CIEN FECHAS CLAVE EN LA HISTORIA DE INGLATERRA

Las fechas son los hitos de la Historia. Creo que los que se transcriben a continuación son los cien puntos de inflexión más importantes de la historia nacional inglesa.

410	Los colonos romanos de la isla, abandonados por Roma, tienen que enfrentarse a los sajones sin ayuda
597	Los misioneros romanos de San Agustín llegan a Inglaterra
602	Se funda la catedral de Canterbury
664	La Iglesia de Inglaterra opta por Roma, y no Iona, en el sínodo de Whitby
731	Se escribe la historia eclesiástica de Beda el Venerable
785	El muro de Offa marca la frontera con Gales
865	Los daneses llegan a Inglaterra
878	Alfredo el Grande derrota al danés Guthrum en Edington
991	Ethelred paga el tributo a los daneses (*Danegeld*) para evitar la invasión vikinga
1016	Cnut (Canuto II de Dinamarca) se convierte en rey de Inglaterra
1066	Batalla de Hastings, Guillermo I derrota a Harold
1086	Se redacta el Domesday Book
1154	Enrique II se hace con el poder

1170	El asesinato de Becket termina con la campaña de Enrique II contra la Iglesia
1199	Muerte de Ricardo Corazón de León
1215	El rey Juan cede ante los barones y firma la Carta Magna
1264	Simón de Montfort convoca el Parlamento
1277	Eduardo I invade Gales y derrota a Llywelyn
1295	Eduardo I convoca el «Parlamento Modelo»
1314	Los escoceses derrotan a Eduardo II en Bannockburn
1327	Asesinato de Eduardo II en el castillo de Berkeley
1337	Comienza la Guerra de los Cien años contra Francia
1346	Eduardo III vence en la batalla de Crécy
1348	La Peste Negra acaba con un cuarto de la población británica
1381	Ricardo II acaba con la Revuelta de los Campesinos
1399	Enrique IV usurpa el trono a Ricardo II
1415	Enrique V vence en la batalla de Agincourt
1431	Juana de Arco, ajusticiada en la hoguera
1453	Con la derrota inglesa en Castillon termina la Guerra de los Cien Años
1455	Batalla de St. Albans: comienza la Guerra de las Dos Rosas
1469	El influyente oligarca Ricardo Neville, conde de Warwick, cambia de bando y defiende la sucesión de Enrique VI de Lancaster
1471	Los partidarios de la Casa de York ganan la batalla de Tewkesbury
1483	Asesinato de los dos príncipes en la Torre de Londres, hijos de Eduardo IV y de Isabel Woodville
1485	Enrique Tudor derrota a Ricardo III en Bosworth y concluye la Guerra de las Dos Rosas
1509	Enrique VIII es coronado rey
1520	Enrique VIII se reúne con Francisco I de Francia en el Campo del Paño de Oro
1533	Enrique VIII se casa con Ana Bolena
1534	Enrique VIII firma la Ley de Supremacía sobre la Iglesia
1536	Comienza la disolución de los monasterios; ejecución de Ana Bolena

1547	Muere Enrique VIII. Asciende al trono Eduardo VI
1553	Asciende al trono María I: comienza la Contrarreforma
1556	Cranmer ejecutado en la hoguera
1558	Asciende al trono Isabel I y restaura la Reforma
1588	Derrota de la Armada Invencible española
1603	Muere Isabel. Ascienden al trono los Estuardo
1605	Fracasa la conspiración de Guy Fawkes
1628	El Parlamento promulga la Petición de Derechos contra Carlos I
1640	Se reúne el Parlamento Largo
1642	Comienza la Guerra Civil
1644	Derrota de los realistas en Marston Moor
1649	Ejecución de Carlos I
1653	Cromwell, nombrado Lord Protector
1660	Restauración: Carlos II
1665	La peste de Londres
1666	El Gran Incendio de Londres
1688	Invasión de Guillermo de Orange, la Revolución Gloriosa
1704	Marlborough vence en la batalla de Blenheim
1707	Acta de la Unión con Escocia: nace Gran Bretaña
1714	Muere la reina Ana: llegan los Hanover
1720	La burbuja de los Mares del Sur
1746	La batalla de Culloden acaba con la rebelión jacobita
1759	Culmina el éxito militar en la Guerra de los Siete Años
1781	Cornwallis se rinde en Yorktown
1793	Los revolucionarios franceses le declaran la guerra a Gran Bretaña
1800	Acta de Unión con Irlanda: se crea el Reino Unido
1805	Nelson vence en la batalla de Trafalgar
1807	Queda abolido el comercio británico de esclavos
1815	Derrota de Napoleón en Waterloo
1819	La masacre de Peterloo provoca una represión generalizada
1832	Ley de la Gran Reforma
1837	Asciende al trono la reina Victoria
1846	Derogación de las Leyes del Grano

1851	La Gran Exposición de Hyde Park
1853-1856	Guerra de Crimea
1867	Segunda Ley de Reforma
1876	Disraeli declara a la reina Victoria emperatriz de la India
1899	Comienza la Guerra de los Bóeres
1901	Muere la reina Victoria
1909	El Presupuesto Nacional de Lloyd George
1914-1918	Primera Guerra Mundial
1920	Estatuto de autonomía para Irlanda
1926	Huelga general
1929	El *crash* y la gran depresión
1936	Abdicación de Eduardo VIII
1939-1945	Segunda Guerra Mundial
1947	Independencia de la India
1948	Se funda el Servicio Nacional de Salud (NHS)
1953	Coronación de Isabel II
1956	Crisis de Suez
1973	El Reino Unido se une al Mercado Común
1976	Callaghan pide un préstamo al FMI para aliviar la crisis económica
1979	Margaret Thatcher se convierte en la primera mujer en ejercer el cargo de *premier* británica
1981	Boda del príncipe Carlos y lady Diana Spencer
1990	Cae Margaret Thatcher
1997	Tony Blair, elegido primer ministro
2003	Invasión de Irak
2008	Crisis financiera global
2010	Gobierno de coalición con Cameron

REYES Y REINAS DE INGLATERRA DESDE 1066

NORMANDOS	1066-1087	Guillermo I de Normandía
	1087-1100	Guillermo II Rufus
	1100-1135	Enrique I
	1135-1154	Esteban y Matilda
PLANTAGENET	1154-1189	Enrique II
	1189-1199	Ricardo I
	1199-1216	Juan
	1216-1272	Enrique III
	1272-1307	Eduardo I
	1307-1327	Eduardo II
	1327-1377	Eduardo III
	1377-1399	Ricardo I
LANCASTER	1399-1413	Enrique IV
	1413-1422	Enrique V
	1422-1461/1470-1471	Enrique VI
YORK	1461-1470/1471-1483	Eduardo IV
	1483	Eduardo V
	1483-1485	Ricardo III

TUDOR	1485-1509	Enrique VII
	1509-1547	Enrique VIII
	1547-1553	Eduardo VI
	1553-1558	María I
	1558-1603	Isabel I
ESTUARDO	1603-1625	Jacobo I
	1625-1649	Carlos I
	1649-1660	Interregnum
	1660-1685	Carlos II
	1685-1688	Jacobo II
	1689-1694	Guillermo III y María II
	1694-1702	Guillermo III
	1702-1714	Ana
HANOVER	1714-1727	Jorge I
	1727-1760	Jorge II
	1760-1820	Jorge III
	1820-1830	Jorge IV
	1830-1837	Guillermo IV
	1837-1901	Victoria
SAJONIA-COBURGO	1901-1910	Eduardo VII
GOTHA / WINDSOR	1910-1936	Jorge V
	1936	Eduardo VIII
	1936-1952	Jorge VI
	1952-	Isabel II

PRIMEROS MINISTROS DEL REINO UNIDO

1721-1742	Sir Robert Walpole *(whig)*
1742-1743	Conde de Wilmington *(whig)*
1743-1754	Henry Pelham *(whig)*
1754-1756	Duque de Newcastle *(whig)*
1756-1757	Duque de Devonshire *(whig)*
1757-1762	Duque de Newcastle *(whig)*
1762-1763	Conde de Bute *(tory)*
1763-1765	George Grenville *(whig)*
1765-1766	Marqués de Rockingham *(whig)*
1766-1768	Conde de Chatham *(whig)*
1768-1770	Duque de Grafton *(whig)*
1770-1782	Lord North *(tory)*
1782 (mar-jul)	Marqués de Rockingham *(whig)*
1782-1783	Conde de Shelburne *(whig)*
1783 (abr-dic)	Duque de Portland *(whig)*
1783-1801	William Pitt *(tory)*
1801-1804	Henry Addington *(tory)*
1804-1806	William Pitt *(tory)*
1806-1807	Lord Grenville *(whig)*
1807-1809	Duque de Portland *(whig)*
1809-1812	Spencer Perceval *(tory)*
1812-1827	Conde de Liverpool *(tory)*
1827 (abr-ag)	George Canning *(tory)*

1827-1828	Vizconde Goderich *(tory)*
1828-1830	Duque de Wellington *(tory)*
1830-1834	Conde Grey *(whig)*
1834 (jul-nov)	Lord Melbourne *(whig)*
1834 (nov-dic)	Duque de Wellington *(tory)*
1834-1835	Sir Robert Peel *(tory)*
1835-1842	Lord Melbourne *(whig)*
1841-1846	Sir Robert Peel *(tory)*
1846-1852	Lord John Russell *(liberal)*
1852 (feb-dic)	Conde de Derby *(conservador)*
1852-1855	Conde de Aberdeen *(tory)*
1855-1858	Vizconde de Palmerston *(liberal)*
1858-1859	Conde de Derby *(conservador)*
1859-1865	Vizconde de Palmerston *(liberal)*
1865-1866	Lord John Russell *(liberal)*
1866-1868	Conde de Derby *(conservador)*
1868 (feb-dic)	Benjamin Disraeli *(conservador)*
1868-1874	William Ewart Gladstone *(liberal)*
1874-1880	Benjamin Disraeli *(conservador)*
1880-1885	William Ewart Gladstone *(liberal)*
1885-1886	Marqués de Salisbury *(conservador)*
1886 (feb-jul)	William Ewart Gladstone *(liberal)*
1886-1892	Marqués de Salisbury *(conservador)*
1892-1894	William Ewart Gladstone *(liberal)*
1894-1895	Conde de Rosebery *(liberal)*
1895-1902	Marqués de Salisbury *(conservador)*
1902-1905	Arthur James Balfour *(conservador)*
1905-1908	Sir Henry Campbell-Bannerman *(liberal)*
1908-1916	H. H. Asquith *(liberal)*
1916-1922	David Lloyd George *(liberal)*
1922-1923	Andrew Bonar Law *(conservador)*
1923-1924	Stanley Baldwin *(conservador)*
1924 (ene-nov)	Ramsay MacDonald *(laborista)*
1924-1929	Stanley Baldwin *(conservador)*
1929-1935	Ramsay MacDonald *(laborista; desde 1931 Laborismo Nacional)*

1935-1937   Stanley Baldwin *(conservador)*
1937-1940   Neville Chamberlain *(conservador)*
1940-1945   Winston Churchill *(conservador)*
1945-1951   Clement Attlee *(laborista)*
1951-1955   Winston Churchill *(conservador)*
1955-1957   Anthony Eden *(conservador)*
1957-1963   Harold Macmillan *(conservador)*
1963-1964   Sir Alec Douglas-Home *(conservador)*
1964-1970   Harold Wilson *(laborista)*
1970-1974   Edward Heath *(conservador)*
1974-1976   Harold Wilson *(laborista)*
1976-1979   James Callaghan *(laborista)*
1979-1990   Margaret Thatcher *(conservadora)*
1990-1997   John Major *(conservador)*
1997-2007   Tony Blair *(laborista)*
2007-2010   Gordon Brown *(laborista)*
2010-2016   David Cameron *(conservador)*
2016-2019   Theresa May *(conservadora)*
2019-   Boris Johnson *(conservador)*

NOTA DEL AUTOR

Cuando llevé a cabo las investigaciones pertinentes para escribir este libro, inevitablemente me encontré con variantes en la transcripción de los nombres y lugares, y en la cronología también, sobre todo en las fechas más antiguas. He dado por buenos los que tradicionalmente han sido aceptados, incluidos aquellos que afectan a Beda el Venerable y las crónicas anglosajonas. Una «historia breve» como esta depende principalmente de las fuentes secundarias. He empleado sobre todo la *Oxford History of England*, la monumental *History of the English-Speaking Peoples* de Churchill* y la colección de historia social de G. M. Travelyan. La *Chronicle of Britain* de Longman ha sido una referencia muy útil. También he buceado en las excelentes historias generales que han aparecido recientemente de David Starkey, Simon Schama, Roy Strong y Rebecca Fraser.

Los libros que he utilizado para estudiar periodos concretos son demasiado numerosos para mencionarlos aquí. La única excepción es la época donde comienza precisamente esta historia, en el permanente debate sobre los orígenes del pueblo inglés, admirablemente fijados en *The Tribes of Britain*, de David Miles. Otros trabajos más relacionados con la idiosincrasia inglesa son *An Intelligent Person's Guide to History*, de

---

* Una versión española en *Historia de los pueblos de habla inglesa*, La Esfera de los Libros, Madrid, 2007; trad. Alejandra Devoto (*N.d. t*).

John Vincent, el alternativo *A World by Itself,* de Jonathan Clark, y mi viejo aliado, *The March of Folly,* de Barbara Tuchman. Este último es un serio correctivo al corpus completo de la historia mundial.

Quiero dar las gracias a Ken Morgan, Tom Jenkins, Jeremy Black, a mi editor Daniel Crewe y a todas las personas que leyeron y corrigieron el texto en general o en alguna parte. Gracias también a Celia Mackay por su admirable investigación y búsqueda de ilustraciones. También debo agradecer a Andrew Franklin, de Profile Books, su descabellada idea de intentar meter tantísima información en tan poquísimas páginas.

NOTAS

Introducción

¹ El Pennine Way es uno de los senderos de titularidad pública conocidos como National Trails. Este es uno de los más famosos: parte desde Edale (Derbyshire) y recorre más de cuatrocientos kilómetros, hasta adentrarse en Escocia. *(Todas las notas son del traductor)*.

² El nombre castellano, Inglaterra, procede de la variante latina *Anglae terra* (tierra de los anglos). De esta fórmula provienen también las formas francesa, italiana o catalana (Angleterre, Inghilterra, Anglaterra).

³ Aunque pueda resultar sorprendente, la afirmación es exacta: la designación oficial de la institución que ocupa el Palacio de Westmister es Parliament of the United Kingdom of Great Britain and Northern Ireland (Parlamento del Reino Unido de Gran Bretaña e Irlanda del Norte).

Amanecer sajón. 410 - 600

¹ Deiniol Wyn (c.510-584), también llamado Daniel de Bangor.
² El río Severn marcaba aproximadamente la frontera entre Gales e Inglaterra.
³ Bertha era hija del merovingio Charibert o Cariberto I.

El nacimiento de Inglaterra. 600 - 800

¹ A veces Raedwald, y en ocasiones, en español, Redvaldo de Estanglia.
² En otros textos, Eadwine, Ēadwine o Æduini. Fue rey de Deira y de Bernicia (más adelante, Northumbria).

³ También llamado Alcwin, y en castellano, Alcuino de York; en textos latinos se le llama Alcuinus Flaccus Albinus.

Los daneses. 800 - 1066

¹ *Drakkar*, por el dragón que con frecuencia adornaba la proa. El «barco largo» o *longship* (inglés) se llamaba *langskib* en danés y *langskip* en noruego.

² Las centenas o centenares sajones *(hundreds)* se establecían de acuerdo con el número de familias que podían aportar miembros a los ejércitos. Los *weapontakes* o *wapentakes* (lit. «toma de armas») de la ley danesa se ajustaban al mismo criterio, mientras que los *ridings* formaban parte de una división administrativa en tercios.

³ Una versión de la leyenda cuenta que una campesina le dio cobijo al rey Alfred cuando huía disfrazado de vagabundo hacia Athelney. La mujer encargó al recién llegado que vigilara las tortas que se estaban haciendo al fuego mientras ella cumplía con otros quehaceres. Cuando regresó y vio que las tortas se habían quemado, golpeó al rey. Enterada de la verdadera identidad del forastero, le pidió perdón, a lo que el monarca contestó benévolamente que era él quien debía pedir disculpas por su negligencia. *(N. del t.).*

⁴ *Hide* (tal vez de *hiwan*, familia) fue en origen una unidad de medida territorial, de 60 a 120 acres (en torno al medio km²); se entendía que era el terreno suficiente para la subsistencia de una familia. Posteriormente, *hide* adquirió otros significados más cercanos al ámbito fiscal, con la obligación de aportar diezmos, hombres, mano de obra, etcétera.

⁵ Se le conoce en España como Alfredo el Grande o San Alfredo el Grande, venerado en las iglesias ortodoxa y anglicana. *(N. del t.).*

⁶ También conocido como Svend I o Svend *Tveskjaeg* Haraldsson. Reinó en Inglaterra durante dos meses.

⁷ Edmundo II era hijo de Ethelred el Indeciso; ganó su apodo, Ironside (hombre fuerte y valiente), en sus combates contra los daneses. Cnut o Knut es conocido también como Canuto II el Grande. *(N. del t.)*

⁸ Es la fecha de la invasión normanda y la mítica batalla de Hastings: 14 de octubre de 1066.

⁹ Las designaciones originales son *reeve* y *sheriff*.

¹⁰ En concreto, la leyenda sajona de Lady Godiva asegura que la esposa de Leofric, compadecida ante los sufrimientos de su pueblo, pidió a su marido que rebajara los impuestos, a lo que Leofric dijo que accedería a sus constantes peticiones si ella se atrevía a pasear a caballo desnuda por las calles de Coventry. Lady Godiva anunció su decisión al pueblo y los villanos, agradecidos, se encerraron en sus casas para preservar la castidad de la dama. Todos, salvo otro personaje legendario: Peeping Tom, Tom el mirón.

Guillermo el Conquistador. 1066-1087

¹ William *the Conqueror* siempre ha sido para la historiografía española Guillermo el Conquistador.

² Charles III le Simple, rey de los francos.

³ Es una pequeña localidad situada a unos 40 km al este de Brighton y a poco menos de 20 km al oeste de Hastings.

⁴ Edith Swannesha (h.1025-h.1086) era una de las esposas de Harold. A veces la llamaban Edith «el Dulce Cisne» y también Edith «la Hermosa».

⁵ El río Tees cruza de parte a parte el norte de Inglaterra, desde las cercanías de Carlisle hasta su desembocadura, en las inmediaciones de Middlesbrough

⁶ No deben confundirse con los hispánicos «consejos de ciento»; en la Península, los consejos de ciento eran organismos compuestos por cien hombres preeminentes; el consejo de centenas sajón se encargaba de administrar territorios formados por familias que aportaban cien soldados o se componían de cien familias.

⁷ Matilda de Flandes (c.1031-1083), fue reina de Inglaterra desde 1066 a 1083.

Los hijos del Conquistador. 1087 - 1154

¹ Roberto II de Normandía (h.1051-1134). El apodo, impuesto al parecer por su padre, deriva de la voz francesa *courtheuse*, y no hacía referencia tanto a las medias como a las piernas cortas de su hijo.

² Llamado también Anselmo d'Aosta (c.1033-1109), por su lugar de nacimiento, y Anselmo de Canterbury o Anselmo de Le Bec.

³ Enrique I (c.1068-1135), llamado «Beauclerc».

⁴ Conocida como Princesa Nesta, o Nesta de Gales (h.1085-h.1136).

⁵ Or. «justiciar». En los reinos medievales hispánicos también existía esta figura de justicia mayor, que el DLE aún define como «dignidad o magistrado supremo que en nombre del rey cuidaba de hacer cumplir la ley».

⁶ Étienne de Blois o Stephen of Blois se conoce en castellano como Esteban de Inglaterra (c.1090-1154).

⁷ Este Henry de Anjou (1133-1189) es conocido también como Enrique II Plantagenet o Enrique Court-Manteau. Fue el primer rey de Inglaterra perteneciente a los Plantagenet.

⁸ Leonor de Aquitania (1122-1204), o Aliénor d'Aquitaine o Éléonore y Eleanor of Aquitaine.

Enrique II y Becket. 1154 - 1189

¹ A veces se traduce impropiamente como «escudaje», «escuderaje» o «escuaje», pero la palabra castellana que describe el impuesto que se paga por no servir en la guerra es «lanza».

² Leinster es la provincia oriental de Irlanda, y reúne los condados más ricos de la isla, incuidos Dublín, Kildare, Kilkenny y otros.

³ Rosamund Clifford (c.1150- c.1176) es un personaje real sobre el que se elaboraron mil leyendas posteriores.

⁴ Eran formas del Juicio de Dios. Dios demostraba mediante el fuego candente, el agua hirviendo o el combate la inocencia o la culpabilidad de los acusados. Generalmente, el acusado resultaba ser culpable.

⁵ La expresión inglesa para el derecho consuetudinario es *since time out of mind*.

⁶ Son los famosos Ricardo Corazón de León (Ricardo Cœur de Lion o Richard the Lionheart, 1157-1199) y Juan sin Tierra (Johan sans Terre o John Lackland, 1166-1216).

La Carta Magna. 1189 - 1216

¹ Los relatos son variados en este punto: en general, se cuenta que el ballestero resultó ser un niño. Al parecer, Ricardo Corazón de León lo perdonó y lo despidió con una pequeña recompensa. Tras la muerte del monarca, uno de sus mercenarios volvió a atrapar al joven ballestero, lo despellejó vivo y luego lo ahorcó (Jean Fiori, *Richard Coeur de Lion: Le roi-chevalier*, París, 2000).

² Las milicias locales, generalmente al mando del alcalde de Londres, tuvieron gran protagonismo en los turbulentos siglos XVI y XVII.

³ El lema *No taxation without representation* surgió a mediados del siglo XVIII en las colonias británicas de América. Muchos colonos norteamericanos consideraban ilegal que un Parlamento en el que no estaban representados pudiera legislar sobre sus impuestos y tributaciones.

⁴ *The Life and Death of King John*.

Enrique III y Simón de Montfort. 1216 - 1272

¹ Henry III (1207-1272, conocido en nuestro país como Enrique III o Enrique de Winchester) era hijo del rey Juan I y de Isabel de Angulema (Isabelle d'Anguleme). Fue rey de Inglaterra, señor de Irlanda y duque de Aquitania desde 1216 hasta su muerte.

² Tal y como se señala inmediatamente, se trata del futuro rey Luis VIII de Francia, llamado el León, que pretendió el trono de Inglaterra aquellos años.

³ William Marshal (c. 1145-1219), primer conde de Pembroke, fue también conocido como William the Marshal o Guillaume le Maréchal, y, en español, como Guillermo el Mariscal.

⁴ Leonor de Provenza o Eleanor of Provence (h. 1223-1291) era hija de Ramón Berenguer IV, conde de Provenza, y de Beatriz de Saboya.

⁵ Hay que distinguirlo de otros familiares con el mismo nombre: se trata de Simón V de Montfort, sexto conde de Leicester (c.1208-1265).

⁶ Esta Leonor de Inglaterra era hija del rey Juan y de Isabel de Angulema, hermana por tanto del rey Enrique III. Al parecer hizo voto de castidad cuando murió su primer marido y lo rompió cuando se casó con Montfort.

La derrota de los celtas. 1272 - 1330

¹ Edward I (1239-1307), llamado Edward *Longshanks* («Zanquilargo» o «Piernas Largas»), fue rey de Inglaterra desde 1272 hasta su muerte.

² La Relación de Centenares (Hundred Rolls) es un censo primitivo de Inglaterra y de algunas partes de Gales. En cierto modo, se considera un segundo libro Domesday.

³ Alejandro III de Escocia (también, Alexander, Alaxandair o Alasdair) (1241-1286) ostentó el título de King of Scots desde 1249 hasta su muerte.

⁴ El Parlamento Modelo (nombre que le dio el historiador moderno Frederic Maitland) admitía a nobles y clérigos, pero también a caballeros, representantes de los condados y de las ciudades. Maitland lo llamó «modelo» porque durante un tiempo las asambleas se configuraron de acuerdo con esos parámetros.

⁵ La Piedra de Scone o Piedra de la Coronación se utilizó en los rituales de coronación de los reyes escoceses durante la Edad Media.

⁶ Se llamaba Hugh de Cressingham y, al parecer, ni siquiera los ingleses lo apreciaban.

⁷ En raras ocasiones se le conoce en España como Roberto I de Escocia (1274-1329); fue rey de Escocia de 1306 a 1329.

⁸ Edward III of England (1312-1377), también conocido como Eduardo de Windsor o Eduardo III Plantagenet.

La Guerra de los Cien Años. 1330 - 1377

¹ Philippe VI de Valois (1293-1350), llamado «le Roi Trouvé» (el rey encontrado) fue rey de Francia entre 1328 y 1350.

² La ametralladora Gatlin empezó a utilizarse en la segunda mitad del siglo XIX.

³ Juan [Jang o Johann] de Bohemia, llamado Juan el Ciego (1296-1346).

⁴ Philippa de Hainaut (1314-1369) se conoce en la historiografía española como Felipa de Henao.

⁵ «El apuesto caballero sin miedo y sin tacha».

⁶ El movimiento político-religioso de los lolardos o wycliffistas estalló a finales del siglo XIV.

⁷ Se denomina gótico perpendicular a un estilo propio de la arquitectura inglesa aparecido en torno al año 1350, caracterizado por el uso de la línea recta, los grandes ventanales y los adornos estilizados. El nombre se debe al historiador y arquitecto del siglo XIX Thomas Rickman.

⁸ John of Gaunt, Duke of Lancaster (1340-1399), que llegó a ser pretendiente al trono de Castilla por su matrimonio con Constanza, hija de Pedro I de Castilla.

De la Revuelta de los Campesinos a la pérdida de Franci. 1377 - 1453

¹ Richard II, también conocido como Richard of Bordeaux o Ricardo de Burdeos (1367-1400).

² La City (la ciudad vieja, en realidad), conocida también como Square Mile, era el núcleo de la gran urbe que creció a su alrededor y alrededor de la localidad de Westminster, sede del Parlamento británico. La City ocupaba la ribera izquierda del Támesis, desde la

iglesia del Temple hasta la Torre de Londres, y su centro era la catedral de San Pablo (St. Paul). Hoy es el distrito financiero de la ciudad.

[3] William of Wykeham (h.1320-1404), canciller o ministro del consejo de Inglaterra, fue también obispo de Winchester.

[4] *Ricardo II*, II, i, vv. 745 y ss.

[5] Henry Bolingbroke o Henry IV (1367-1413).

[6] Se asegura que Glyndwr fue visto por última vez en 1412. Al parecer, nunca lo apresaron y, simplemente, se desvaneció, convirtiéndose en misterio y leyenda: a veces se le presenta como un pobre monje franciscano o como un fantasma que incita a la rebelión de Gales.

[7] A Henry V, también llamado Henry of Monmouth (1386-1422), se le conoce a veces como Prince Hal porque así se le denomina en dos piezas teatrales de Shakespeare.

[8] Carlos VI de Francia (1368-1422), fue conocido también como Carlos el Bienamado o Carlos el Loco (Le Bien-Aimé o Le Fou). Catalina (Catherine de Valois, 1401-1438) hacía el número diez de los doce hijos que tuvo con Isabel de Baviera (Isabeau de Bavière, 1371-1435).

[9] Enrique VI de Inglaterra (1421-1471) tenía nueve meses cuando heredó la corona de su padre. Fue el único hijo de Enrique V y Catalina de Valois.

La Guerra de las Dos Rosas. 1453 - 1483

[1] Edward IV (1442-1483), rey de Inglaterra y señor de Irlanda, fue el primer monarca británico de la Casa de York.

Bosworth y Enrique Tudor. 1483 - 1509

[1] El duque de Gloucester, Ricardo III (1483-1485), fue el último rey de la Casa de York y el último de la dinastía Plantagenet. Naturalmente, es uno de los personajes más famosos de los dramas históricos de Shakespeare.

[2] Henry VII (1457-1509).

[3] Se trata de Cadwaladr ap Cadwallon (c. 633-682), el mítico rey galés del Reino de Gwynedd: se decía que había sido él quien empleó por vez primera el dragón rojo como emblema de su reino.

[4] Se trata de un planteamiento paradójico en el que un individuo no puede encontrar la solución porque las dos opciones que se le ofrecen son contradictorias. Fue descrito por Joseph Heller en la novela del mismo título: *Catch-22*.

Enrique VIII. 1509 - 1547

[1] Henry VIII (1491-1547), rey de Inglaterra y de Irlanda.

[2] «Greensleeves» (Mangas verdes) es una canción tradicional del folklore inglés; la leyenda decía que Enrique la había compuesto para su amante y futura reina Ana Bolena.

³ James IV (1473-1513).

⁴ Como se indicó en su momento, el King's Bench era un tribunal de derecho consuetudinario inglés. La Star Chamber (por las estrellas doradas del techo, al parecer) era un tribunal situado en el Palacio de Westminster cuyo cometido era juzgar casos de calumnias y traición, aunque durante el reinado de Enrique VIII pasó a ver delitos mayores, como asesinatos y corrupción (1487-1641).

⁵ *Fidei defensor.*

⁶ El *Great Harry* no era exactamente un galeón, sino un *carrack* o carraca, que es una versión anterior del galeón.

⁷ El Cardinal's College se refundó poco después como el King Henry VIII College, y estaba en lo que hoy es el fastuoso Christ Church College, que es también la catedral de Oxford.

⁸ Anne Boleyn (1501-1536), reina de Inglaterra desde 1533 a 1536 y segunda esposa de Enrique VIII.

⁹ Ana de Cleves o Ana de Cléveris (en alemán, Anna von Jülich-Kleve-Berg, 1515-1557).

¹⁰ Se refiere a Cristina de Dinamarca (1521-1590), de proverbial belleza. Era hija del rey Cristián II de Dinamarca, Noruega y Suecia, y de Isabel de Austria, infanta de España y hermana del emperador Carlos V.

¹¹ Eran ceremonias de Semana Santa. Los sepulcros de Semana Santa eran pequeñas representaciones de la Pasión que se disponían en unas hornacinas construidas al efecto en las Iglesias; la adoración de la Cruz era una ceremonia de Viernes Santo en la que los fieles se acercaban descalzos o arrastrándose de rodillas hasta una representación del Calvario.

¹² María Tudor (Mary, hija de Catalina de Aragón), que se casó con Felipe II de España; e Isabel I (Elizabeth, hija de Ana Bolena), que fue reina de Inglaterra.

Reforma y Contrarreforma. 1547 - 1558

¹ Eduardo VI (Edward VI, 1537-1553), rey de Inglaterra e Irlanda, era hijo de Enrique VIII y Jane Seymour.

² Las *communion tables* sustituyeron en los oficios protestantes a los altares que, según ellos, tenían un componente sacrificial que no compartían. Las mesas, al contrario que los altares, no solían ocupar un lugar prominente en la iglesia y con frecuencia eran móviles.

³ Mary I (1516-1558), también conocida como Mary Tudor.

⁴ *Book of Martyrs* es el título popular de *Actes and Monuments*, el martirologio protestante de John Foxe publicado en 1563.

La reina Isabel de Inglaterra: *Good Queen Bess*. 1558 - 1603

¹ Con Elizabeth I (1533-1603), reina de Inglaterra y de Irlanda, se puso fin a la Casa de Tudor en el trono de Inglaterra. A veces se la conoce como la Reina Virgen (Virgin Queen), Gloriana o la Buena Reina Bess (Good Queen Bess).

² Pío V, con la bula *Regnans in Excelsis* de 1570.

³ La reina, al parecer, no sugirió que se levantara un muro en mitad del patio, sino que el palacio estuviera organizado en forma de H, con un doble patio, como llegó a estar durante algún tiempo. El palacio actual tiene un patio central único, pero la mayor parte del mismo es una reconstrucción del siglo XVIII.

⁴ Es el título y el primer verso de una canción tradicional infantil: *A frog he would a-wooing go*.

⁵ Francisco de Anjou, duque de Alençon (1555-1584), uno de los hombres más feos del mundo, según las habladurías de la corte francesa, murió antes de que se formalizara el matrimonio.

⁶ Charles Howard, conde de Nottingham, y primo de Isabel I, fanfarroneaba de haber desplumado a la Armada Invencible en aquella ocasión.

⁷ *The Faerie Queene* (1590-1596).

⁸ La oveja Cotswold, de apreciada lana blanca, se cría en los páramos de su mismo nombre, al oeste de Inglaterra, cerca de la frontera con Gales.

⁹ John Hawkins y Walter Raleigh fueron dos piratas protegidos por Isabel I; formaban, junto a un amplio grupo de corsarios, aventureros y esclavistas, el grupo de los Sea Dogs, o perros del mar.

Los primeros Estuardo. 1603 - 1642

¹ James VI de Escocia y I de Inglaterra (1566-1625) era hijo de María, reina de los escoceses. Fue rey de Escocia con el nombre de Jacobo VI desde 1567 hasta su muerte, y rey de Inglaterra e Irlanda como Jacobo I desde 1603 hasta su muerte. Tradicionalmente se le conoce en España como Jacobo Estuardo o Jacobo I de Inglaterra.

² Thomas Macaulay (1800-1859), poeta, historiador y político del partido conservador británico.

³ Jacobo I era un gran estudioso de la brujería (escribió una *Demonología*) y promovió el proceso contra las brujas de Berwick (1590-1592), donde se condenó a casi un centenar de personas que, al parecer, habían invocado una tormenta que hundiera el barco en el que viajaba el rey, de regreso de Dinamarca.

⁴ Anne o Ana de Dinamarca (1574-1619), reina consorte de Escocia, Inglaterra e Irlanda se casó con Jacobo I cuando tenía quince años.

⁵ La voz *jack* designaba la bandera identificativa que se utilizaba en los barcos, porque fue en ese contexto donde se empleó en origen. Al principio la Union Flag no incluía la cruz roja de San Patricio, que representaría el territorio irlandés. Gales no está representada en la bandera porque, en aquel primer momento, este territorio pertenecía a Inglaterra.

⁶ Los Padres Peregrinos partieron en el *Mayflower* el 15 de agosto de 1620 desde Plymouth.

⁷ *Steenie* es un diminutivo escocés de Stephen. Efectivamente, el duque no se llamaba Stephen, sino George. El apodo deriva de la idea de que San Esteban (Stephen) era especialmente agraciado y «tenía cara de ángel».

[8] Carlos I (Charles I, 1600-1649), rey de Inglaterra, Escocia e Irlanda, nació en la Casa de los Estuardo, y era el hijo segundo de Jacobo I de Inglaterra y VI de Escocia, y Ana de Dinamarca.

[9] *Luminalia* o *El festival de la luz (The Festival of Light)* fue un espectáculo (a medias entre el ballet, el baile y una ópera ligera). Los decorados estuvieron a cargo de Inigo Jones, el libreto era de William Davenant y la música, del compositor Nicholas Lanier. La reina Henrietta María y sus damas de compañía interpretaron la opereta el martes de carnaval, el 6 de febrero de 1638.

[10] William Laud (1573-1645) era arzobispo de Canterbury desde 1633.

[11] El Pequeño Parlamento o Parlamento Corto (Short Parliament) duró apenas tres semanas, durante la primavera de 1640.

La Guerra Civil. 1642 - 1660

[1] La batalla de Marston Moor, cerca de la ciudad de York, tuvo lugar el 2 de julio de 1644. Fue la batalla más importante de la Guerra Civil y en ella se enfrentaron el ejército de la Monarquía de Carlos I de Inglaterra y las tropas del Parlamento. La victoria fue de los parlamentarios.

[2] Los independentistas religiosos de la Iglesia anglicana abogaban por el control parroquial o asambleario de los asuntos eclesiásticos y religiosos, sin sometimiento alguno a jerarquías eclesiásticas o políticas. Los independentistas fueron los responsables de la ejecución del rey Carlos y dominaron la escena política hasta la Restauración (1660).

[3] John Milton es uno de los grandes poetas ingleses, autor del *Paraíso perdido (Paradise Lost,* 1667); Andrew Marvell era colaborador y amigo de Milton, además de poeta y parlamentario.

[4] Los «Levellers» (igualitaristas) eran un movimiento político que exigía la soberanía popular, el derecho al voto generalizado, la igualdad ante la ley y la tolerancia religiosa.

[5] Shakespeare, *Macbeth* (I, iv).

[6] Cromwell llamaba a su república *commonwealth,* con el sentido de estado soberano, democrático organizado para el «bien común». En algunos casos se ha traducido como «mancomunidad».

[7] Es la oda horaciana que Thomas Marvell le dedicó a Cromwell a su regreso de Irlanda.

[8] También se llamó Pequeño Parlamento, Asamblea Designada y Parlamento de los Santos (Little Parliament, Nominated Assembly y Parliament of Saints).

[9] El grado de *major general* podría equivaler a uno que estuviera entre el general de brigada y el de teniente general.

La Restauración. 1660 - 1688

[1] Charles II (1630-1685), como se ha indicado en el texto, ya fue rey de Escocia desde 1649 hasta la derrota de Worcester en 1651. Con la Restauración, Carlos II se convirtió en rey de Inglaterra, Escocia e Irlanda.

² Aunque el Cavalier King Charles spaniel ya era conocido en tiempos de Carlos I, la raza se popularizó durante el reinado de su hijo. Se decía que la entrada a lugares públicos con perros estaba prohibida, salvo si los perros eran Cavalier King Charles spaniels.

³ *El camino del peregrino* (1678), traducida a veces como *El progreso del peregrino*.

⁴ Sir Christopher Wren (1632-1723) fue matemático, médico, astrónomo y, sobre todo, el arquitecto más importante de la historia de Inglaterra. Fue el encargado de reconstruir más de cincuenta iglesias tras el incendio de 1666 y de levantar su obra maestra, la catedral de San Pablo [St. Paul], en Ludgate Hill, que se terminó en 1710.

⁵ James II de Inglaterra y VII de Escocia (1633-1701) fue el último monarca católico del Reino Unido.

La Revolución Gloriosa. 1688 - 1714

¹ William III (1650-1702), en holandés Willem, conocido generalmente como William of Orange y, en castellano, Guillermo de Orange; fue príncipe soberano de la casa de Orange, estatúder de Holanda y rey de Inglaterra, Irlanda y Escocia desde 1689 hasta su muerte. Su esposa era María (Mary II, 1662-1694), hija de Jacobo II y Anne Hyde.

² En *La tempestad,* Calibán, hijo de una bruja y un diablo, es un salvaje que representa los aspectos más animales e instintivos del ser humano.

³ El término Junto deriva de las juntas o asambleas civiles características en España.

⁴ Ana Estuardo (1665-1714), llamada Queen Anne, fue la última reina de la Casa de los Estuardo.

⁵ The Most Ancient and Most Noble Order of the Thistle (la Antiquísima y Nobilísima Orden del Cardo) es una orden de caballería escocesa cuya fundación legendaria se remonta a principios del siglo IX. La Orden del Cardo es el mayor honor que puede concederse en Escocia.

⁶ «The Soldier» (El soldado) es un poema de Rupert Brook perteneciente a la serie *1914 y otros poemas*. Los primeros versos dicen así: «Y si acaso muriera, solo piensa esto de mí: / que en algún rincón de una tierra extraña / vivirá para siempre Inglaterra».

⁷ Jorge de Dinamarca (Prince George of Denmark and Norway, Duke of Cumberland, 1653-1708), príncipe consorte de Gran Bretaña.

⁸ En el poema «El cuento de Midas», de 1712.

Walpole y Pitt el Viejo. 1714 - 1774

¹ En inglés, George I Louis de Gran Bretaña (o, en alemán: Georg Ludwig von Hannover) (1660-1727) fue rey de Gran Bretaña e Irlanda y soberano del ducado y electorado de Brunswick-Lüneburg (Hannover), que formaba parte del Sacro Imperio Romano Germánico.

² Maypole, o mayo, es un palo adornado con cintas y guirnaldas. Los mayos son fiestas primaverales de orígenes ancestrales que se celebran en muchos países de Europa, también en España.

[3] La Riot Act o Ley de Disturbios de 1714 declaraba la reunión de doce o más personas como una concentración ilegal. Se había redactado con motivo de los disturbios religiosos de 1714 y los disturbios de la coronación de Jorge I, y se activó en 1720 a consecuencia de los disturbios provocados por la debacle económica.

[4] Richard Nash, llamado *Beau* Nash (1674-1761), fue un popularísimo *influencer* del siglo XVIII británico. Fue muy famoso como «maestro de ceremonias» en la localidad balnearia de Bath y habitualmente se le reconoce por haber propugnado una cierta informalidad y haber intentado difuminar las barreras sociales entre los burgueses y la nobleza.

[5] El Grand Tour era el viaje continental obligado entre las clases artísticas y pudientes inglesas: lo habitual era llegar a París y luego recorrer Italia, pero también era común visitar las ciudades y universidades de Bélgica, Holanda, Alemania y Suiza. España no estaba en ese itinerario.

[6] Jorge II (George Augustus o Georg August, 1683-1760) fue rey de Gran Bretaña e Irlanda, duque de Brunswick-Luneburgo y uno de los príncipes electores del Sacro Imperio Romano Germánico. Su esposa era la brillante Carolina de Brandeburgo-Ansbach (1683-1737).

[7] La Civil List era un recurso gubernamental para abonar determinados pagos a ciertas personas por sus trabajos para el gobierno, la casa real o el estado, aunque no formaran parte de la administración. Este recurso fue suspendido definitivamente en 2011.

[8] El libreto de *The Beggar's Opera* era del poeta John Gay, aunque también estuvieron involucrados en la creación Jonathan Swift y Alexander Pope.

[9] Carlos Eduardo Estuardo (1720-1788).

[10] Se trata del príncipe Guillermo, hijo de Jorge II.

[11] Plains of Abraham, también llamados Heights of Abraham, y, en francés, Plaines d'Abraham.

[12] Thomas Gray: *Elegy Written in a Country Churchyard* (1751), v. 36.

[13] George William Frederick, George III (1738-1820), rey del Reino Unido e Irlanda, también ostentó los títulos de duque de Brunswick-Lüneburg, elector de Hannover y duque de Bremen y príncipe de Verden.

De Boston a Waterloo. 1774 - 1815

[1] Las leyes del Sello o de Timbre o Stamp Acts afectaban a casi todos los documentos impresos en las colonias (documentos legales, revistas, periódicos). La ley obligaba a que se publicaran en papel timbrado y producido en Londres, marcado con un sello fiscal en relieve.

[2] «Common sense» (1776), de Thomas Paine (1737-1809). Paine nació en Norfolk, en Inglaterra, pero emigró a América para participar en la revolución americana y estuvo también presente en la Revolución Francesa. Escribió *Los derechos del hombre* (1791) y *La edad de la razón* (1793-1794).

[3] Edmund Burke, *Reflections on the Revolution in France* (1790), traducida habitualmente en español como *Reflexiones sobre la Revolución en Francia*.

[4] Hoy Sidney, en Australia.

El camino de la Reforma. 1815 - 1832

[1] Robert Jenkinson, conde de Liverpool (1770-1828), perteneciente a los *tories*.

[2] Los luditas *(luddites,* quizá por un aprendiz revolucionario llamado Ned Ludd) formaron un movimiento obrero encabezado por artesanos que protestaron contra la implantación de máquinas (telares industriales y la máquina de hilar) que destruían el empleo.

[3] George IV (George Augustus Frederick, 1762-1830) fue rey del Reino Unido de Gran Bretaña e Irlanda, y rey de Hanover.

[4] Por el presidente americano James Monroe, aunque al parecer fue obra e idea de John Quincy Adams.

[5] William IV (o William Henry, 1765-1837), rey del Reino Unido de Gran Bretaña e Irlanda y rey de Hanover, fue el último monarca de la Casa de Hanover.

El amanecer victoriano. 1832 - 1868

[1] La Ley de Asociación de 1799 prohibía los sindicatos. Los «mártires de Tolpuddle» fueron seis trabajadores agrícolas de Tolpuddle (Dorset), juzgados y condenados por haberse conjurado como miembros de una Friendly Society of Agricultural Labourers.

[2] Victoria (Alexandrina Victoria, 1819-1901) era hija del príncipe Eduardo, duque de Kent and Strathearn (cuarto hijo del rey Jorge III) y de la princesa Victoria of Sajonia-Coburgo-Saalfeld. La reina Victoria, además de monarca del Reino Unido e Irlanda, también aceptó posteriormente el título de emperatriz de la India.

[3] Los Peninos (Pennines) se consideran la «espina dorsal» de Inglaterra; en sus alrededores se encuentran las grandes ciudades industriales de Manchester, Liverpool, Sheffield o Leeds. Los Costwolds fueron la cuna del movimiento Arts and Crafts y hoy constituyen un destino turístico muy pintoresco.

[4] La generación de políticos que puso en marcha la Gran Reforma Electoral de ese año.

Gladstone y Disraeli. 1868 - 1901

[1] Hay un dicho inglés, de dudosa y confusa procedencia, que dice que llegada la hora (los problemas), surgirá el hombre que los solucione. El autor juega aquí con este dicho.

[2] *Jingo* era una alteración del nombre de Jesús, habitual al parecer desde el siglo XVII. En inglés, como en otras lenguas, se mantuvo durante siglos el tabú de jurar por Dios o Jesucristo. En las exclamaciones se utilizan fórmulas como *gosh, golly, gee,* etc.

[3] Se llamaron guerras madhistas por el *madhi* (guía) o líder religioso sudanés. El conflicto colonial duró hasta finales del siglo XIX, aunque los británicos solo abandonaron Sudán en 1956.

[4] Robert Gascoyne-Cecil (1830-1903), que acabaría ocupando el puesto de primer ministro en dos ocasiones más a lo largo del periodo victoriano.

Los eduardianos. 1901 - 1914

¹ Albert Edward de Sajonia-Coburgo-Gotha (1841-1910), rey del Reino Unido, de la Commonwealth y emperador de la India.

² George V (1865-1936) fue rey del Reino Unido y de los «Dominios Británicos» (regiones autónomas pertenecientes al antiguo imperio) y emperador de la India.

La Primera Guerra Mundial. 1914 - 1918

¹ Australian and New Zealand Army Corps.

² La zona de los muelles de Londres se encuentra entre la Torre de Londres y Greenwich.

Los años de la plaga de langostas: *the Locust Years*. 1918 - 1939

¹ La expresión «*the locust years*» fue acuñada por Winston Churchill y hace referencia al libro de Joel (2, 25), donde se lee: «Os compensaré por los años en que os devoraron el saltamontes y la langosta...». Los años 1931-1935, de grandes dificultades económicas en el Reino Unido, se conocen como «los años de la langosta».

² En un famoso discurso, Lloyd George habló de las presiones a las que se vieron sometidos los negociadores y los mandatarios de las colonias *(wild men)* que exigían reparaciones tras la guerra.

³ IRA, del inglés Irish Republican Army (Ejército Republicano Irlandés); en irlandés, Óglaigh na Éireann. Black and Tan (Negro y Caqui); en irlandés, *Dúchrónaigh*.

⁴ Las *flappers* eran las chicas modernas de los años veinte: llevaban vestidos sueltos y cortos, no utilizaban corsé, lucían un peinado muy corto llamado *bob cut*, fumaban, bebían, conducían coches y escuchaban jazz y charlestón.

⁵ La expresión sugiere que los dictadores conseguían implantar el orden y el rigor, aunque, con el tiempo, la frase pasó a significar que incluso los dictadores podrían hacer algo bueno.

⁶ Eduardo VIII (Edward VIII, conocido como duque de Windsor, 1894-1972), fue rey del Reino Unido, de la Commonwealth y emperador de la India desde 1936 hasta su abdicación, el 11 de diciembre del mismo año.

⁷ A Jorge VI se le llamaba Bertie porque su primer nombre era Albert. George VI (1895-1952) fue el último emperador de la India (hasta 1947).

La Segunda Guerra Mundial. 1939 - 1945

¹ El nombre deriva de las guías turísticas alemanas Baedeker, que se utilizaron para fijar los objetivos.

² El carácter polisémico de la palabra convenía mucho a la situación. Utílity significa «utilidad», «aprovechamiento», e incluso «servicio público».

³ A veces traducido como acuerdo de préstamo y arrendamiento, o de fomento de la defensa de Estados Unidos. Roosevelt se comprometió a suministrar material bélico, combustible y alimentos al Reino Unido (generalmente gratuitos) a cambio de que el Reino Unido le permitiera establecer bases americanas en su territorio. El Reino Unido recibió más de 30.000 millones de dólares en ayudas y suministros.

El estado del bienestar. 1945 - 1979

¹ El Informe Beveridge (Beveridge Report) lleva el nombre del economista liberal William Beveridge (1879-1963) y planteó ya las reformas para instaurar una Seguridad Social (National Insurance) y un Sistema Nacional de Salud (National Health Service, NHS).

² Es una referencia a unas palabras del laborista Douglas Jay, que aseguró que «el caballero de Whitehall [el Gobierno] sabe lo que le conviene a la gente mejor que la propia gente».

³ Las Naciones Unidas ya habían acordado con anterioridad la partición del territorio de la Autoridad Británica de Palestina en dos estados. Israel se quedaría con más de la mitad del territorio y los árabes, con el resto, excepto Jerusalén, que sería zona común o internacional. Los dirigentes judíos aceptaron la partición pero no así otros grupos radicales sionistas y, desde luego, tampoco los árabes. Entonces dio comienzo la guerra árabe-israelí de 1948, llamada por los hebreos Guerra de la Independencia o de la Liberación.

⁴ Elizabeth II (1926).

⁵ Adén es una ciudad portuaria situada en el sur de la península arábiga; hoy pertenece a Yemen.

⁶ Virgilio, *Eneida*, VI, 87.

⁷ Los hechos ocurrieron el 30 de enero de 1972, en Derry, Irlanda del Norte.

El thatcherismo. 1979 - 1990

¹ La referencia es una frase de comedia burguesa, «Anyone for tennis?» (¿Alguien quiere jugar al tenis?), atribuida a George Bernard Shaw, con la que los personajes de la clase alta cambiaban súbitamente de conversación y mostraban su displicencia sobre algún tema serio y preocupante que se estuviera tratando y, en general, sobre las dificultades de la vida de las clases bajas.

² Se denominaba una «banda de cuatro» *(gang of four)* a los disidentes de un partido. La referencia fueron los cuatro disidentes del Partido Comunista Chino que se presentaron como oposición en 1976 y fueron juzgados y encarcelados inmediatamente.

³ El nombre de Malvinas es una derivación errónea de Malouines, el nombre que el navegante Louis Antoine de Bougainville le dio a esas islas (1764) en recuerdo del puerto francés de Saint-Malo. El nombre de Falklands se debe a John Strong, que nombró el canal

marino que separa ambas islas como Falkland Channel (1690), y lo hizo por halagar al vizconde de Falkland, del Almirantazgo, que había financiado su expedición.

⁴ Se denominaban *peelites* a los seguidores de sir Robert Peel, disidentes del Partido Conservador británico a mediados del siglo XIX.

⁵ El impuesto de capitación, activo desde el medievo en Inglaterra, es la tasa que toda persona sujeta al mismo debe pagar, independientemente de su renta; los críticos advierten que este tipo de tasas colisiona con las ideas fiscales de progresividad y redistribución.

Los herederos de Thatcher. 1990 - 2011

¹ Or. *Indian summer;* se llama «verano indio» al periodo amable, tranquilo o floreciente con que concluye una etapa.

² National Trust o NT (desde 1895) es el nombre por el que se conoce a la fundación National Trust for Places of Historic Interest or Natural Beauty (Fundación Nacional para los Lugares de Interés Histórico o de Belleza Natural). Opera en Inglaterra, Gales e Irlanda del Norte, pero no en Escocia, donde tienen su particular National Trust for Scotland.

Epílogo

¹ En *Ricardo II*; II, i.

² Se denomina «economía de escala» la capacidad de una empresa para producir más a menor coste: cuando la producción en una empresa crece, los costes por unidad se reducen. Es decir: cuanto más se produce, menos cuesta producir cada unidad. El fenómeno de la «deseconomía», en términos básicos, se produce cuando factores externos impiden el abaratamiento de los costes y producir resulta mucho más caro.

³ De un poema titulado «You ask me, why, tho' ill at ease» (Me preguntas por qué, aunque a disgusto [sigo viviendo en esta tierra]).

⁴ Es la última estrofa del poema de Rudyard Kipling titulado «The Reeds of Runnymede (Magna Carta, June 15th, 1215)».